中華書局

# 聞一多
## 和自己的歌

聞名 著

獻給親愛的父親母親

紅燭啊！

這樣紅的燭！

詩人啊！吐出你的心來比比

可是一般顏色？

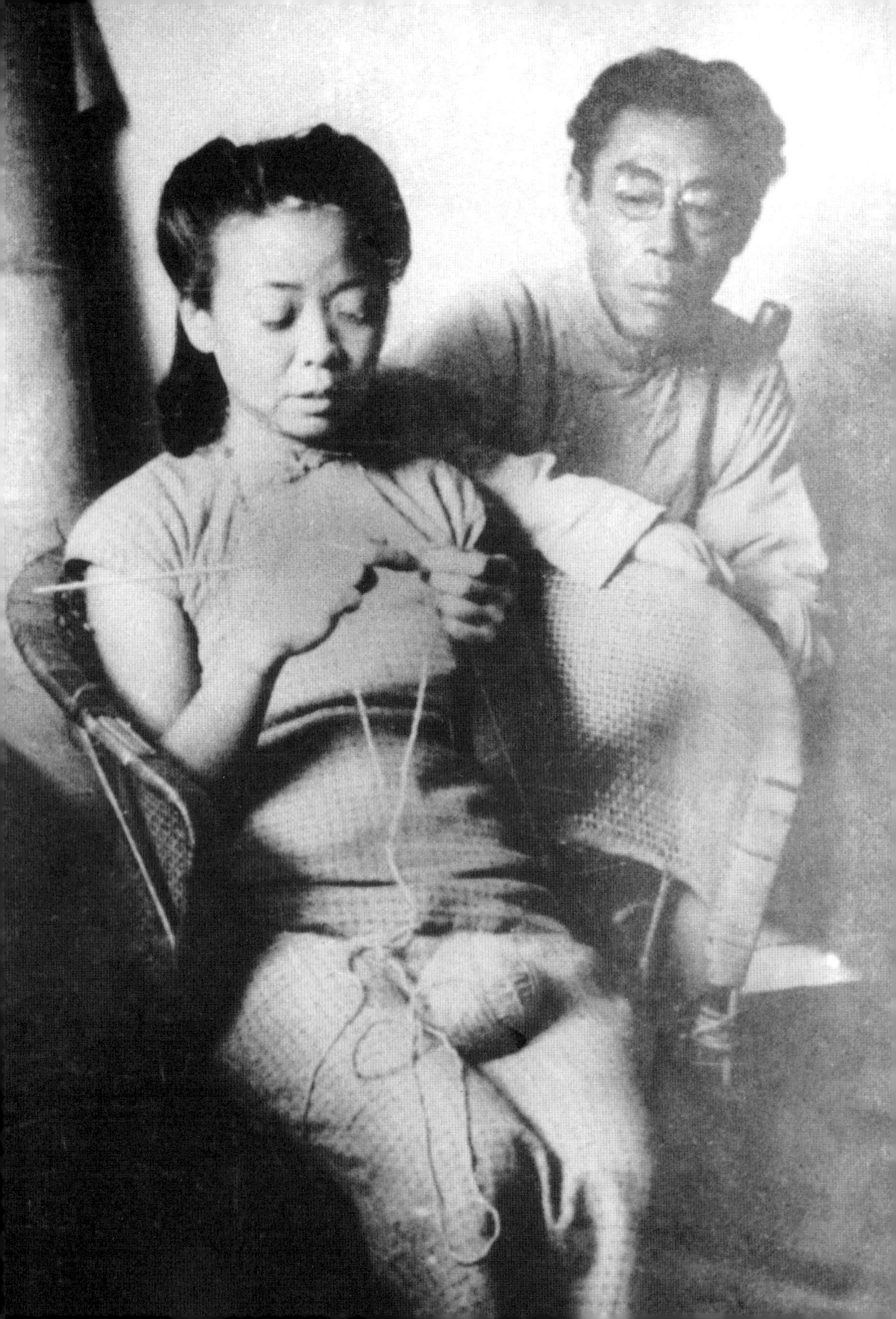

# 目錄

## 第二章　馳騁詩壇與自己的歌

詩人主要的天賦是愛，愛他的祖國，愛他的人民。
——與熊佛西語

## 第三章　沉潛古籍與守護之神

我愛中國故因他是我的祖國，而尤因他是有他那種可敬愛的文化的國家。

《〈女神〉之地方色彩》

## 第四章 豪氣萬丈與繼起者

鬥士的血是不會白流的。反動派！你看見一個倒了，可也看得見千百個繼起的人！

——為《學生報》李公樸先生紀念特刊題詞

# 寫在前面

冬陽透過寬大的玻璃窗照進房間，火爐上的鐵壺裏，水發出了輕微的嗞嗞聲。從壺嘴和壺蓋騰出的水蒸氣，像清晨遠山間輕盈飄忽的薄霧，在陽光下顯得分外清晰。

母親坐在火爐邊，靠近倚窗的書桌，向我講述着她和父親的往事。一雙飽經滄桑的大眼睛時而閃現着激動的光芒，時而流露出幽深的哀傷。她已穿越時空霧幔回到那難忘的歲月，在和父親共享那甜蜜的時光；共歷戰爭和動亂；共度時代的危艱以及地獄的磨難；也再一次經受着那血淚交融的劇痛與創傷。

這是上個世紀七十年代末的一個冬末春初時分。院子裏的積雪已開始融化，社會生活中改革開放的春風正吹遍中國大地，文化生活的堅冰也如這積雪一般漸漸銷蝕。在我們住的地安門帽兒胡同的小院裏，開始不斷有人前來採訪母親，想要了解和研究聞一多。

自從那血染的日子以來，母親一直把傷痛和思念深深埋在心底。

父親遇難時，我們都還是孩子，她不能、也不願去觸痛幾顆孤兒受傷的心。後來我們長大了，都忙於自己的學習、工作和自己的小家庭，雖然我們從未淡忘過去，內心是那麼懷念親愛的父親，但她仍然不能、也不願意在我們的生活中加進過多的沉痛。

是這春的氣息吹開了她記憶的閘門，攪動了她記憶的深潭，同時也使她萌生了一個願望——要把有關父親的所有記憶搜索、整理出來。

母親的心願也正是我們多年來的願望。我與母親同住、朝夕共處，也就自然地成了她親密的助手。聽母親憶往也從此成為我一生中最難忘又最神往的一種時光。

只可惜，這樣時候太少了，由於母親年邁多病，我上班又抽不出多少時間，加上一些其他干擾，這一「工程」時斷時續，最後竟完全中斷，所記述的一切也就此擱置一旁。一九八三年冬，母親竟帶着這腔遺憾永遠離去了。我悲痛萬分又追悔莫及。

母親在世時，這一工作是隨意的、漫憶性的，沒有什麼嚴格的計劃，主要看她的身體情況和我的時間。母親想到一點就談一點，她說：「記一點，是一點。」我也總認為母親就在身旁，隨時都可以講，我也隨時可以問，並沒有時間的緊迫感。誰想竟造成了無法彌補的歷史遺恨！

這遺恨，也使我深深意識到，母親生前那些回憶是多麼寶貴。它們雖零零散散，也不是全部，卻像一把把珍珠，素雅動人。我曾數次想把它們清理出來，無奈多年來，自己也一直疾病纏身，諸事繁擾，始終未能如願。

如今，經過再三努力，終於把它們搜尋在一起。而當我把它們一顆顆穿連起來時，我的心也不由隨之起伏激盪，止不住的淚水常奪眶而出。我又來到了親愛的父親身邊，回到他磁石般吸引着我們的、那溫暖幸福的家庭懷抱中，感受着他那博大深厚的愛和無私無畏的氣概……。

※　　　※　　　※

母親生前每憶及父親，總不願過多涉及自己及家庭私事。許多時候，是經過我們再三追問，她才談起一點的。那爐邊的回憶，也往往變成了我的「採訪」。她總覺得自己和父親的差距太大，不願因自己而影響父親的光輝。常說：「我配不上你爸，我真恨自己沒有文化，沒有能力。」「我算個什麼，什麼都沒有，他那麼喜歡我。」

但人們都知道，成功的男人後面往往有一個偉大的女人，這是互相依存的一對。父親的一生，從生活到事業，從來離不開母親的支持與幫助，我們家庭的美滿和諧、溫暖幸福，也全是他們這種相知相守帶來的。這一點，我們做兒女的體會尤深。而我，作為一個女兒，對母親內心的愛與恨、喜悅與痛苦，也許感受得更深入細緻一些。

母親離世後那兩天，叔叔聞家駟問我們：「你們不寫點什麼嗎？」我怎麼能不想寫呢？然而，幾次提起筆來，都淚如泉湧，無法下筆啊！

如今，面對眼前這些明珠，我深深感到，在它們璀璨的光芒中，也閃現着母親的色彩，我把它們穿連起來。也就是同時在完成當年那篇無法下筆的文字。父親和母親，原本是一個不可分割的整體啊！

多年來，關於聞一多的個人及家庭生活，一直流傳着各種說法，其中絕大多數都是人們的主觀想像和推斷，許多情節甚至完全是編造出來的。這種情況也影響到對他某些詩作的理解和分析。而此刻，擺在面前的這些明珠，足夠清晰地展現出一個真情的世界，這是真實的世界，走進去，才能更深入、更準確地理解詩人那顆心以及他的人生和創作！

# 第一章

# 玉簫牙板聽紅豆

他們削破了我的皮肉，
冒着險將伊的枝兒
強蠻地插在我的莖上，
如今我雖帶着瘻腫的疤痕，
卻開出從來沒有開過的花兒了。

《紅豆》

# 鞭絲抽攏的夥伴

「那天，我正在九舅家的堂屋裏，同幾個姐妹圍着桌子玩。忽然進來了一個男孩，舅媽一見，趕快過來拉着我就跑。那孩子就是你爸爸！在舊社會，女孩子過門以前是不讓和未婚夫見面的。我那時只有六、七歲大，哪裏懂得這些？」母親坐在爐邊，沐浴着滿室陽光，講起她和父親的第一次見面，情景好像就在昨天似的。我問她：「還記得爸那時穿的什麼嗎？」「棉袍馬褂，戴一頂瓜皮帽。」過了一會，她笑道：「後來結婚時，爸還和我開玩笑：『你那時為麼事要跑走啊？』」

和二十世紀初的許多同齡人一樣，父母親的這門娃娃親，是很早就由家長商定的。這是一對「鞭絲抽攏的夥伴」（聞一多《紅豆》），但兩人在婚前也並不完全陌生。

聞家和姻親高家本是親戚。我祖母劉氏和外祖母是同堂姐妹[1]。父親稱外祖母為十姨媽，稱她的胞弟為九舅，幼時還常到

1 同一曾祖父的兄弟姐妹稱為「同堂××」。

聞一多一八九九年十一月二十四日（清光緒二十五年十月二十二日）誕生於湖北省浠水縣巴河鎮望天湖畔聞家鋪子村。

九舅家去玩耍。母親原名高孝貞（後改名高真）。在家大排行第七，父親稱她七妹。父親行十一。母親從弟妹們簡稱他為一哥。聽母親說，我們的曾祖母也是劉家的。由於這層層關係，聞、高兩家過從較密。

聞家是湖北浠水縣下巴河的大族。據族譜記載，原是南宋民族英雄文天祥的一支後裔。景炎二年文天祥兵潰空坑被執，家屬中有人潛逃至湖北蘄水，改文姓為聞。聞家世代相傳這段族史，並衷心崇敬一身正氣的先祖信國公。父親少年時在讀書札記《二月廬漫

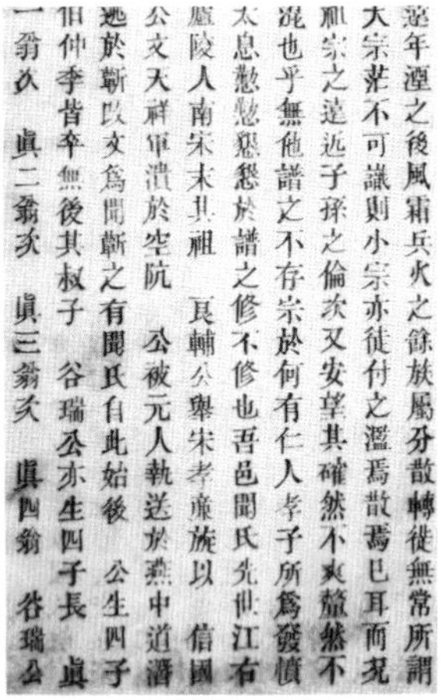
遠年湮之後風霜兵火之餘族屬分散轉徙無常所謂大宗若不可識則小宗亦徒付之湮焉散焉已耳而況祖宗之遠近子孫之倫次又安望其確然不爽釐然不混也乎無他譜之不存宗於何有仁人孝子所爲發憤太息懃懃懇懇於譜之修不修也吾邑聞氏先世江右廬陵人南宋末其祖　良輔公舉宋孝廉旋以　信國公文天祥軍潰於空坑　公被元人執送於燕中道潛逃於蘄改文爲聞蘄之有聞氏自此始後　公生四子伯仲季皆卒無後其叔子　谷瑞公亦生四子長　貞一翁次　貞二翁次　貞三翁次　貞四翁　谷瑞公

《聞氏宗譜》有關部分。譜中記載聞氏家族為文天祥後裔。待考。

記》中就寫到了這個傳說，他也曾作過《聞氏先德考》，雖因年代久遠難以考證，但可以看出，他從小是以此來激勵自己的。後來在北平住時，他還帶母親去看過文天祥的囚禁地，給她講述族譜中的記載，他告訴母親：「這就是關文天祥的地方，我們過去就姓這個文，以後改了的。」

聞家世代書香，十分重視子孫的教育。我們的高祖在世時，曾專門築書室，請名師教授子孫。曾祖父更繼承父志，在教讀後輩上用心良苦。父親早年在《自傳》中曾有這樣的敘述：「先世業儒，大父尤嗜書，嘗廣鳩群籍，費不貲，築室曰『綿葛軒』，延名師傳諸孫十餘名於內。」（清華學校一九二一級中等畢業級刊《辛酉鏡·級友》，一九一七年六月十五日）曾祖父還仿照新學堂給家塾起名為「綿葛軒」，不僅教詩云子曰，也教一些國文、歷史、博物、修身之類的

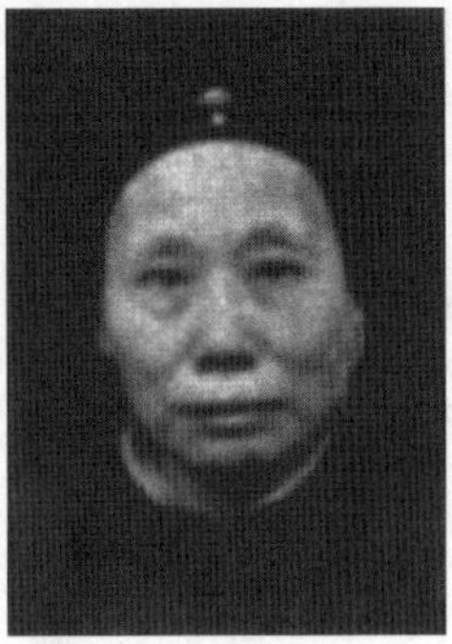

聞一多的母親

聞一多的父親

新編課本。

我們的祖父聞邦本（字固臣）是清末的秀才，他較早接受了新時代潮流的影響，父親他們在辛亥革命前夕，在家中就能閱讀到《東方雜誌》和《新民叢報》之類的書刊了。據叔叔聞家駟說，他們的長兄（即我們的大伯父，我們稱為伯伯）聞家騄（號展民）「在外面活動，辛亥前後就參加過與宋教仁有關係的某個社團。他常把新的思想和書刊帶回家，對我們兄弟幾個影響很大」。伯伯的兒子，我們的堂兄聞立勳（大排行第二，我們稱為大二哥）則說，他父親在外面還參加了同盟會。祖父能順應歷史潮流，不把兒子們拴在家中守業，而主張送他們出去學習新的文化科學知識，掌握新本領。

在聞氏家族中，對子孫的要求是很嚴格的。我們的老爹爹（曾祖父）在世時曾親自定下三條家規：第一，不准抽大煙；第二，不准納妾；第三，不准賭博。三爹的一個兒子納了妾，又賭博，三爹便堅決不許他進屋。

祖父對子孫們的要求也一絲不苟。他常常親自教授和督查兒孫們的學習，大哥他們小時候在老家習字時，祖父常悄悄來到身旁，猛地去抽他手中握着的毛筆，要是被抽掉就得反覆練習，不認真還要捱打，雖是「高高舉起，輕輕落下」，但要求卻十分嚴厲。祖父在生活上要求也很嚴，要是看見有哪個孩子吃飯時把飯粒掉到了桌上，他就會神色嚴肅，令其馬上撿起來吃掉。他常說：「一粥一飯，當思來之不易啊！」

高家也是一個大族。據說祖籍原在合肥，後來遷至湖北黃岡的潞口。先祖在明朝開國時立有戰功，曾受到皇帝的召見和獎賞。高家的後代一直保存着一面秦朝銅鏡，據說就是當年皇帝賜予的寶物之一。這個家族內，每逢過年都要張燈結綵，掛上祖先的業績以激勵子孫。

據我們的表舅高孝敏（高明齋，即母親的嫡堂弟）說，我們的曾外祖父做過知縣、知州、同知等，據說還做過道台。外祖父高承烈（字敬伯）早年就學於京師法政學堂，曾任廣東饒平縣知縣，綏遠墾務局坐辦，安徽蚌埠船舶事務局局長，安徽高等法院推事等職。聽母親說，他為官清正廉明，辦案時別人送來的金首飾和衣料等，他都退了回去，只留下萬民傘。在官場多年，自己卻一點積蓄沒有。因此，當他四十多歲就不幸患上肺結核，不得不告退時，家境也就隨之敗落了。外祖父常年在外，見識較廣，思想也比較開明。他主張女孩進學堂，不纏足；還出資送胞弟去日本留學。

聞家和高家可說是門當戶對。但外祖母最初是不願意將愛女嫁過去的，她說堂姐（我的祖母）嚴厲，怕女兒將來受不了。外祖父非常喜歡父親，在和聞家的交往中，早就看上了這個孩子的聰明才智，回家來總誇獎他，特別是誇他文章和字寫得好。他對外祖母說：「我就是喜愛他！婆婆嘛，管他呢，跟婆婆才多少年？將來還是跟丈夫的時間長！」就這樣，由外祖母的一位表弟——父、母親的五舅做媒人，兩家訂下了這門姨表親。現在人們都誤以為高承烈是在聞一多考取清華學堂之時認定他有出息，願意把女兒嫁給他[1]，其實，早在此前兩家就結下這門娃娃親了。那時父親才八九歲，母親出生於一九〇三年八月二十八日（農曆七月初六）比父親小四歲，他們還是天真的幼童，什麼都不知道呢。

按照當時習俗，訂了親的男女孩子在結婚以前是不能見面的。然而父親和母親卻有過前述的一面之緣。這次見面還給他們兩人都留下了深刻印象。

## 園內與籠內

一九一二年父親十三歲時，考上了北京清華學校。在清華園裏，他「餓着腦筋，燒着心血，緊張着肌肉」（聞一多：《園內》）努力學習。還興致勃勃地參加各種課外活動，尤其是熱衷於詩歌、美術和戲劇活動。入校不久，就成了園內的詩人和藝術家。清華是一所留美預備學校，不重

1 當時人們普遍的觀念還是「父母在不遠遊」。而且當時的清華學堂只是一間留美預備學校，與後來的清華大學還不是一個概念。祖父給父親報名上清華，主要因為是公費，同時也說明了他思想比較開明。

視國學，但他出自對祖國文化的熱愛，獨自利用課餘時間不懈地鑽研古典文籍。每年暑假還利用長達兩個月的假期，回家閉門研讀，並寫出許多有獨立見解的讀書札記在《清華周刊》上發表。

那個年代，正是國家內憂外患、民族危機空前嚴重的時期。列強的欺凌和軍閥混戰使祖國苦難重重。父親和同時代的一些青少年一樣，很早就懷有一種深沉的國是感、宇宙感和人生感。在努力汲取科學文化知識的同時，也思考着多難的祖國與個人的關係、悠悠的宇宙與人生的關係。在他青春的歡樂中，時時發生出「一知半解的少年愁」（《園內》），一種對國家、民族命運的憂患情緒。他曾滿懷豪情壯志在長詩《提燈會》中高呼：「何當效春雷，高鳴振聾癡」。一九一九年五四運動爆發，他懷着熾熱的愛國熱情積極投入運動，並被選為學生代表團成員之一。六月又作為清華學生代表之一出席了在上海召開的全國學聯成立大會。那年暑假他破例沒有回家，在給父母的信中這樣寫道：「男昧於世故人情，不善與俗人交接，獨知讀書，每至古人忠義之事，輒為神往，嘗自詡呂端大事不糊塗，不在此乎？」

清華學堂。一九一二年夏，聞一多考入清華學校（今清華大學前身）。

清華學校辛酉級（一九二一）中等科一年級同學合影。四排左二為聞一多。

父親在清華的情況，外祖父一直很關心。他雖遠在外地，但除了時時從家中探詢外，也和女婿偶通音問。「五四」前後，還親自到清華園去看望過父親。那一次，父親陪他去參觀了朝夕相伴的圖書館。外祖父回到家中，還對孩子們說起館內的玻璃地板呢。

對於未來的女婿，外祖父是十分滿意的。他為女婿的才華得意，為他的勤奮高興，也許，還讚賞那一腔青春熱血。

不過，最令他感到欣慰的，大概要算是這樣一件事了：

大約在新文化運動剛剛興起時，父親從清華園給他寫了一封信。這不是一封普通的信。信中提出了兩個嚴肅的請求，一是不要給表妹纏足，一是送她去上學。這兩件事，外祖父其實已多次向家裏叮囑過，但讀着女婿的來信，仍覺說不出的欣慰。他感受到了一顆熱烈真誠的心，更看到女兒幸福的未來！更令他驚喜的是，這時外祖母也收到了女婿同

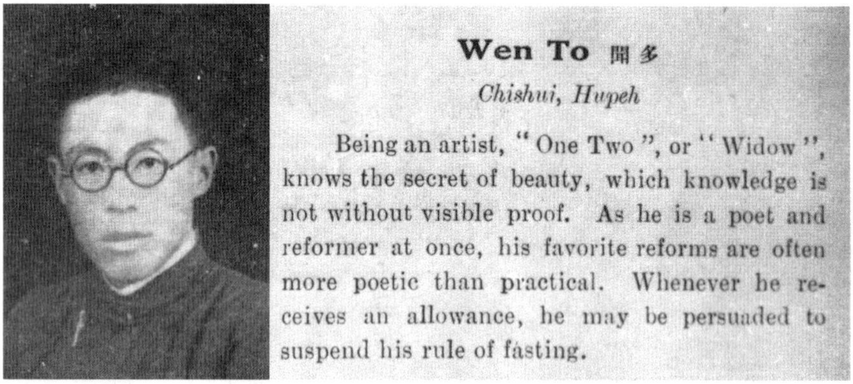

**Wen To** 聞多

*Chishui, Hupeh*

Being an artist, "One Two", or "Widow", knows the secret of beauty, which knowledge is not without visible proof. As he is a poet and reformer at once, his favorite reforms are often more poetic than practical. Whenever he receives an allowance, he may be persuaded to suspend his rule of fasting.

辛酉級高等科時聞一多及其英文自述。

聞一多喜繪畫，曾與楊廷寶等發起「美術社」，成員有冀朝鼎、高士其、梁思成、沈宗濂、聞亦傳、唐亮等。圖為該社全體成員合影。三排右三為聞一多。

《夢筆生花》。聞一多作清華年刊插圖。

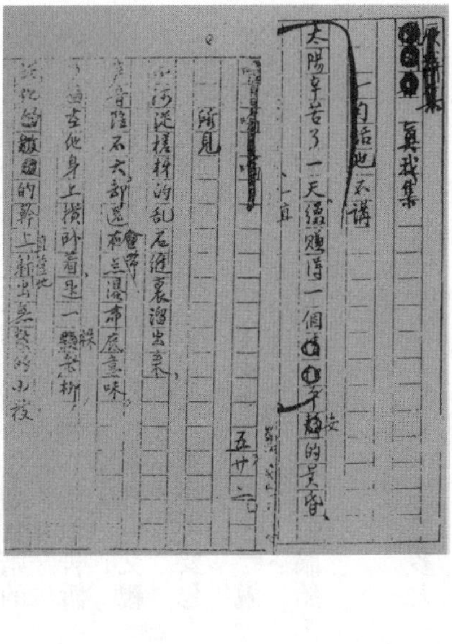


真我集。五四運動後，聞一多即開始試作新詩，圖為一九一九至一九二〇年的詩作《真我集》部分手稿。

《革命軍》（又名《武昌起義》）劇照。民國初年，風氣漸開，學校重視文化生活，清華屢次組織戲劇演出。該劇為聞一多參與編成，劇情歌頌武昌起義，諷刺清朝官吏。聞一多（前排右一）飾演革命黨人。

樣的來信！原來，父親怕十姨父常年在外，作不了家中的主，特意又託五舅給十姨媽捎去了信。

外祖母是個知書達理、寬厚慈愛的女人。她本來就愛女心切，滿心贊同丈夫的叮囑，接到女婿的信，更是興奮不已。她高興地告訴女兒：「你父來信說，家驊（父親的族名）給他去信，讓你不要包腳，要去上學，要學文化呢。」說着便笑眯眯地把自己接到的信講給女兒聽。

這封信帶給了岳父、岳母多大的欣慰，又在表妹年幼的心中留下了多麼深刻而溫暖的記憶，父親當時是不會去想的。寫這封信時，他還是一個稚氣未脫的少年。不過，這一舉動，卻絕不僅出於一種天真的時代激情，而是更源於對現實生活的感受和思考。

父親生長在鄉間的一個封建大家族中，自幼便目睹和感受到封建綱常對人們的戕害，尤其是對婦女的摧殘。在我們這個書香世家中，祖父雖然在某些方面能跟上時代潮流，但仍視綱常禮教為神聖不可動搖。女人們永遠處於卑下地位。她們沒有獨立人格，一切都得「從人」，連自己的名字都沒有一個。女輩在家中是不能和男人們平起平坐的，吃飯不能同桌，飯菜不能同等，平時不許出大門，甚至說話的聲音大一點，都要受到申斥。至於纏足，更被當成必守的天理常規。父親的大姐（我們稱為大大）命運就更加悲慘，出嫁剛幾個月，丈夫就不幸去世。在封建貞操的道德規範下，她青春妙齡就得守節終身。大大熱情質樸，心地善良，我們這一房，由於外出讀書的孩子多，開銷很大，常常入不敷出。大大時常用自己在婆家的積蓄來幫助補貼，父親和叔叔他們當年上學，就常靠她的接濟。有時她甚至典當自己的首飾來供弟弟們求學。然而，這樣的身世和這般美好的心靈，卻從來沒有博得過祖父的點滴疼愛，只因為她是個女兒身，這一點，一向嚴正的祖母都看不過去。聽母親說，有一天晚上，當祖父要吃大大送來的點心時，她也忍不住奚落道：「你不是不喜歡女兒嗎？還要吃女兒帶來的東西?!」

父親從小就對這種男尊女卑的現象很反感。他熱愛自己的姐妹們，和她們很要好，還為她們的女紅描花樣，剪圖紙。家裏女人們做花鞋，花樣也都是他畫的。上清華以後，特別是新文化運動興起以來，他對束縛個性、摧殘身心的封建禮教更加深惡痛絕，深感是那「牢獄的世界」造成了婦女們悲慘的命運。一九一九年初，父親的二妹（大排行十五，家中稱十五妹）在花季年齡就因病去世，他萬分傷痛，在日記中寫到：「妹則死矣，妹之孝謹，妹之智慧，一日不能忘，則令人一日不堪耳」。第二年，又含淚寫下一首哀詩，沉痛控訴了那「無事不是痛苦」的「牢獄的世界」。他懷着深深的悲憤和愛憐寫道：

> 十五妹！人家都說你死的可憐。我說你的可憐，是在生前，不在死後。（讀沈尹默《小妹》！想起我的小妹來了也作一首》）

這首詩寫於「五四」以後，但他這種痛切的感受，無疑是早就積蓄於胸間的。

正是懷着這樣的感受和愛心，他在憂國憂民的同時，也一直關注中國婦女的命運，關注自己姐妹們的生活，熱切希望她們能擺脱那「牢獄的世界」，獲得身心自由。對於關係到自己未來的表妹，這種願望自然更加強烈、急迫。

大約就在父親來信前後，在日本留學的叔外祖父也連續來信敦促這兩件事。

時代的洪流在衝擊着高家這個封建的大家族。

父親的擔心不是沒有道理的。在這個宗法制家族中，外祖父雖是長子，卻遠在外地，鞭長莫及。更何況當時曾外祖父還在世，正作為一家之長，主宰着整個家族。老人可是一位舊傳統的衞道者，在他的嚴厲管教下，家裏的女孩子大都被迫纏上了足，一個個疼得嚶嚶直哭。

母親也面臨着這種命運！

不過，她終究是掙脱了。

家公（我們稱外祖父為家公，外祖母為家婆）在外面，來信讓我別包腳，我怕痛，也不肯包。家婆也疼我，隨我自己。

前面那些姑姑包腳，疼得要命，半夜裏睡不着覺，一個個哭的啊！……

當年那悲慘的一幕，不知給一個幼小的心靈帶來了多麼深痛的刺激，時隔大半個世紀，母親談起來仍然滿眼噙着淚水。她很為自己慶倖：「我沒有包腳，你爸知道了，非常高興。進了聞家就我一個是大腳，大家都笑話我。」

然而進學堂的事，可沒有不纏足那麼順利了。

當父親像靈芝一般在清華園內茁放時，母親卻像一隻籠中小鳥，只能在藩籬中翹望大自然天地。

大約在她十歲左右，外祖父在武昌平湖門置下了一棟三重大院，舉家搬進了城裏。這裏環境優美，後院是一個很大的花園，還種有許多果樹，推開大門就是浩瀚的長江。然而母親能在江邊盡情玩耍的機會卻極少，和當時許多大家閨秀一樣，她整天只能待在深閨大院中。

外祖母生育過不少兒女，養育大的女兒只有母親一個，夫妻倆一直把她視若掌上明珠，加上時代潮流的影響，也都不願給以過多的約束。因此，母親小時候在雙親的庇護下，獲得了一定程度的自由發展。但曾外祖父在世時，治家十分嚴格，他忠實恪守着傳統禮教，以綱常倫理統治着整個家族，女孩子別說是走出家門，就連家中的堂屋都是不讓進的。

民國以來，婦女教育獲得了長足發展。外祖父從外地多次來信敦促讓女兒去上學。叔外祖父和父親也都來了信。這使家中的女孩子們萬分興奮，個個吵着要到學堂去。曾外祖父抵擋不過這股勢頭，只得勉強答應。於是，母親終於第一次走出家門，呼吸到了新鮮空氣。孩提時代這一道亮麗的色彩，給母親留下了終生難忘的印象，她不止一次對我們憶起這一段生活，每次都那麼興奮：「我和四個姑姑、兩個堂姐，一共七個女孩子，每天打着七把洋傘，説説笑笑往學校裏走。那時女孩子上學的很少，我們又是七個人，簡直轟動了整條巷子！」母親神采飛揚地説着，臉上泛着興奮的紅暈，兩隻大眼睛閃出迷人的光彩，彷佛此刻她就走在上學的路上！我能聽到七個小姑娘銀鈴般的笑聲，看見她們撐着洋傘婀婀婷婷穿過街巷。江風輕輕吹起她們的衣裙，就像七隻唧唧喳喳的快活小鳥……。

然而，那畢竟還是風氣初開的年代。高家七個姑娘上學的事，不久就傳揚開去，引起了街坊鄰里的議論。街頭巷尾，不斷有人交頭接耳，説簡直有傷風化。曾外祖父本來就是迫於無奈才點頭的。現在聽到了這些風言風語，不禁怒火中燒。他拍起桌子大發雷霆，責怪姑娘們敗壞了高家的名聲！

就這樣，在勉強支撐了將近兩年的學業後，這幾隻剛放飛的小鳥，又被抓回了籠中。曾外祖父恢復了他的「閨門之教」，請了一位先生來家裏教讀。有一段時間，大約一年左右，他也親自教，還教珠算。但窄小的天地和精神枷鎖緊緊束縛了七個幼小的身心。從這以後，那每天打着洋傘説説笑笑走進學堂的美好情景，只能變成一種幸福的回憶和嚮往，留在七顆花朵般的心靈中。

母親的童年，最終沒能逃脱封建社會女孩子的那種不幸命運。不過和許多同齡人比起來，她也還算是幸運的，她擺脱了纏足的折磨，又進過學校，初初接觸到一些新的科學文化知識，就像一朵幼嫩的花苞，在大旱中吸收到了一絲甘潤的雨露。

這種幸運，是和外祖父等人的良苦用心分不開的，其中自然也包含着父親的一份努力。母親後來第二次走進學校，是在新婚以後了，那更是直接得力於父親的努力。

## 愁苦的荊棘

一九二三年，父親畢業出國前夕，接到了祖父的來信，要他寒假返鄉去完婚。這封信帶來了雙親殷切的希望，卻使兒子深深陷入了矛盾和痛苦之中。

作為一個五四青年，一個滿懷激情、熱情浪漫的詩人，父親嚮往的是自由戀愛，憧憬的是那「最高、最真」的情感。他在《評本學年〈周刊〉裏的新詩》一文中曾寫道：「嚴格說來，只有男女間戀愛的情感，是最熱烈的情感，所以是最高、最真的情感。」對於父親給自己定下的這門娃娃親，他一直不願意去想，也沒有時間去多想。表妹的成長他是關切的，還為此專門給外祖父去過信。他為她能上學並沒有纏足感到十分高興。這其中想必含有一些對未來朦朧的希冀，但更多的恐怕還是出於一種親情——一種兄妹之情和對婦女解放的熱情。他和表妹之間畢竟是生疏的，心靈相隔那麼遙遠，就像隔着一道漫漫長河，河對岸是一片迷蒙。他不能想像沒有愛情的結合，更何況是他正當詩情澎湃、躊躇滿志走向未來之時，這不啻是一條無形的鎖鏈啊！

父親痛苦地拒絕了祖父的要求！然而老人擔心兒子出洋後會變心，執意要在行前給他完婚。

為了說服兒子，他費盡了心機，還讓當時同在清華讀書的侄子聞亦傳——父親的八哥，用現身說法來開導弟弟。在傳統教育下長大的父親，從小就是一個孝子，禁不住家人們的苦口婆心，為了不傷父母的心，最後只得做出了自我犧牲。不過，他提出了三個條件：第一，不祭祖；第二，不行跪拜禮，不叩頭；第三，不鬧新房。

家裏說，三條全可以答應。你不祭祖，我們祭；跪拜禮可以不行，改為鞠躬；對新娘要鬧一下，但不過火。

婚期訂下後，全家高高興興，開始了緊張的操辦。而父親卻為此痛苦不已，夜難成眠。寒假前，他懷着沉重陰鬱的心情回到了家鄉。

望天湖旁的聞家大院喜氣洋洋，上上下下一片忙碌，親人們正熱切地等待着他歸來。父親卻愈發感到窒悶，滿腔的苦楚只能在詩中傾吐。婚前一周，他寫下了那首滿載愁苦的《十一年一月二日作》：

……

你那被愛蜜餞了的肥心，人們講，
本是為滋養些嬉笑的花兒的，
如今卻長滿了愁苦底荊棘——
他的根已將你的心越捆越緊，越纏越密。
上帝啊！這到底是什麼用意？

唉！你（只有你）真正了解生活底秘密，
你真是生活底唯一的知己，
但生活對你偏是那樣地兇殘：
你看！又是一個新年——好可怕的新年！——
張着牙戟齒鋸的大嘴招呼你上前；
你退既不能，進又白白地往死嘴裏攢！

也許是家鄉那如詩如畫的大自然，那遠處淡淡的青山，那門前粼粼的湖水，給了他撫慰和啟迪，使他的心境稍稍舒緩。他本是一個執著的藝術追尋者，「相信藝術能夠抬高、加深、養醇、變美我們的生命的質料」（聞一多參與起草的《美司斯宣言》）。在《對於雙十祝典的感想》一文中，他還曾這樣談到節日各種藝術活動的感染力：「這時最險惡虛偽的心也能閃出慈柔誠懇的光耀，這時什麼沉憂煩慮都匿形遁跡了；這時人類中男女、長幼、富貴貧賤各種界限，同各種禮教的約束都無形消滅了，……」現在他也要藉藝術「魔力」的作用給自己的生活注入「快樂與同情」，化解愁苦與憂煩。於是在婚期之前好些天，他開始和十四弟（父親的堂弟）聞鈞天一起動手裝飾自己的新房。十四弟也是個繪畫迷。兩個年輕的美術家在新打的紅漆家具上精心繪製了金色的圖案。母親曾聽家裏人説，兩個人下了好大的功夫，房裏的櫥、櫃和新床床架上的圖案，全是他們親手畫的。古麗和諧的圖案給充滿喜氣的新房增添了一種清逸高雅的情調。

也許是得意於自己的這一創新，也許還為了排解心頭的鬱結，在結婚的頭一天晚上，父親把小侄子們全都叫來，大家在「藝術宮」裏，盤腿坐在床上聊天，說說笑笑，興致勃勃。當晚，就都橫七豎八地在新床上睡了一個通宵。

## 玉簫牙板聽紅豆

一九二二年一月八日，陰曆臘月十一日，「可怕的」日子終於到了。這天從清晨起，聞家大院裏就充盈了歡聲笑語，堂屋門前張燈結綵，賀客盈門。父親卻一早就抱着書本跑到外面去了。

下午五點多，在一片歡快的鑼鼓聲和悠揚的細樂聲中，新娘的花轎到了。可誰也沒想到，此時的新郎，還坐在房裏和他的書本親熱呢，一盆洗澡水還放在那裏，紋絲未動！是家人急切的拍門聲才把他從書本中催喚出來！

坐在花轎裏的新娘，這時自然不知道外面發生的一切。這個剛滿十八歲的姑娘，面對充滿未知數的生活，不但緊張，更有些悲傷和惶恐。外祖父在外地，由於公

聞一多（後排左二）與高孝貞（二排左一）結婚時全家在湖北老宅門前留影。

務抽不開身，沒能趕回來；外祖母心疼女兒還小，本來是不願意這麼早就辦婚事的。她依依不捨地為女兒準備了六大箱嫁妝，知道孩子愛鬧嗓子，連清熱利咽的二冬膏都準備了十幾瓶。女兒是多麼留戀在媽媽身邊的日子啊，婆家的人和生活會是什麼樣子的呢？……她懷着一顆忐忑不安的心等待着命運的安排，——這顆心裏也悄悄藏有一種幸福的希冀，那是一哥的人品和才氣帶給她的。

在靜候命運之神的那一刻，新娘無論如何也想不到，她的到來會像一顆小小的石子投入一池平靜的水，在聞家大院引起層層漣漪。

當新郎掀起轎簾，新娘邁出轎門時，池水開始漾動了——人們看到的不是一雙「纖美」的三寸金蓮，而是一雙天然足！在聞姓家族中，這還是第一個不纏足的女人！這在傳統勢力根深蒂固的農村，簡直成了一大新聞！看客中不少人暗自鄙夷，一些叔房裏的女人更蔑笑不已，回去後還議論紛紛。母親後來曾對我不止一次地談起這件事，她笑道：「嬤嬤（音：麻。父親的大嫂，即我們的大伯母，家鄉稱之為嬤嬤）她們後來告訴我，叔房裏的人回去還笑我。有人問：『幾大的腳？』她們撇撇嘴：『小——腳』隨着伸開食指和拇指，比作一隻小腳模樣，指指食指，又指指胳膊肘，說：『從這兒到這兒！』」母親說着，也比劃給我看，惹得我哈哈大笑。但笑畢，又不禁感到十分酸楚。

譏諷是刻薄的，但受譏諷的人卻給這個家族帶來了新的氣息，開了新風俗的先河。

「我來到聞家後，你大姐（指堂姐聞立珠）也不包腳了，聞家的女孩子從此都不包腳了。」母親說。她從城裏來，又上過學堂，在鄉間的女輩中，不免顯得有些與眾不同。「家裏人都學我。我算是新式的，大腳，有文化。細叔（父親的胞弟聞家駟，排行最小，家裏稱之為細叔，他的髮妻，我們稱為細娘）後來去外面讀書，我還幫細娘給他寫信。細娘連梳頭都學我的如意頭。婆婆也叫我給她梳頭哩！」

婚慶這一天，引起衝擊波的還有父親提出的那三個條件，尤其是不跪拜那一條。這在鄉間也是從未有過的。

母親是第一個受惠者，她從心裏感到高興：「我腳凍了，痛得要命，就怕磕頭，一聽說不磕了，可把我解放了。」

受惠的自然不止一個人，母親興奮地告訴我：「這下可打破了傳統，以後十四叔、十五叔，還有細叔，結婚時都不跪拜、不磕頭，只行鞠躬禮了。」

顯然，這一天給家族習俗帶來的深遠影響，是新郎和新娘以及抱守着傳統禮教的祖父都沒有料到的。

不同尋常的婚禮結束了。新人被送進了洞房。雙親不由從心底感到寬慰，終於在兒子出國前給他把婚事辦了。但欣喜之餘，又有些擔心，生怕強扭的瓜不甜。

夜裏，祖母把大兒媳叫來，讓她悄悄去新房窗下聽聽，裏面有沒有說話聲。嬷嬷輕輕來到窗前，只聽見房裏面有說有笑，她心裏也笑了。回來稟告給婆婆，婆婆心中的一塊石頭這才算落了地。

洞房裏確實是有說有笑。看來，新郎新娘彼此間的感覺是良好的。他們還憶起了幼時的那一次見面。父親在母親耳邊問了那句：「你那時為麼事要跑走啊？」那一刻，他心中的愁雲似乎已漸漸消散了。而這句輕柔的問語，一瞬間就像股細潤的密流，深深滲入了母親不安的心田，給她留下了回味終生的甜美。

花燭之夜是溫暖親切的。那份幸福永遠是母親心底的秘密，但她還是對我吐露過幾絲：

結婚是在冬天，還穿着皮襖，用銅爐。晚上睡覺，銅爐放在桌子上，忘了拿下來，外面鬧房的叫：「銅爐！銅爐還在桌上！」爸起來拿下來，外面又叫：「拿走了，拿走了！」

她臉上漾着甜蜜的笑容：「頭兩天是在屋裏吃飯，小孩子們在外面偷看，看見爸給我夾菜，給我找手絹，他們都咯咯笑起來。」

父親後來在《紅豆》一詩中有過這樣一段描述：

當我告訴你們：
我曾在玉簫牙板，
一派悠揚的細樂裏，
親手揪起了伊的紅蓋帕；
我曾著着銀燭，
一壁擷着伊的鳳釵，

一壁在伊耳邊問道：
「認得我嗎？」
朋友們啊！
當你們聽我講這些故事時，
我又在你們的笑容裏，
認出了你們私心的豔羨。

這些含着絲絲溫情的詩句，絕不是詩人自我的幻象，它們正是當時洞房裏的一幕真實寫照。

## 書香詩韻伴蜜月

蜜月生活是親切融洽的。新娘內心那份不安已漸漸消失。新郎呢，他顯然喜歡妻子的溫柔淳樸、善良寬厚、賢慧和勤謹。尤其令他感到欣慰的是，她雖不可避免的帶有一些封建婦道的影響，卻有一顆不甘於現狀，嚮往自由的心。面對清純的妻，他心裏充滿複雜的感受，其中有對她的同情和憐愛，也有自身的苦澀與哀怨，更有一種同「命」相連的酸楚，正如後來在《紅豆》一詩中傾吐的那樣：

我們弱者是魚肉；
我們曾被求福者
重看了盛在籩笸裏，
供在禮教底龕前。
我們多麼榮耀啊！

你明白了嗎？
我們是照着客們吃喜酒的
一對紅蠟燭；
我們站在桌子底
兩斜對角上，
悄悄地燒着我們的生命，
給他們湊熱鬧。
他們吃完了，
我們的生命也燒盡了。

新婚期間，父親很少出門。整天坐在屋裏看書、寫文章。母親說那篇《蜜月著〈律詩底研究〉》就是此時脫稿的。但他也並未冷落新娘。常抽空和她在一起，教她讀唐詩。那時母親還像孩子一般天真，自然不會理解丈夫以詩消愁的那份內心隱痛。不過對丈夫這種心靈上的關愛卻感受極深，它比一般的問寒問暖更令她感動。

父親從《唐詩三百首》中選出一些來講給她聽，教她吟誦，遇到生字時，還不厭其煩地教讀、講解。母親婚前雖上過兩年學堂，但大部分時間是在家中接受「閨門之教」，學的也主要是「四書五經」。唐詩雖學過一點，也都是古板的背誦，更從未有過像父親這樣真誠耐心的教師。她很快就進入了美妙的詩境，並常常樂而忘返。

那時，兩個小姑常來玩耍，父親總是熱情地叫她們：「拿書來，拿書來，一起讀。」於是兩個妹妹也加入了這蜜月的詩國之旅。

父親兄弟姐妹共十人，除三個哥哥和一個弟弟外，還有兩個姐姐和三個妹妹。母親來到聞家時，兩個姐姐——大大和九爺[1]已出嫁，十五爺已不幸去世，只有兩個妹妹——十四爺和十六爺還待字閨中。十四爺和母親同歲，十六爺小母親兩歲，三個人年齡相仿，感情也十分相投。母親常笑着對我說：「那時我們三個都像孩子，爸老把我們當小孩。」

父親向來關心弟妹及後輩的成長。每年暑假回來，常愛把侄子們叫到一起，教他們唐詩，讓他們作詩。誰作的好還有獎品。獎品是他自己用的筆、梳子之類的東西。有一回竟拿出了自己的內褲。大家說「你洗澡還得換啊！」他說：「那你先借給我，等我走時再還給你。」還有一年

1　老家兄弟姐妹均按大排行稱呼。父親的二姐、大妹、小妹大排行第九、十四、十六。按家鄉習慣，我們稱姑姑為爺。唯有大姑稱為「大大」。

他沒有回家，寄了一首詩回來，是用王維的《九月九日憶山東兄弟》改寫的：「獨在異鄉為異客，每逢佳節不思親，遙知兄弟團圓宴，遍桌何妨少一人。」他讓侄兒們把詩意講給弟妹們聽，並且問他們知不知道這詩是什麼人做的，誰要是猜着了，就賞給誰一個糯米丸子吃。

蜜月間教詩，雖沒有這樣的風趣了，但他的興致仍很高。三個姑娘跟隨哥哥在詩境中流連，是她們最快樂的時光了。母親多次談起這段往事，總是那麼神往。從她興奮而幸福的眼神中，能清晰看到三個姑娘圍坐在親愛的兄長旁陶醉於詩境的神態，能聽到她們朗朗的誦讀聲和歡快的笑語聲。那時刻，三張稚氣未脫的面龐，映着冬陽的柔暉或夜晚的油燈，一定顯得格外光彩嬌豔！

《唐詩選》，書中紙條為母親當夜親手所夾。

當年學的唐詩，母親到晚年還能背誦。記得上世紀七十年代末，住在地安門帽兒胡同時，文化生活隨着改革開放逐漸復蘇，我在胡同口的小書店裏，排了半天長龍隊，買回來一套新出的《唐詩選》，全家人都十分高興。我曾要母親告訴我，其中哪些是父親當年教過她的，她隨口就吟出了一些詩句。

除了早就耳熟能詳的，如李白的《靜夜思》、孟浩然的《春曉》《遊子吟》等，還有：

三日入廚下，洗手作羹湯。未諳姑食性，先遣小姑嚐。

更深月夜半人家，北斗闌干南斗斜。今夜偏知春氣暖，蟲聲新透綠窗紗。

等等。

當晚，她又在那兩本詩選中夾上了許多紙條遞給我，我數了數，有二十首之多。這兩本詩選，如今我還珍藏着，紙條顏色已發黃，但她遞給我時臉上的光彩，仍在我眼前閃現。

一九八二年母親八十大壽時，全家三代二十多口人圍在一起為她祝壽、敬酒。不記得是哪個小孩子脱口背了一句「葡萄美酒夜光杯」，卻又想不起下句來了。母親當時就接了過去：「欲飲琵琶馬上催……」這詩雖與祝壽場面不大相宜，但母親誦詩，卻為全桌增添了意外的驚喜和歡笑。

唐詩以外，她們也隨父親學了一些宋人的詩詞。宋代的詩人中，母親記得最清楚的，就是陸放翁了。

那個年代，女孩子不讓出大門，生活天地只有狹小的閨房。母親説，十四爺整天坐在房中刺繡，一頓飯只吃一小碗。而詩的世界使三個姑娘增長了知識，拓展了視野，給她們單調枯燥的生活注入了無限樂趣和力量。三顆被禁錮的心靈從中得到了多少歡樂和慰藉，又獲得了多少難得的陶冶啊！母親身上那特有的嫻雅和雍容，不能説和長期生活在父親身邊，受到詩的熏陶沒有關係。而十六爺以後自己能寫詩，更顯然是得益於父親的教讀和影響了。

在讀詩、論詩和教詩當中，蜜月生活過得別具意味。父親自己也從中尋得了不少愉悅和慰藉。

當然，那根緊緊纏繞在他心頭的「愁苦的荊棘」，並未因此而有所鬆動。內心的壓抑之外，甚至還多出了一份沉重——從此背上了一個並不情願的小家庭包袱。尤其令他痛苦的，是那靈魂上無法滿足的飢渴。他後來在《紅豆》一詩中這樣吐訴：

哦！腦子啊！
刻着蟲書鳥篆的
一塊妖魔的石頭，
是我的佩刀底礪石，
也是我愛河裏的礁石，
愛人兒啊！
這又是我倆之間的界石！

## 斷了的心弦

父親是個孝子，孝心使他不願做出令父母傷心的事。

他是一個至仁至愛的人，愛心使他不能做出傷害妻子——一個無辜的純真少女的事。

但他也是一個經受過五四洗禮的熱血青年，並不甘心屈從命運的擺佈。他從來不是一個悲觀的宿命論者。五四第二年在《旅客式的學生》一文中就曾這樣寫道：「我們生到這個世界來，這個世界就是我們的。我們的天性叫我們把這個世界造成如花似錦的，所以我們遇着事，不論好壞，就研究，就批評，找出缺點，就改良……」他熱情讚頌五四時期清華少年「憑着希望造出希望」（《園內》）的精神。如今，面對殘忍的生活，他選擇的也是「造出希望」。他相信，面前是一片能夠開墾的土地。

教讀唐詩，似乎印證了這一選擇。妻子的聰慧好學給了他更多信心。返校前，他懷着熱切期望爭得了祖父同意，讓妻隨同家中子侄們一起接受家學教育。為了不耽誤時間，還和她商量好，回門時不必隨舊習俗住滿二十八天，要儘早回到家裏讀書。

那時，祖父在送兒孫們外出求學的同時，對留在家中的後輩也抓得很緊，除親自教授四書五經外，還順應時代發展，不斷增添一些新的科學文化知識。聽母親說，他把在武漢上學的孩子們所用的博物、地理等文化課本都拿來請人教讀。祖父雖重男輕女，但對女孩子的教育並不輕視。他不允許後代辱沒書香門第的家風。

在母親的內心裏，幼時進學堂的美好記憶已成為珍藏心中的一種憧憬。現在雖不能像當年那樣外出讀書，但有新式的家學可入，她仍感到是求之不得的了。

這種志向更使父親感到欣慰。三月中旬，在返校前，他懷着沉重複雜又充滿希望的心情送母親回門。離武昌前夕，他滿含哀怨和期許給雙親寫了一封長信，懇切地請求：「我媳婦定住半月即歸。屆時務請五舅來接。千萬千萬。此關係伊的學業，即伊的終身大事。請兩大人勿循俗套必住二十八天，致誤伊光陰。」在信中，他痛切地訴怨：

我之此次歸娶，純唯恐為兩大人增憂。我自揣此舉，誠為一大犧牲，然為我大人犧牲，是我應當並且心願的。如今我所敢求於兩大人者，只此讓我婦早歸求學一事耳。大人愛子心切，當不致藐視此請也。如非然者，則兩大人但知俗套而不知愛子也。我婦自己亦情願早歸求學，如此志向，為大人者亦似不當不加以鼓勵也。如兩大人必固執俗見，我敢冒不孝之名謂兩大人為麻木不仁也。

按照清華的學習年限，父親本應在頭一年（一九二一）畢業留美。由於他參加了為支援北京八校教職工索薪鬥爭而舉行的同情罷考[1]，被當局課以留級一年的處罰。不過他倒覺得，這一年裏能有充分時間和自己心愛的詩歌縱情親熱，還得以締交幾位知己的詩友，「得非塞翁失馬之比哉？」（一九二二年六月二十二日致顧一樵信）

從家鄉返回學校後，他立即恢復了自由愉悅的詩人生活，熱情參加清華文學社的活動。整天「做

1 一九二一年六月三日，為抗議北洋政府拖欠教育經費，李大釗、馬敘倫領導北京國立八大學教職員索薪團展開索薪罷教鬥爭。請願遭殘酷鎮壓，造成「六．三」慘案。市學聯宣佈罷課聲援。清華學生也舉行了罷課。但校方以不如期參加大考即取消學籍相威脅。學生們不屈，舉行了「同情罷考」。畢業班同學中，父親等二十九名同學始終堅持鬥爭到底。

詩，抄詩，閱同學們所作詩，又同他們講詩，忙得個不亦樂乎」（一九二二年三月二十八日致聞家駟信）。

然而，此刻的年輕學子畢竟多了一分心事，常常在暗自裏期盼着妻早日來信，報告回鄉就讀的好消息。

不久，傳來了妻子有孕的喜訊，但回鄉讀書的消息卻遲遲不到！

也許是期望過於執著，過於急切，年輕氣盛的詩人很快又跌入了極度的沮喪和失望之中。滿腔熱望漸漸變成一片冰涼，蜜月裏點燃的那點希望之火也隨之熄滅了！鬱悶、痛苦和悲哀重又一齊湧上心頭。深夜，他躺在床上輾轉難眠。漆黑的長夜好似「沉默的寒潭」，遠處傳來的更鼓聲，更似擂斷了心弦：

一九二一年十一月，聞一多與梁實秋等同學成立「清華文學社」，並被推為書記兼詩組領袖。該社以研究文學為宗旨，以交流讀書心得和邀請名人演講為主要方式。它不僅在校內十分活躍，後來在文學界也產生一定影響。圖為該社成員楊世恩、謝文炳、梁實秋、聞一多（中排左二）、張中紱、顧毓琇、吳景超、吳文藻、翟桓等合影。

更鼓啊！
一聲聲這般急切；
便是生活底戰鼓罷？
唉！擂斷了心弦，
攪亂了生波……
戰也是死，
逃也是死，
降了我不甘心，
生活啊！
你可有個究竟？
啊！宇宙底生命之酒，
都將酌進上帝底金樽。
不幸的浮漚！
怎地偏酌漏了你呢？
《深夜底淚》

五月初，他給弟弟聞家駟寫信傾訴道：「駟弟！家庭是怎樣地妨礙個人底發展啊！細肝、細心、細眼、細鼻，討厭極了！……駟弟！大家庭之外，我現在又將有了一個小家庭。我一想起，我便為之切齒指髮！我不肯結婚，逼迫我結婚，不肯養子，逼迫我養子——誰管得了這些？騆弟！我將什麼也不要了！宋詩人林和靖以梅為妻，以鶴為子。我將以詩為妻，以畫為子，以上帝為父母，以人類為兄弟罷！家庭是一把鐵鏈，捆着我的手，捆着我的腦經（筋），我不把他擺脫了，撞碎了，我將永遠沒有自由，永遠沒有生命！本來我立刻就可以回來了。但一因我要作書，不能回來，二因我現在，老實講，一點也不掛念家裏，所以也不想回來。騆弟！我知道環境已迫得我發狂了；我這一生完了。我只作一個顛顛倒倒的瘋詩人罷了！世界有什麼留戀的？活一天，算一天罷了！我的思想太衰颯了嗎？『誰實為之！孰令致之？』我現在還不知道幾時才回得了。我高興幾時回，我再寫信告訴你。哎呀！我真怕再進那家庭之黑窟！我本要一嫂[1]早回家讀書，她沒有回去，並且也不寫信告訴我。我已寫信告訴她既是地方不安靜，回去不了，那又有什麼要緊呢？但她到現在還沒有信來。仗打完了，火車通了，信還沒有來；這是什麼道理？她若還在省，你去告訴她，我還願意跟她作個很好的朋友，她若還是這樣糊塗，我連朋友也不要了！我是沒有道理講的，我這樣想了，便要這樣講，講了，便要這樣做。」

這是一顆極度壓抑失望的心靈在迸着血淚控訴、吶喊！在這裏，悲哀、痛苦合着怨恨已燃成怒火，它指向了封建制度！

然而，這火同時也燒到無辜的妻子身上，未免有點不公道了。痛怨交加的年輕詩人當時還不能理解，一個比他受着更深重摧殘的青春少女，是如何渴望投向親娘的懷抱，如何依戀那在母

1　弟妹們簡稱父親為一哥，稱母親為一嫂。

親身邊的一點點自由時日啊！她何嘗不熱望讀書？但她又何嘗不害怕回到那「家庭之黑窟」中去呢？那裏等待着她的，除了更深的幽暗外，還有未來數年那漫長的孤獨和寂寞啊！

一對被鞭絲抽攏的青年，被各自的痛苦深深折磨着。這一刻，只有那張着「牙戟齒鋸」大嘴的禮教在對着他們獰笑！

# 傷莖上的蓓蕾

五月下旬，父親在出國前一個多月，終於回到了家鄉。這是他婚後第一次回家。望天湖旁的「黑窟」裏，除了一個大家外，還有一個命運強加給他的小家在等待着他，他心情的矛盾複雜可想而知。但看來，這次不僅家鄉美麗的湖光山色和父母、家人們的醇厚親情撫慰了他，更有妻子那顆一如既往那麼清純、向上的心靈重新給了他愉悅和希望。到家不久，一腔怒怨也就漸漸煙消雲散了。

在家住的一個多月，他仍然整天埋首詩書，專心著述，也仍然那麼興致勃勃地教妻子和弟妹、諸侄讀詩。他寫信告訴詩友梁實秋：「暇則課弟妹、細君及諸侄以詩，將以詩化吾家庭也。」家裏那間新房——他親手佈置的「藝術宮」一時也成為弟妹們的詩境樂園。他們在這裏常常一直流連到深夜。

讀詩之外，他還興沖沖地和他們一起閱讀《清華周刊》，共同分享閱讀中的興奮與喜樂。從他當時給顧一樵的一封信中，可以生動地感受到那在書香詩趣中共度美好時光的愉悅情景：

> 朋友啊！昨晚我弟弟到家，我首先便問他要清華增刊，到夜深才看到你的大作。我看完首頁便知是同我有關的，我喜極了。看完了第二頁，更喜出望外，便向與我同看的妹妹及細君講：「我要寫封信去」……。（《聞一多全集．書信》第四十一頁）

在愉悅的詩化生活中，夫妻間也有了進一步理解。

房間裏，小夫妻倆的說笑聲越來越多了。母親告訴我，父親這時給她講了許多以前的趣事。他赴美留學，選擇的專業是美術。他說，自己從小就愛畫畫，可祖父老覺得這不是正經事，一看見他畫，就搶過去一把扯了。沒辦法，他後來畫了畫就悄悄收起來。他還給她講，小時候淘氣，有一次，家裏給他祖父辦喪事，外面跑了隻小豬仔進來，他們一群小孩子在一起，竟要用瓦片把小豬宰了。他還講了一件有趣的事。家裏有一間在過道上隔出來的房，窗戶上鑲的玻璃多一點，大家都叫它「玻璃房」。玻璃房窗外是稻場，視野比較開闊。他喜歡這裏充足的光線，就選來作了自己的書房。每逢暑假回來，都要鑽進玻璃房裏去看書、寫作。暑假長達兩個月，他還借此給它起了一個雅號，叫「二月廬」。清華的教育是西方式的，平日功課又繁忙，難得有時間多讀自己喜愛的中國古典文籍，因此，他十分珍惜每年這兩個月的時間。一鑽進廬裏，就「廢寢忘食，蕩肝伐肺」，像他後來描述的少年杜甫一樣，只顧「沿着時間的航線，上下三四千年來往的飛翔」。他說有一回，夜深了，家人早都進入了夢鄉，二月廬外一片暗寂，只有他一人還在小油燈下苦讀。偶一抬頭，猛然看見面前的玻璃窗上露着一張狗臉！

「那隻狗正睜大了眼睛一動不動望着我讀書呢。」他像講故事似的對母親説。

「你害怕嗎？」母親趕忙問。

「不怕，有什麼好怕的？」他倒覺得挺有趣，嘿嘿地直笑。

父親最關心的，當然是倆人的未來，在他們溫暖的「藝術宮」裏，他告訴了妻子一個大好消息：已和祖父説好，他出國後，就讓她和兩個妹妹一起去武昌上學！沒去武昌之前，先在家裏請人教。那一夜，喜出望外的母親簡直興奮得無法入睡！大概是談起入學，父親又想到了她的名字。他不喜歡她名字中的那個「孝」字，一定是孝道給他帶來的傷痛太大了。他想把「孝」字改成「曉」字，又不滿意，想再改，到底也沒想好怎麼改。母親後來用的「高真」這個名字，是父親遇難後，我們全家去解放區時，大哥幫助改的，父親在天有知，大概會認可的，因為他喜歡母親的純真質樸。

那一個多月，母親在枕邊自然也對丈夫傾訴了不少衷腸。兒時在家的情況和那永遠難忘的七個姑娘上學堂的故事都少不了敘説。但説得最多的還是她現在的苦楚，她對自由的渴望。

她對他講：「我受不了家裏這麼多的規矩。」

「家裏本來就管得嚴，對我就更嚴。我剛過門，婆婆就説：『對你是要厲害點，你是親戚，免得別個説閒話！』」

那些森嚴的規矩，母親後來常對我們説起，她那悲怨、愁楚的樣子至今仍歷歷在目。僅拿晨昏定省這種禮節來説，就夠束縛人的了。做媳婦的清早起床後，先要去公婆屋裏問安。晚飯後還得再去陪坐，伺奉茶水和夜宵。直到婆婆開口說：「回屋去吧！」才可離開。有時婆婆困了，坐在椅子上衝瞌睡，媳婦們捱不過，就低聲聊天來打發時間。可沒有婆婆發話，誰也不敢起身離去。家裏三代同堂，幾十口人共餐，按習慣，各家需輪流值廚。母親每逢當值，早早就下廚操辦，指揮料理，調配設計。做好後，即呼喚端菜上飯，有時聲音大一些，祖父就會趕過去申斥：「女人家，做麼事這大的聲音！」至於用餐，母親說，媳婦們是不能和公婆及男人們共桌的。「他們在廳堂吃，我們在過道，我們和他們之間有一道帶窗的隔板。」「肉是那桌的，我們很少吃。望天湖產魚，母親說：「小魚多，醃了一炸。醃菜、豆腐兩個小菜是我們平時吃的。」祖父常教導「食不言，睡不語」，飯間自然就更不能隨意說笑了。

青春年華的母親在這「黑窟」中，終日得小心翼翼，如履薄冰，不敢有半點鬆懈，尤其是最初那段時間。她說：「先前，爹爹、婆婆的房就緊挨着我們屋。稍不當心，婆婆在那邊就用手杖直點地，或故意咳兩聲。」「爸抽煙，爹爹、婆婆不許，他就讓我偷偷叫人從巴河鎮上帶兩盒來。婆婆經過我房，手杖一挑門簾：『好大的煙味！』」

作為一個封建大家的閨秀，母親也是受綱常教育長大的，但她長期住在武漢，大城市的生活方式以及新思潮的衝擊，多少使她受到一些影響。婚後雖努力去做一個相夫教子、孝敬公婆的好媳婦，內心卻感到萬分鬱悶、痛苦。她忍受不了重重的束縛，渴望獲得獨立、自由的生活。

父親很理解母親的處境，在枕邊私語中，總是一邊聽着、一邊親切地安慰她：「你忍耐一下，將來我回來就接你出去。」他告訴母親，留學本應是五年，但他不想呆那麼長的時間，想去三年就回來[1]。他還和母親約定，沿途每到一站，一定給她寫一封信。「到了美國，三天寫一封！」接着又親熱地笑道：「隔一兩天你就得給我來一封信啊！」

母親永遠也忘不了臨別前父親對她的深情叮囑：「他再三告訴我，說他走後不放心，我一個人要是太寂寞，叫我回武昌娘家住些時候。」

也許就在這時，父親被母親那顆真純向上、渴望自由的心靈深深打動。在母親所有的話題中，從來沒有某些家庭婦女所熱衷的是是非非，從來沒有說東道西地議人長短。她一心嚮往的是自由的時光，滿心渴望的是知識和上進，而她由衷訴怨的，則是那些束縛身心的封建操守和規範。這是一顆水晶般的心，在溫靜柔弱、樸實無華的外表下，蘊藏着一種堅韌的力量和動人的美。

一年後，父親在大洋彼岸懷着一陣突然襲來的情思寫道：

我若替伊畫像，
我不許一點人工產物
污穢了伊的玉體。
我並不是用畫家底肉眼，
在一套曲線裏看伊的美；

1 當時清華留學生官費五年，滿三年回國也可以。

一九二二年七月聞一多留美前夕在上海與父兄合影。前坐者聞一多之父，後排左起聞家騄（三兄）、聞亦宥（十兄）、聞一多。

但我要描出我常夢着的伊——
一個通靈徹潔的裸體的天使！
所以為免除誤會起見，
我還要叫伊這兩肩上
生出一雙翅膀來。
若有人還不明白，
便把伊錯認作一隻彩鳳，
那倒沒什麼不可。

《紅豆》

這一靈感難道不正是生發於妻子那顆清純如水的心靈嗎？

在這對帶着鞭痕的伴侶之間，愛意悄悄萌生了。然而，分別的時刻也來臨了。母親不得不依依地為丈夫收拾行裝。父親十分喜愛她從娘家帶來的八音鐘和檀香爐，她特意將它們裝進了他的隨身行囊。那個檀香爐看來就是梁實秋在《談聞一多》一文中誤以為是從東安市場買來的那一個。母親對我形容過它的精美工藝。香爐是景泰藍的，有三隻腳，掀開蓋，有一塊盤成「壽」字形的板，檀香屑燃完後，將板拿起，就有一個「壽」字凸現出來。每當點燃香爐，嫋嫋的輕煙徐徐升起、飄散，清遠而幽香。父親後來在美國，多次在詩中寫到「香霧」。想來，他一定常如梁實秋說的那樣「焚香默坐」，在這隻香爐飄渺的香霧中領略着東方特有的妙趣，思念着遙遠的祖國和家鄉，思念着望天湖畔的父母兄妹，當然還有那翹首企盼着的、年輕純真的愛妻。

# 第二章

# 馳騁詩壇與自己的歌

詩人主要的天賦是愛，愛他的
祖國，愛他的人民。

——與熊佛西語

# 流落的孤雁

一九二三年七月十六日，父親從上海登上赴美的航輪。八月初，抵達芝加哥，進入了芝加哥美術學院。

芝加哥是當時美國第二大都市。工廠如林，車流如潮。從古老落後的東方國度來到這裏，青年學子親身感受到了美國發達的物質文明和科學技術。但這裏的擁擠、嘈雜以及銅筋鐵骨機械背後的冷酷，卻使他感到厭惡和不安。旅途中那種離群孤雁的感覺，一直在困擾着他。內心有說不出的悽楚和蒼涼：

不幸的失群的孤客！
誰教你拋棄了舊侶，
拆散了陣字，
流落到這水國的絕塞，
拚着寸磔的愁腸，
泣訴那無邊的酸楚？
……
流落的孤禽啊！

到底飛往哪裏去呢？
那太平洋底彼岸，
可知道究竟有些什麼？
啊！那裏是蒼鷹底領土——
那鷙悍的霸王啊！
他的銳利的指爪，
已撕破了自然底面目，
建築起財力底窩巢。
那裏只有銅筋鐵骨的機械，
喝醉了弱者底鮮血，
吐出些罪惡底黑煙，
塗污我太空，閉熄了日月，
教你飛來不知方向，
息去又沒地藏身啊！

《孤雁》

開課前夕，他給同學吳景超寫信說：「我看書的時候可以認定上帝——全人類之父，無論我到何處，總與我同在。但我坐在飯館裏，坐在電車裏，走在大街上的時候，新的形色，新的聲

一九二二年七月底，聞一多（前排左三）與被迫留級的錢宗堡、何浩若、沈宗濂、時昭澤、吳澤霖、羅隆基、高鏡瑩、薩本棟、時昭涵、沈有乾、王昌林等二十九人到達美國。圖為在西雅圖青年公寓前合影。

音，新的臭味，總在刺激我的感覺，使之倉皇無措，突兀不安。」（一九二二年九月二十四日）

在各種各樣的感官刺激之外，還有一種更強烈的刺激，那就是異國的民族歧視。這種令人難以忍受的屈辱深深刺痛的是他的心！美國人對中國人那種高傲、憐憫，有時甚至是直接的侮辱，實在使他受不了。

到美不久，他便在家信中傾訴：「在國時從不知思家之真滋味，出國始覺也。而在美國尤甚，因美國政府雖與我親善，彼之人民忤我特甚（彼稱黃、黑、紅種人為雜色人，蠻夷也，狗彘也）。嗚呼，我堂堂華冑，有五千年之政教、禮俗、文學、美術，除不嫺製造機械以為殺人掠財之用，我有何者多後於彼哉，而竟為彼所藐視、蹂躪，是可忍孰不可忍！士大夫久居

在芝加哥美術館前留影。背後石獅處即芝加哥美術館。

此邦而猶不知發奮為雄者，真木石也。」（一九二二年八月）數月後在另一封家信中又氣憤地說：「一個有思想之中國青年留居美國之滋味，非筆墨所能形容，俟後年年底我歸家度歲時當與家人圍爐絮談，痛哭流涕，以泄余之積憤。」（一九二三年一月十四日）

在美院，父親的學習成績很好，深得教師獎許。由於對詩歌的熱衷以及對中國古代文化的廣博知識，他還有幸結識了美國詩壇上的幾位著名詩人——卡爾桑得堡先生、孟祿女士、海德夫人以及美國意象派詩人的領袖人物艾米·羅厄爾，還結交了一位「有中國熱」的美國朋友、芝加哥大學的法文副教授溫特先生，倆人一見如故，後來竟成了終生摯友。在與這些真情的美國朋友交往中，他不僅加深了對西方文化的認識，也獲得了許多溫暖和鼓勵。但這一切並不能消除他內心的苦悶。他在給弟弟的信中說：「人非全為理智動物，情難勝也！我近數年來，不知何來如許愁苦？縱不思鄉，豈無他愁？大而宇宙生命之謎，國家社會之憂，小而一己之身世，何莫日夜齧吾心臟以逼我入於死之門者哉！曩者童稚，不知哭泣，近則動輒冷淚盈眶，我亦不知其何自來也。」（一九二三年四月八日）

萬千的愁苦中，離別祖國的愁緒是最令人難耐的。人在異域，本來就思鄉心切，美國的民族歧視更使他懷戀故土。周邊的一切，時時觸發出強烈的思鄉之情。樓角新升的太陽，公園裏的白楊，

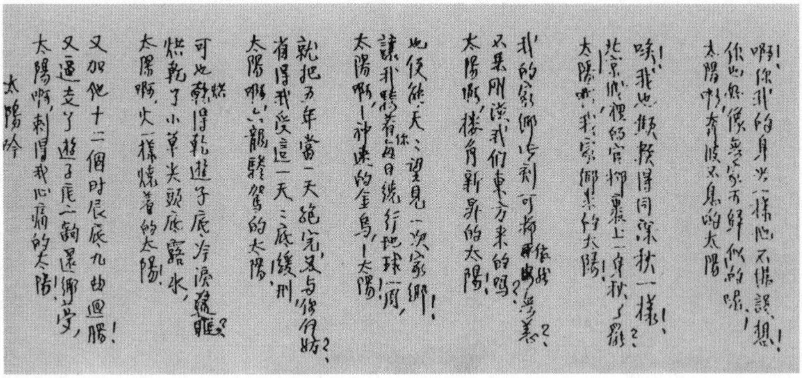

太陽吟

太陽啊，刺得我心痛的太陽！
又逼走了遊子底一齣還鄉夢，
又加他十二個時辰底九曲迴腸！
太陽啊，火一樣燒着的太陽！
烘乾了小草尖頭底露水，
可也烘得乾遊子底冷淚盈眶？
太陽啊，六龍驂駕的太陽
省得我受這一天天底緩刑，
就把五年當一天跑完，又有何妨？
太陽啊—神速的金烏—太陽！
讓我騎着你每日繞行地球一周，
也便能天天望見一次家鄉！
太陽啊，樓角新昇的太陽！
不是剛從我們東方來的嗎？
我的家鄉此刻可都依然無恙？
太陽啊，我家鄉來的太陽！
北京城裡的宮柳裹上一身秋了罷？
唉！我也憔悴得同深秋一樣！
太陽啊，奔波不息的太陽
你也好像無家可歸似的呢，
啊！你我的身世一樣地不堪設想！

《太陽吟》手跡。

重陽節的菊花……事事處處都使他懷想起遙遠的東方故國。清晨，望着樓角新升的太陽，他張開幻想的翅膀向東方來的金烏呼喚：

太陽啊——神速的金烏——太陽！
讓我騎着你每日繞行地球一周，
也便能天天望見一次家鄉！

他向「六龍驂駕」的太陽訴怨：

太陽啊，這不像我的山川，太陽！
這裏的風雲另帶一般顏色，
這裏鳥兒唱的調子格外淒涼。
《太陽吟》

重陽節前，他思戀着秋菊盛開的祖國大地，盛讚那象徵中華民族文化精神的菊花，由衷讚頌有四千年歷史文化的祖國：

你不像這裏的熱慾的薔薇，
那微賤的紫羅蘭更比不上你。
你是有歷史、有風俗的花。
啊！四千年的華胄底名花呀！
你有高超的歷史，你有逸雅的風俗！

**他衷心希望親愛的祖國也如同這菊花一般開得如此多彩、燦爛。**

習習的秋風啊！吹着，吹着！
我要讚美我祖國底花！
我要讚美我如花的祖國！
請將我的字吹成一簇鮮花，
金底黃，玉底白，春釀底綠，秋山底紫……
然後又統統吹散，吹得落英繽紛，
彌漫了高天，鋪遍了大地！

《憶菊》

**在他鄉的日子，深深的思念，重重的感受都泉湧般宣洩到了一首首愛國思鄉的詩中。**

在把《晴朝》和《太陽吟》寄給吳景超看時，他說：「我想你讀完這兩首詩，當不致誤會以為我想的是狹義的『家』。不是！我所想的是中國的山川，中國的草木，中國的鳥獸，中國的屋宇——中國的人。」（一九二二年九月二十四日夜）

## 詩集《紅燭》與新詩評論

一九二三年九月，出國第二年，父親出版了第一部詩集《紅燭》，裏面除清華讀書時的作品，一半以上都是來美後的創作。

詩集真實地抒發了一個五四青年的思想情感，那對祖國的熱愛，對故鄉的眷戀，對自我、人生的思考等，都使人明顯感受到時代的精神。序詩《紅燭》更托出了一顆熾熱的心：

紅燭啊！
這樣紅的燭！
詩人啊！
吐出你的心來比比，

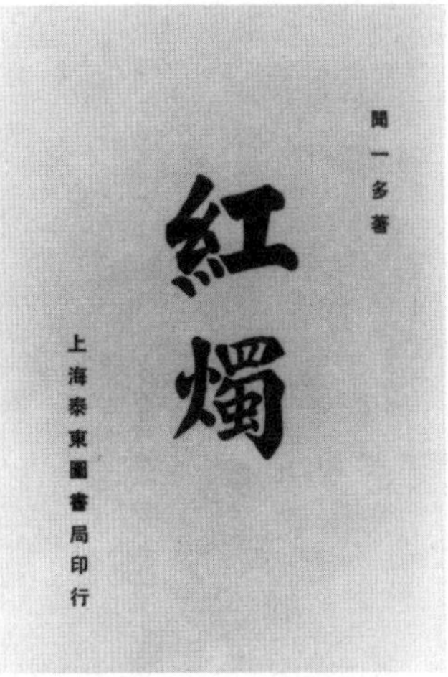


一九二三年九月，聞一多的第一部詩集《紅燭》在上海泰東書局出版。

可是一般顏色？
……
紅燭啊！
既製了，便燒着！
燒罷！燒罷！
燒破世人底夢，
燒沸世人底血——
也救出他們的靈魂，
也搗破他們的監獄！
……
紅燭啊！
你流一滴淚，灰一分心。
灰心流淚你的果，
創造光明你的因。
紅燭啊！
「莫問收穫，但問耕耘。」

這顆為了祖國，為了世人燃燒自我、創造光明的心，也是他一生都在踐行的誓言。

除了強烈的愛國情感，詩集也體現了父親在詩歌藝術上的探索和追求，是他詩歌理論的有力實踐。他一向主張「詩是被熱烈的情感蒸發了的水氣之凝結」，詩人只有「跨在幻想底狂恣的翅膀上遨遊，然後大着膽引嗓高歌」，才能「掯得更加開擴的藝術。」（《冬夜評論》）集中的詩，尤其如《憶菊》《太陽吟》等名篇，想像豐富奇特，感情豐厚熱烈又含蓄凝練，語言格式也經過鍾煉。在當時新詩普遍過於平實、直露的狀況下顯示了詩人對新詩美的藝術追求和創造性。這在現代詩歌史上具有獨特的意義。

在寫詩同時，父親仍然熱情關注祖國詩壇的動態及新詩發展前途，熱心撰寫詩評，探討新詩理論。

早在清華學習時，他就不僅是園內有名的「詩人」，而且是熱心的「評論家」。《清華周刊》上常能見到他的評論文字。在一九二二年五月完成的《冬夜評論》中，他更繼創造社詩人之後，針對早期白話詩不重想像的平實傾向「從理論上更加明確和系統地提出了想像力在詩歌藝術中的地位與作用」（王瑤《念聞一多先生》）。這篇評論於一九二二年十一月與梁實秋的《草兒評論》合成一冊在國內出版。郭沫若當時在日本看到後曾去信給梁實秋稱讚道：「如在沉黑的夜裏得見兩顆明星，如在蒸熱的炎天得飲兩杯清水……在海外得讀兩君評論，如逃荒者得聞人足音之跫然」。（轉引自聞一多《致父母親信》一九二二年十二月二十七日）。

這年十月，父親開始評論郭沫若的《女神》。次年六月，發表了《「女神」之時代精神》與《「女神」之地方色彩》二文。在這兩篇評論中，他高度讚揚《女神》的時代精神，稱之為「時代的一個肖子」，也指出了它過於歐化的通病，他認為新詩「要做中西藝術結婚後產生的寧馨兒」。尤其是，他反對郭沫若關於詩是一種「自然流露」的主張，提出詩是一種選擇的藝術。

王瑤先生後來在談到這兩篇評論時，中肯地指出：「正是聞先生首先肯定了《女神》時代精神，高度評價『《女神》真不愧為時代底一個肖子』。這說明聞先生絕不是超然於時代、社會之外的唯美主義詩人。他的詩歌觀同強調詩歌與時代、人民密切聯繫的新詩主流是相通的；因此他一再喊『冤』，強調他與郭沫若一樣心中『有火』，絕不是什麼『技巧專家』」（《給臧克家先生》）。更值得注意的是他對郭沫若詩歌理論的批評。他反對郭沫若關於詩是一種「自然流露，不是『做』出來的，只是『寫出來的』」的主張，明確提出詩是一種選擇的藝術：「選擇是創造藝術的程式中最緊要的一層手續，自然的不都是美的；美不是現成的。其實沒有選擇就沒有藝術，因為那樣便無以辨別美醜了。」（《「女神」之地方色彩》）在新詩發展過程中，人們首先注意的是新詩的現實性、戰鬥性的品格，現在第一次注意到新詩美的品格；早期人們強調的是要到現實人生社會去發現詩，現在進一步認識到『自然的不都是美的』，而必須根據詩人的審美理想。從『自然』（現實）中去提煉、選擇出美來。這顯然標誌着對新詩認識的深化。要求新詩的內容和形式都表現出美的力量，成為一種完美的藝術，這就是聞先生詩論的實際意義。」（王瑤：《念聞一多先生》）

在《「女神」之地方色彩》一文中父親說：「我愛中國故因他是我的祖國，而尤因他是有他那種可敬愛的文化的國家」。他還說：「愛祖國是情緒底事，愛文化是理智底事」。的確，在遙遠的異國，他始終懷有這般熾熱的愛國情懷，絕不僅僅是一種遊子的鄉思，更包含着對祖國悠久歷史文化的深沉思考及熱愛。這是一種超越了情緒化的、更加深沉、更加堅固的愛。在異國民族歧視的屈辱下，它顯得更加濃烈。正是由於這種愛，父親在學習西方繪畫、吸取西方文明的同時，仍然一往情深地迷戀着中國古代文學。課餘的許多時間，都用來和它「親熱」了。到美不久，所做的筆記就已「蠅頭細字，累紙盈寸矣」。他在給清華朋友的信中說：「我現在真像受着五馬分屍底刑罰的罪人。在學校裏做了一天功課，做上癮了，便想回來就開始 illustrate 我的詩；回來了，Byron, Shelley, Keats, Tennyson，老杜、放翁在書架上，在桌上，在床上等着我了，我心裏又癢着要和他們親熱了；有時理智的慾火燒起來，我又想繼續我那唐代六大詩人底研究或看看哲學書；……」。（致毅夫，一樵，景超，實秋信。一九二三年三月三十日）

這種「親熱」不僅幫助他進一步領略到中華文明的博大精深，啟發他深入思考中西文化的特質異同；也給他孤獨寂寞、清愁如織的留學生涯帶來了莫大精神慰藉和愉悅的享受。

# 我是一個流囚

在遙遠的太平洋彼岸，父親深深思念「中國的山川，中國的草木，中國的鳥獸，中國的屋宇——中國的人」。但國和家從來不可分，那東半球山川草木中的家，那望天湖旁的故園，故園中的親人，哪裏能不時時牽動遠方遊子的心呢？

在眾多親人中，新婚妻子的形象自然十分清晰。旅途中他就如當初答允的那樣，每到一站都給她寫去一信。到美後也沒有忘記自己的諾言，忙起來時，也總在給父母的信中特別問上幾句。

從現存的一些給家人的信中，就可以清楚地看出他的真情關愛：

十四、十六兩妹與孝貞讀書不可間斷。孝貞分娩當為僱乳母，以免分彼讀書之時。家中若望我之信，當思我之望家信情急百倍。甚望孝貞及兩妹寫信來，藉以觀彼等之進步。（一九二二年八月）

孝貞計當近臨盆之期矣，從此當脫去所有的孩子氣，用心鞠育，用心讀書。在家裏一方面，如能多使她得一刻讀書底時候，少負些鞠育底責任，那我們就感激不盡了。但是這並不是說孝貞不當學習這些事。這些事她應處處留心觀察，因為這是女人底正式的職分之一種。（一九二二年十二月二日）

他不止關心她的學習、她的成長和即將面臨的分娩，更以西方婦女獲得的成就來鼓勵她和妹妹們要破除封建的婦女觀，敢於樹立理想：

以下的話，十四、十六兩妹及孝貞都當

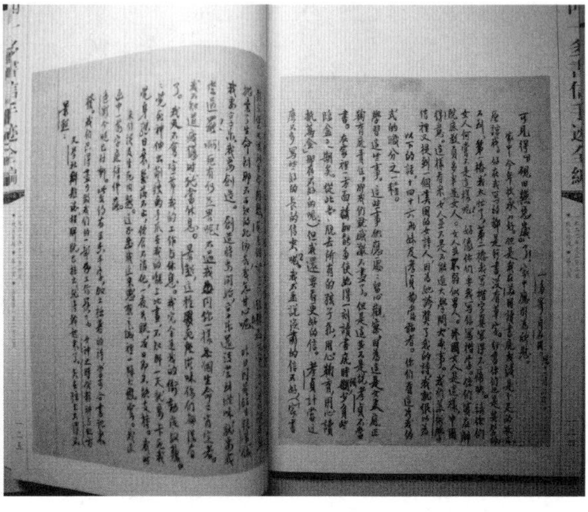

家信（一九二二年十二月二日）

聽着。你們看這次我的信裏又提到一個美國的女詩人，因為她誇奬了我的詩，我就很以為得意。這樣看來，女人並不是不能造大學問、大本事。我們美術學院底教員多半是女人。女人並不弱似男人。外國女人是這樣，中國女人何嘗不是這樣呢？（一九二二年十二月二日）

在孤寂的遊子生涯中，父親最盼望的就是家信。他在給駟弟的信中說：「客居萬里者，除接家信，更無樂事。」但當時一封信要飛越太平洋到達對方手中，往往需要一個月之久。父親時常為接不到家信，特別是妻的手筆焦躁痛苦，甚至發怒。情急時還在信中對着母親發吼：「你死了嗎？」

但是，盼來了信，又常常徒增心靈上的痛苦。鴻雁可以飛越太平洋，卻越不過他「愛河裏的礁石」！

本來，來到美國，深深刺痛他心的，除了異國的民族歧視，還有另一類性質的無法排除的刺激，那便是西方的戀愛自由！

在國內，父親很少接觸異性，清華全是男生。來美國後，周圍的女性也並沒有引起他的興趣。他在信中對吳景超和梁實秋說：「你們都在替我擔憂，怕我快走進瘋人院了。哈哈！那裏會！我如今冷靜得很呢！美國女子沒有一個能打動我的呢！美術學院裏有三分之二是 the fair sex，但都是些 dolls。」（一九二二年十月三十日）

但美國社會的開放環境深深刺激着他，一顆已受了創傷的心，到了「不是戀人也薰染成戀人」

的地方，無異於往傷口上撒了一把鹽！在這種情況下，妻子來信那無可奈何的簡單、貧乏；那幼稚生硬的字體，無疑都會變成一次次生生的觸痛！想到倆人的未來，他常常禁不住「冷淚盈眶」：

冬天底長夜，
好不容易等到天明了，
還是一塊冷冰冰的，
鉛灰色的天宇。
那裏看得見太陽呢？
愛人啊！哭罷！哭罷！
這便是我們的將來喲！

《紅豆》

到美不久，他曾在信中對梁實秋、吳景超敘述了一位清華留學生的情感悲劇：

他是有婦之夫，且為有子之父了。這個婚姻之不滿意自不待言。但他若處於中國社會，此本不成問題。不幸他所處者乃戀愛自由之美國社會。在這種環境裏不是戀人的也都薰染成戀人了。我想盧君於其從前之婚姻，只不過經歷一種形式的禮儀，並不曾有情感的生活；他所有的情感都積蓄着，以為到這邊來作一火山式的爆裂底預備。火山果然爆裂了！他的精神受不起那種震動便失了作用了！詩人作了情感的犧牲了！他瘋了！天啊！天啊！你怎麼這樣糟蹋你的驕子？……

在信中他坦露道：

朋友們！你們聽了盧君的故事，不要替我擔憂也要蹈他的前轍嗎？《我是一個流囚》是盧君之事所暗示的；盧君之事實即我之事。但是我可以告慰你們我現在並不十分衰颯；我對於藝術的信心深固，我相信藝術可以救我；我對於宗教的信心還沒有減替，我相信宗教可以救我……唉！但是我怎敢講得這樣有把握呢？我還是講：I'll do my best罷！（一九二二年九月一日）

信中談到的《我是一個流囚》，是父親對盧君之事有感而作的一首詩。在這首詩中，他把悲劇的主人公比作快樂的「罪人」，「幸福之宮裏逐出的流囚」。當他「只得闖入縝密的黑暗，犁着我的道路往前走」時，眼前忽地出現了「一座壯閣的飛簷」，「壽字格的窗欞裏瀉出醺人的燈光」，「哀宕淫熱的笙歌……螺旋似地錘進我的心房」。流囚頓時迷醉了，忘了自己是快樂的「罪人」，直到快樂抽出「譏誚的銀刀」將他刺醒！帶着難忍的傷痛，他只得再走上那沒有盡頭的黑路。

唉！但是我受傷太厲害；

我的步子漸漸遲重了；
我的鮮紅的生命
漸漸染了腳下的枯草！

在美國的那些時日，父親自己就像這樣一個被幸福逐出宮門的流囚，天天都在受着各式痛苦的緩刑。

不過，正像他對朋友們說的那樣，他和詩中的主人公並不一樣，雖然傷感，卻並不十分衰颯。他沒有為「壯閣」裏醺人的燈光，「哀宕淫熱的笙歌」所迷醉，也沒有如主人公那樣「步子漸漸遲重」，「鮮紅的生命染了腳下的枯草」，而是帶着一顆傷痛的心，繼續「犁着自己的道路前進」。像既往一樣，他選擇的仍然是創造希望！

他在信中對朋友們說，相信藝術和宗教「可以救我」。實際他並不真正信仰基督教，那只不過是一種精神上的寄託，很快也就拋棄了。而藝術卻真正是他的「救主」，在國內時如此，來美後也如此。他甚至是把人生也當作藝術來處理的。

不過此時，父親在情感上之所以沒有十分衰颯，絕不僅是由於「藝術可以救我」。應該說，這也和母親有着很大關係。母親的品格，她身上那種東方女性所特有的氣質對父親是有吸引力的。出國前他們彼此間已顯現出某種投合，也產生出一絲情意。儘管在國外新的環境中，父親有無限的悲哀和痛苦，但他並不願扯斷這脆弱的情絲。這是他的希望。他要從「希望中造出希望」。這也正是他「並不十分衰颯」在情感深處的原因。

正因為如此，他一方面內心極端苦悶，一方面卻仍然情急百倍地盼望着來信。

也正因為如此，他才能在最易思鄉的假期裏「情思大變，連於五晝夜」寫出愛情長詩《紅豆》！

## 長詩《紅豆》

《紅豆》寫於一九二二年寒假。這是出國後的第一個長假。「獨在異鄉為異客，每逢佳節倍思親」，對於一個剛剛離開祖國和家鄉的青年詩人，思親之情更可想而知。長詩就是在這種深切的思念中寫出的。也可以說它是一封深情而苦澀的「情書」。

全詩充分表達了「鞭絲抽攏的夥伴」的酸甜苦辣。既寫出了在傳統禮教面前無可奈何的悲哀，又充滿了對封建制度的無比憤慨；既傾吐了包辦婚姻帶來的苦楚，又讚美了靈魂澈潔的年輕妻子；既為面前「鉛灰色的天宇」而悲涼，又充滿了甜蜜的回憶和美好憧憬。而在錯綜複雜的矛盾痛苦之中，始終貫穿着一種強烈的思念和真摯的情意，這「情」雖帶有浪漫的幻想色彩，愛人也被理想化了，但它所表達的是詩人真實的情思、實實在在的感受。是從現實生活中昇華出來的「情緒」，而不是虛空的幻想。就連詩中出現的一些情景、細節，如新婚之夜、銀燭、鳳釵、爐面鏤空的雙喜字等，也都來源於生活的真實。

關於這首詩，母親曾不止一次閃着幸福的淚花告訴我，當年父親寫完它後，曾給她來信說：

「《紅豆》是為你寫的。印出來後，你要是不懂，就叫他們講給你聽。」這「他們」，母親說，是指家中的兄弟和年長一點的侄子們。

其實，唐朝詩人王維的《相思》，母親早就背得很熟了。紅豆的寓意，她心中十分明白。丈夫這首詩，哪裏需要別人給講？她現在不看也能感覺得到那些字句在「緊張地跳着」，如同自己「心跳的節奏一般」。讀信的這一刻，她已是心潮難平了。

父親在《紅豆》詩中，寫着同樣的一段：

我把這些詩寄給你了，
這些字你若不全認識，
那也不要緊。
你可以用手指
輕輕摩着他們，
像醫生按着病人的脈，
你許可以試出
他們緊張地跳着，
同你心跳底節奏一般。

這些詩句，就如同隨後給母親的信一樣，完全是作者真情的表露。現在有評論認為，這首詩是「從痛苦中尋找出東西來撫摸」，是詩人在作自我安慰。這自然是對作者內心的主觀推斷和曲解！

# 狂怒的海神與顛簸的輕舟

一九二三年一月，距寫作《紅豆》一詩不久，父親在給梁實秋的信中卻又出現了這樣痛苦的內心剖白：

剛看完郭沫若底《未央》，你可想到我應起何感想？……我讀畢了那篇小說，起立徘徊於室中，復又站在書架前呆視了半晌。我有無限的苦痛，無窮的悲哀沒處發洩，我只好寫信給你了。

……

實秋！情的生活已經完了，不用提了。以後我只想在智底方面求補足。……實秋啊！我的唯一的光明的希望是退居到唐宋時代，同你結鄰而居，西窗剪燭，杯酒論文——我們將想像自身為李杜，為韓孟，為元白，為皮陸，為蘇黃，皆無不可。只有這樣，或者我可以勉強撐住過了這一生。……（一九二三年一月二十一日）

在短短的時間內，心境竟如此大起大落，能夠解釋這一點的，自然只有父親心靈深處的創傷。然而在這一創傷上，除了被鞭絲抽打的疼痛，還有一層新的痛苦。這恐怕才是直接的誘因。

父親是一個重家庭感情的人，來美後，他懷着深深的鄉愁不斷寫信回家，但妻子的回信總是很少。他常常因此而失望、怨恨。就像前面所説，有時氣得在信中怒吼：「你死了嗎？你好狠心啊！」在離國後的第一個長假中，當他懷着倍加思念的親情，把「最後唱的最美的歌兒」「跪着捧獻」給妻子時，心中一定在渴望獲得感情上的回應。他明白，他們脆弱的愛的燭焰正面臨風暴的侵襲，他隔着大洋急切地呼喚愛人，懷着浪漫的幻想期待着：

夜鷹號咷地叫着；
北風拍着門環，
撕着窗紙，
撞着牆壁，
掀着屋瓦，
非闖進來不可。
紅燭只不息地淌着血淚，
凝成大堆赤色的石鐘乳，
愛人啊！你在哪裏？
快來剪去那烏雲似的燭花，

快寫着你的素手
遮護着這抖顫的燭焰！
愛人啊！你在哪裏？
《紅豆》

然而，在心急如焚的期待中，除了大海傳來的單調的濤聲，竟然聽不到一點回應！面對這般的漠然、冷寂，任何熱血青年恐怕都難以承受，更何況他——一個心靈帶着創傷的、熱烈而敏感的浪漫詩人？那萬丈濤頭的情思如何能不一下跌落谷底呢？

母親的信少，這的確是事實，但其中的緣由卻是父親當時完全不知曉的。不是母親愚懶，不是她木訥，也不是她不願意寫信，而是丈夫的來信，特別是那些透着情意的信，她根本無法讀到！

在宗法制的家族中，兒女情長向來被視為非分。母親曾對我講，她和父親感情好，說句話，婆婆也不高興，常嘟噥：「娶了媳婦賣了娘。」現在，兒子在海外求學，前途是頭等大事，夫妻間卿卿我我更是不允許的，因此祖父不但要求兒媳少去信，還乾脆扣下了兒子的來信，以免回信去分心。這無情的族規母親不止一次對我傷心地講起過。當時父親那些來信，包括赴美途中的信，都是侄兒們偷偷告訴她的。「這些小蘿蔔頭對我都很好，每次爸來信，他們都跑來告訴我：『二叔又來信了！二叔又來信了！』」可她自己卻很少能讀到一封丈夫的來信。

父親來信被扣是經常的事，此前和此後都有過，這情況家裏人都知道。全國解放後，一九五三年，母親回湖北探親，與九爺和十四爺相聚時，十四爺還告訴她：「先前一哥的來信都讓我們收着呢！」

不過，那時祖父倒也不是完全不通人情，事後也偶爾讓母親看上一兩封。談到《紅豆》的這一封，大概就是其一。只是當母親看到它時，失望的父親已心灰意冷了。

母親的處境，當時不願也無法向丈夫傾訴。她不是那種愛怨天尤人的女子，也不願用這些事去煩擾海外求學的丈夫。何況那時她有滿腔的苦不能説，有滿腔的話也無法説，她還沒有充分的力量跨越那刻着蟲書鳥篆的巨大礁石。還有一個事實，那就是孩子剛出生不久。遠隔重洋的丈夫還不知道，妻子已開始為女兒所累了。在這種情況下，一個身心都被桎梏的弱女子，哪裏有可能對丈夫的呼喚敞開心懷來及時回應呢？

父親在《紅豆》一詩中悽愴地寫道：

我倆是一體了！
我們的結合，
至少也和地球一般圓滿。
但你是東半球，
我是西半球，
我們又自己放着眼淚，
做成了這蒼莽的太平洋，

隔斷了我們自己。

在另一處，他更滿含酸楚地寫道：

我是狂怒的海神，
你是被我捕着的一葉輕舟。
我的情潮一起一落之間，
我笑着看你顛簸；
我的千百個濤頭
用白晃晃的鋸齒咬你，
把你咬碎了，
便和櫓帶舵吞了下去。

在那灰暗幽冷的歲月裏，這「眼淚做成的」蒼莽大洋，阻斷了青年伴侶的身心，也阻隔了他們的情和熱。從茫茫大海上颷來的風浪已快要把父親心中那微弱的希望之火撲滅了。而母親，確像一葉顛簸的輕舟，無助地由着狂怒海神的情潮起伏而顛起、跌落！

禮教就是這樣殘忍地玩弄兩個青年於股掌之中！

## 在珂泉·大江會

一九二三年九月，父親轉入珂泉大學的美術學院。他來科羅拉多主要是由於耐不住在芝加哥的寂寞，想和剛來美國的詩友梁實秋相互砥礪酬唱。並且，這裏是名勝之區，他喜歡它那得與自然相親的環境。

在珂泉的日子，果然「精神較在芝加哥實為平妥」。學業上不僅美術成績仍為上佳，甚為教員重視，而且在文學方面也有很大收穫，他和梁實秋一起選修了「丁尼孫與伯朗寧」及「現代英美詩」，獲得了關於英詩，尤其是近代詩的系統概念及入門知識，也從而使自己的創作得到了不少啟示。

珂城美麗的風光同時也給了他不少身心上的滋養。

這期間，「海神」的怒潮也似乎漸漸平息。家鄉傳來的是好消息：妻已進入省城的學校。尤其令他高

一九二三年美國科羅拉多大學中國同學會。後排右二為聞一多。

興的是，得知尚未見面的女兒聰明伶俐、美麗可愛，深得全家人喜愛。夜晚，在枕上的鄉思中，他常常按捺不住去想像那可愛的小模樣，想像將來見面時的情景，甚至連做夢都夢見了她。他興奮地告訴家人：「前晚夢見了立瑛，頗思念之。上省時務拍一照寄我。我歸家時，得勿『笑問客從何處來乎？』」

女兒的誕生，他是在事隔兩個月後才得知的。他曾為此萬分氣憤地去信家中痛怨：「孝貞分娩，家中也無信來，只到上回父親才在信紙角上綴了幾個小字說我女名某，也就完了。大約要是生了一個男孩，便是打電報來也值得罷？我老實講，我得一女，正如我願，我很得意。我將來要將我的女兒教育出來給大家做個榜樣。我從前要僱乳母以免分孝貞讀書之時，現在不以為然。孝貞當盡心鞠育她，同時也要用心讀書。我的希望與快樂將來就在此女身上。」（一九二三年二月十日《致父母親大人暨全家合鑒》）儘管氣憤，這遲到的喜訊帶來的是「希望與快樂」，也成為他留學生活中一種新的慰藉。

珂泉的生活雖較前愉快，卻仍擺脱不了民族歧視的陰影。梁實秋有這樣一段回憶：「一多到了珂泉之後就和我談起過有關陳長桐在珂泉遭遇過的故事，説的時候還臉紅脖子粗的悲憤激動。陳長桐到珂泉的一家理髮館去理髮，坐在椅子上半天沒有人理，最後一個理髮匠踱了過來告訴他：「我們不伺候中國人。」陳長桐到法院告了一狀，結果是官司贏了，那理髮匠於道歉之餘很誠懇地説：「下回你要理髮請通知一聲。我帶了工具到你府上來，千萬請別再到我店裏來！因為黃人進入店中理髮，許多白人就裹足不前了。」」（梁實秋《談聞一多》）父親自己也親眼目睹了這樣難堪的場面：在珂泉大學的畢業典禮上，美國女生竟沒有一個願意和中國畢業生排成雙行去領畢業文憑，結果學校當局只得讓六個中國人自行排成了三對！此前在芝加哥時，他就曾親身嚐受過這種歧視。他在美術學院學業優秀，還獲得了最優等名譽獎，只因為是異族人而被排除了往巴黎、羅馬深造的機會！

除留學生的處境，華僑在美國的卑下地位和困苦生活，也給了他很大刺激。後來發表的《洗衣歌》所宣洩的悲憤之情，早就在折磨着他了。

在美國的目擊身受，使父親深深感受到一個國家貧窮落後所受到的屈辱，也深深意識到一個愛國青年對振興祖國應負的責任。他在家信中說：「近者且屢思研究美術誠足提高一國之文化，為功至大。然此實事之遠而久者。當今中國有急需焉，則政治之改良也。……我輩得良好機會受高深教育者當益有責任心。我輩對於家庭、社會、國家當多擔一分責任。」（《五哥轉闔家大鑒》一九二四年六月十四日）

出於一腔赤誠的愛國熱誠，一九二四年暑假中，他和梁實秋等一批意氣相投的清華同學在芝加哥組成了一個愛國團體，起名叫「大江會」，並宣誓要為改變國家的貧困落後狀態而奮鬥。

他們主張「大江的國家主義」，在章程裏這樣寫明：「中華人民謀中華政治的自由發展，中華經濟的自由抉擇，及中華文化的自由演進。」大江會的宗旨是「對內實行改造運動，對外反對列強侵略」。而當前最主要的任務，則為「偏重反對列強侵略及鼓舞士氣」。（轉引自聞黎明《聞一多傳》）

這年暑假與梁實秋互相道別後，父親帶着這腔熱情和希望來到紐約，進入了紐約一所歷史悠久的美術學院。

# 紐約戲興與一首英文詩

父親到紐約後不久，給梁實秋去信說：「你問我的詩興、畫興如何？畫興不堪問，詩興偶有，苦在沒有功夫執筆。倒是戲興很高。」他告訴老友：「我們自從來此，兩次演戲，忙得我頭昏腦亂，沒有好好地畫過一次畫，課是整星期的 cut。」

如此高的戲興，並不是一時心血來潮，他自幼喜愛戲劇，在清華上學時就是新劇社的骨幹，曾參加編演過不少話劇，其中有的還得過獎。來紐約後，結識了張家鑄、趙太侔、熊佛西、余上沅幾位學習戲劇、舞美的青年，不禁戲興復萌，激情滿懷地同他們一起投入了戲劇活動。

他們用英文自編自演了《牛郎織女》和《楊貴妃》兩部中國古裝戲。父親是學美術的，佈景、服裝等自然都非他莫屬。《楊貴妃》公演時，三十多件古裝上的圖案都由他一筆筆親手繪上，難怪學校的課要整星期 cut 了。

不過演出獲得了極大成功，尤其是《楊貴妃》，華僑界和一些美國人士都十分讚賞，報刊上還做了報導。梁實秋等在哈佛的中國留學生受到鼓舞，也興致勃勃地編演出了一部《琵琶記》。它自然又少不了父親從旁的一通忙活。

那時在中國，戲劇還被士大夫當成是消遣的玩意兒，不能登大雅之堂。戲劇人也被看成是下九流。聽母親說，祖父從八伯聞亦傳（當時也在美國留學）來信中得知父親在紐約迷上了戲劇，當着她的面就大發雷霆：「留學不好好讀書，在學校演戲！世上只有三椿醜，王八戲子吹鼓手！」

他還不知道，兒子還蓄起了藝術家式的長髮，過起了日上三竿才起床的波希米亞生活呢。要是看見這副模樣，恐怕更得怒髮衝冠了。

當然，沒有什麼可以阻擋父親對戲劇的熱情，他熱衷於戲劇，不僅由於興趣和藝術上的追求，而且是根源於他對祖國悠久歷史文化的熱愛，對祖國前途命運的憂患與思考。他認為：「我國前途之危險不獨政治、經濟有被人征服之慮，且有文化被人征服之禍患。文化之征服甚於他方面之征服千百倍之。杜漸防微之責，捨我輩其誰堪任之！」（一九二五年三月《致梁實秋信》）

懷着這腔抱負，在演出成功後，他和這幾位熱血青年決定再接再厲，為開展國劇運動而奮鬥，還專門成立了一個「戲劇改進社」，不遺餘力地四處奔走。

據梁實秋說，他們所提倡的國劇，是「想不完全拋開中國的戲曲，但要採納西洋戲劇的藝術手段。」（《悼余上沅》）這是一種融合中西的創新努力，也是父親一貫的、不懈的追求。在《女神之地方色彩》一文中，他就提出「詩同一切的藝術應是時代的經線和地方的緯線所編織成的一疋錦」。

在忙戲的同時，父親並未忘情新詩。他是詩人，那腔對祖國的熱愛，也只有通過詩才能盡情宣洩出來。他對熊佛西說：「詩人主要的天賦是愛，愛他的祖國，愛他的人民。」這期間所寫的詩，如《醒呀》《洗衣歌》《南海之神（孫中山先生頌）》《漁陽曲》《七子之歌》《大鼓師》等，都充滿了這種強烈的愛國情感。

不過詩人在這時的生活，戲劇活動仍然是一個中心。它不僅激發了他的激情，鼓舞了他的心志，而且也悄悄觸動了他一段時間以來比較平妥的情感世界。

一九二四年十月，他在給梁實秋的信中，附了一首用英文寫的詩，並說：「前數星期作了一首英文詩，我可以抄給你看看。人非木石，孰能無情！」

這首詩，後來在許芥昱先生著、卓以玉譯的《新詩的開路人——聞一多》（一九八二年九月香港城文書局出版）一書中譯成了中文：

歡悅的雙睛，激動的心；
相遇已成過去，到了分手的時候，
溫婉的微笑將變成苦笑，
不如在愛剛抽芽時就掐死苗頭。
命運是一把無規律的梭子，
趁悲傷還未成章，改變還未晚，
讓我們永為索然的經緯線；
永遠皎潔不受俗愛的污染。
分手吧，我們的相逢已成過去，
任心靈忍受多大的飢渴和懊悔。
妳友情的微笑對我已屬夢想的非分，
更不敢祈求叫妳展示一點愛的春暉。
將來有一天也許我們重逢，

你的風姿更豐盈，而我則依然憔悴。
我將毫無愧色的爽快陳說，
我們的緣很短，但也有過一回。
我們一度相逢，來自西東，
我全身的血液、精神，如潮洶湧。
但只那一度相逢，旋即分道。
留下我的心永在長夜裏怔忡。

梁實秋在《談聞一多》中說：「一多的這一首英文詩，本事已不可考，想來是在演戲中有了什麼邂逅，他為人熱情如火，但在男女私情方面總是戰戰兢兢的在萌芽時就毅然掐死它，所以這首詩裏有那末多的悽愴。」

父親一向視男女間戀愛的情感為「最高、最真」的情感，這是他有生以來第一次觸動了內心深處的這種情感。他最後選擇了在萌芽時就掐死苗頭，心裏不會是平靜的。

在這不平靜中，有一件事看來是促使他下決斷的一個重要因素。

# 關於詩《也許》

大約就在他寫這首英文詩前後，從老家傳來一個不幸的消息——十六妹因病去世了。這猶如一個晴天霹靂！

十六妹是父親最疼愛的小妹，天資聰穎，勤奮好學。但她短短的十幾年生命卻始終與不幸相伴。母親曾告訴我：「十六爺不知什麼原因，從小落下個歪脖子的毛病，家裏本來就重男輕女，偏脖子就更不討喜歡。」父親對於妹妹在小小年紀就嚐到了人間的歧視和冷漠感到很不平，也因此而格外疼愛她。到美國後，還一直惦記着她的情況，在信中時時問起她。年前，當他得知她能作詩時，不禁萬分欣喜，去信給家中道：「二哥函稱十六妹能作詩，亦望抄來一閱。十六妹不通常識世故頗有類於我，其能詩或亦將類我乎？勉之！勉之！」（駟弟五哥轉闔家，一九二三年十二月十日）他對妹妹寄予了厚望，正盼望將來回到望天湖畔聽她讀詩，給她講詩，好好愛護和培養她呢，誰想這支含苞未放的花朵竟這麼早就凋謝了！他忘不了妹妹生前那牢獄般的生活，更忘不了自己新婚期間妹和妻一同學習唐詩時那種喜悅和專注，那雙充滿智慧和渴望的美麗大眼睛裏隱含着多少憂傷和希冀啊！

在中國古老落後的農村，本來就缺醫少藥，女孩子得了病更難獲得應有的照料與醫護。何況十六妹這個不討喜歡的女孩子呢！他能想像到病中的妹妹是多麼無助而孤獨。

在這充滿咒罵聲的人世間，她何曾有過真正的歡樂！

五年前，十五妹離開了人世。如今，又失去了這最小的妹妹。在這牢獄的世界裏，中國少女要綻放生命竟如此艱難！兩個苦命的妹妹地下有知，當與哥哥一同淚灑遍野啊！

次年三月，在《清華周刊》的文藝副刊上刊出了一首新詩，題為《薤露詞（為一個苦命的夭折少女而作）》。它那催心的深情和高超的詩藝打動了無數讀者的心。但這個少女是誰？人們在讚賞詩作時，大概沒有人去探究，大概也沒有人去問作者聞一多。

四個月後，一九二五年七月，父親在《京報副刊》上重新發表了這首詩，並將題目改為《也許（葬歌）》，更加深化和擴大了主題，突出了主人公悲劇的社會性。而關於「她是誰？」也從此更為人們留下了一個想像和思考的空間。

關於這首詩，多年來研究者在評析作品時，也曾涉及到主人公問題。不少人認為，這是聞一多的長女立瑛。也有人認為，這就是個無名的少女。

但當我聽了母親講述十六妹的不幸遭遇後，我突然明白，這個少女不是別人，就是父親的十六妹！我們的十六爺！同時，我也仿佛穿越時空，看到在大洋彼岸，一個中國青年學子正遙望東半球的家鄉，十六妹的身影及那雙美麗又充滿憂鬱的大眼睛清晰地浮現在他眼前，熱淚順着他的臉頰往下淌……，「妹啊……」

也許黃泉要鞠育你，
也許白蟻要保護你。
造物底聖旨既然如此，
就讓他如此，讓他如此！

也許你是哭得太累，
也許，也許你要安睡。
那末讓蒼鷹不要咳嗽，
蛙不要啼，蝙蝠不要飛；

也不要讓星星瞥眼，
也不要讓蜘蛛章絲——
一切的都該讓你酣眠，
一切的都應該服從你！

也許這荒山的風露
真能安慰你，休息你；
我讓你休息，讓你休息，
我吩咐山靈別驚動你！

也許聽着蚯蚓翻泥；
聽細草底根兒吸水——
也許聽着這般的音樂

比那咒罵的人聲更美；
那麼你把眼皮閉緊，
我就讓你睡，讓你睡。
我把黃土輕輕蓋着你，
我叫紙錢兒緩緩地飛。[1]

淚光中他一氣寫下了這些詩行，又在詩題後特意括上了「為一個苦命的夭折少女而作」……是的，這應該不是我的幻象。這首詩當時就是哀悼十六妹的，那個苦命的夭折少女就是苦命的十六妹！

母親曾告訴我，她來聞家後沒兩年，十六妹就病故了，那時也就十七八歲，正是青春年華（算來這大概在一九二四年間）。父親在此後不久發表這首詩，並在詩題後注明「為一個苦命的夭折少女而作」絕不是偶然的。他一向同情和關注中國婦女的命運，並深深愛着自己的姐妹。十五妹去世後，就寫了哀詩，現在最疼愛的小妹離去，他怎能不以詩來寄託無比的哀思呢。

1　這裏引的是最初發表於一九二五年三月二十七日《清華月刊·文藝增刊》第九期的原詩，題為《薤露詞（為一個苦命的夭折少女而作）》（轉引自《聞一多全集》，湖北人民出版社一九九三年版）此詩後來收入《死水》詩集時，改題為《也許（葬歌）》，章節、字句也作了大的改動。

這首詩在輕柔、平靜的字面下蘊含着深沉濃郁的情感，深深撼動着人的心靈。只有對至親的人才能發出如此令人心碎之情，也只有切身感受到其命運之苦，又親眼目睹同命運婦女之處境，才能寫出如此悲切又激昂的詩行！

有評論以為，這首詩是寫給一個無名少女的，因而相比哀悼愛女立瑛的《忘掉她》是「哀而不傷」，「只是為了表示一種情感而作，與自我內在的情感還沒有深切的關係，而更多地體現其藝術表現的巧妙和藝術形式的精美」。這顯然是由於對事實和成因的誤解而影響了對作者抒情手法的領略。其實，和《忘掉她》相似，這裏看似輕淡的字面，反襯出的恰恰是濃郁的深情。

這首詩自然也不是哀悼立瑛的（我也曾有過這樣的誤解），它最早發表於一九二五年三月，詩題後面已清楚括明是「為一個苦命的夭折少女而作」。而立瑛是次年，即一九二六年冬病故的，當時只有四歲。

當然，詩是有藝術的概括性的。十六妹的悲劇也就是中國同命運少女的悲劇，父親後來把詩題改為《也許（葬歌）》，其用意也就在此。這正體現了他認為寫詩不宜「太瑣碎、太寫實」，「必須注意文學的普遍性」的主張。

十六妹的夭折，對正處於情感漾動中的父親刺激很大，無疑會使他聯想到老家與妹情同手足，也正處封建囹圄的妻，使他更加深了對她的愛憐與思念；也促使他更加堅定了自己在情感上的取捨。他情願自己吞下酸苦的「豆子」，也不忍心去傷害同樣受着折磨的清純的妻。就像當初在《紅燭》中立下的誓言一般，「灰心流淚你的果，創造光明你的因」。想必他當時在紐約也就是以這樣燃燒自我、造福世人的心態展平了內心的情感漣漪吧。

十六妹的夭折，也使父親更加惦念家中的親人，在《故鄉》一詩中，他除了抒發對家鄉的眷戀和回家的急切心情，最後還表現出了對親人們安康的記掛：

我要看看家鄉的菱角還長幾根刺，
我要看那裏一根藕裏還有幾根絲，
我要看家鄉還認不認識我，
我要看墳山上添了幾塊新碑石，
我家後園裏可還有開花的竹子。[1]

## 追尋着一個夢

一九二五年春末，在留學期滿三年時，父親決定提前與余上沅、趙太侔一起回國。他給梁實秋去信說：「蟄居異域，何殊謫戍？能早歸國，實為上策。」又說：「此次回國並沒有什麼差事在那裏等着我們，只是跟着一個夢走罷了。」

提前回國的想法，早在出國前就有了，當年就曾對母親說起過，在家信中也曾幾次提及，三

1　俗稱竹子開花是凶事的兆徵——作者原注。

年來，他不止一次處在去與留的矛盾之中。現在，那異國民族歧視的屈辱，留學生活的精神苦楚，對祖國和親人強烈的思念，更有振興中華「國劇運動」的夢想都已使他再也無法羈留。五月四日，這隻流落的孤雁懷着一顆報效祖國的赤子之心，追尋着一個夢，終於棹翅飛上了歸途。

※　　※　　※

不知父親的「夢」中，會不會出現小家和妻女。然而守在家中的妻子卻早有一個美好的夢。自從丈夫出國後，她沒有一刻忘記他臨行的承諾：「你忍耐一下，將來我回來就接你出去。」「出去」已成為她的憧憬和夢想。

這夢想並不是天真、空幻的。它建立在對丈夫的摯愛和信賴之上。老實而單純的她對丈夫在外沒有更多的疑慮和想法，她只慶倖命運賜給了這樣好的一位丈夫，一位善解人意的終身伴侶，又是一位充滿愛心的兄長和老師。她直覺地堅信，他一定會回來履行他的諾言。

當然，有時這期待也是戰戰兢兢的，那顆單純的心已深深意識到兩人之間的巨大差距。她覺得自己實在配不上他。

自卑往往使人怯懦，但它卻沒有使母親變得卑順和軟弱。她不是一個沒有個性的女子，這種自卑反而激發了強烈的進取心！她暗自下決心要盡最大努力來讀書，提高自己的生活境界。這種努力，與當時一些先進婦女憂國憂民的奮鬥當然不能相比，就是面對兩人之間的那塊界石，也顯得如此微弱而可憐。但在那男尊女卑，婦女命運任人擺佈、個性任人扼殺的社會裏。它體現出一種堅強的反抗意志，一顆不願屈服的心。

由於懷有身孕，去武漢上學的事只得往後拖延，暫時留在家中由祖父督教。母親很珍惜這個機會，讀書從不偷懶，每次給丈夫去信也都認認真真，一筆一劃書寫，力求得到他的指導。

一九二二年十月，孩子出生了。降生的是個女兒。那時在老家，如果生的是男孩，闔家都為之歡慶，不僅要祭祖，祖父還要親自去請人算命、批八字。現在是個女孩子，情況就不同了。一切都無聲無息，就像什麼也沒有發生。祖父雖也適應時代，給孫女起了名字，叫立瑛，但卻難掩心中的不快和失望，甚至沒有及時把消息告知遠在海外的兒子。

月子中，產婦自然也沒有獲得什麼特殊待遇，更盼不來一個女人在這生理變化時期最感需要的、來自丈夫的撫慰與關愛。只有懷中的嬰兒給她帶來一些快樂和慰藉。這一肚子傷心委屈，恐怕只有在後來，當她讀到丈夫談《紅豆》一詩的那封信時，才得以消釋。那是她漫長的苦苦期待之中最甜蜜的一刻了！當然，那一刻，她無論如何也不會想到，她這葉輕舟早已被失望發怒的海神拋落到了海濤的谷底！

祖父是誠信的，立瑛斷奶後，履行了對兒子的承諾——讓兒媳與三女兒（即十四爺）一起去武昌上學。那時，女孩是沒有名字的，為此，他還專門給女孩起了名字——聞秀雲。只是，他沒有如當初應允的那樣，讓十六爺一起去入學。

母親懷着一顆求知若渴的心，興奮地和十四爺一同來到武昌，考取了武昌女子職業學校。多年的願望終於實現了。她又走進了學校！

那時，聞家在武昌磨石街有一幢房子，來省城上學的孩子們都在這兒居住。母親她們在這裏得到了一個單間。兩人恐怕是聞家第一批出門求學的女子了，心裏的興奮和快樂真是難以形容。據母親回憶，學校的課程除女紅、家政，還有國文、算術、英文、自然常識等。由閉塞窒悶的農村老宅來到這新的天地，一切都那麼新鮮、鬆快，連呼吸似乎也舒暢了許多。她們不去想老家那枯燥窒息的生活，也不去想未來的一切，只知如飢似渴地攫取新知識，呼吸新空氣。

然而，那個時代的女子，命運似乎註定了要與不幸相連。家長們送女兒去讀書，只是為了培養賢妻良母，她們是套着繩索走進學校的。

學了一年多後，套索果然收緊了。家裏來了命令，命十四爺回去結婚！

「四爺[1]正讀書，逼着她回家結婚，她不願意。哭得好厲害啊！」母親講起來，眼圈也紅了。十四爺最後是紅腫着淚眼離開學校的。母親說，更悲慘的是她的婚後。她夫家馮姓也是大家族，但丈夫不善理財，又欠勤奮，致使家境不斷敗落。祖父見馮姑爺不爭氣，又逼着女兒和他離婚。可是這時，小夫妻倆已恩愛有加、難捨難分，十四爺說什麼也不肯離。祖父大怒，一氣之下，竟和女兒斷絕了關係，不許她再邁進家門！

「她生活困難，到處借債，家裏一點也不管。大家要接四爺，又不讓！」

「日子長了，婆婆心疼女兒，常偷偷差人送東西去給她吃，但四爺還是一直進不了家門。直到爹爹去世，才能回家來看看。」母親望着我，一雙淚眼好似望到了過去，她一定又望見了十四爺那雙哭得又紅又腫的大眼睛，又望見了十四爺臨別時那哀傷、無助的神情和那遲重的腳步！

十四爺的遭遇使母親受到很大打擊，心裏說不出地痛苦、沉重。她想不明白，這世上女人的命為什麼就這樣苦！

---

1 老家簡稱十四爺為四爺。

也就在這期間，十六爺因病撒手人寰，她更心如刀絞。

在聞家，她和姑嫂們相處十分融洽，和兩個小姑尤其情同手足，常朝夕不離。如今，十四爺被迫出嫁，又被趕出了家門；十六爺也永遠離去了。她滿心悽楚，卻又無處訴說……。

母親結束學業回到望天湖旁時，老家大院中已再尋不着兩個小姑的身影，聽不到她們純真清朗的說笑聲了。她無限悲涼，無限孤獨，唯一的期盼就是「出去」的夢能早日成真。

# 笑問客從何處來

這真是說不出的悲喜交集——
滾滾的江濤向我迎來，
然後這裏是青山，那裏是綠水……
我又投入了祖國的慈懷！
你莫告訴我這裏是遍體瘡痍，
你沒聽見麥浪翻得沙沙響？
這才是我的家鄉我的祖國：

打盹的雀兒釘在牛背上。
祖國啊！今天我分外的愛你……
風呀你莫吹，浪呀你莫湧，
讓我鎮定一會兒，鎮定一會兒；
我的心兒他如此的怔忡！
你看江水儼如金一般的黃，
千檣的倒影蠕動在微瀾裏。
這是我的祖國，這是我的家鄉，
別的且都不必提起。
今天風呀你莫吹，浪呀你莫湧。
我是剛才剛才回到家。
祖國呀，今天我們要分外親熱；
請你有淚兒今天莫要灑。
這真是說不出的悲喜交集；
我又投入了祖國的慈懷。
你看船邊飛着簇縠似的浪花，
天上飄來仙鶴般的雲彩。

《回來了》

闊別多年，魂縈夢繞，遠方的遊子終於回到了祖國母親的懷抱。他要風兒莫吹，浪兒莫湧，母親有淚兒今天不要灑。他要暫時忘卻母親身上的遍體瘡痍。「別的且都不必提起」，只求和她分外地親熱一會兒。但殘酷的現實連遊子這一點心願也不容許實現。和他一起回國的余上沉後來回憶說：「我和太侔、一多剛剛跨入國門，便碰上五卅的慘案。六月一日那天，我們親眼看見地上的碧血。一個個哭喪着臉，懨懨地失去了生氣，倒在床上，三個人沒有說一句話。在紐約的雄心，此刻已經受過一番挫折。」（《晨報・劇刊》第十五號，一九二六年九月二十三日）

這當頭沉重一擊，深深刺激着父親，在他火熱的胸膛裏，悲喜之外，已盡是無言的激憤。

一九二五年五月聞一多懷着滿腔抱負提前回國。這是回國後脫掉西裝換上長衫的聞一多。

在上海沒有多羈留，他便懷着滿腔悲憤匆匆踏上了返鄉的路程，決定回湖北探家之後就馬上去北京，那裏是文化中心，人文薈萃。他要儘早實現自己的抱負，為苦難的祖國母親多獻點力量。

父親回國時，祖父母和母親等人正住在武昌磨石街。為了迎接離家多年的兒子，祖母特意把樓上自己住的那間最明亮的房間騰出來，她說：「他愛亮，好看書。」

一連好些天，家裏的話題都離不開即將歸來的親人。大家說，他一到上海，就把西裝都換了。家人都還記得他先前寫信回來說：「我回鄉之日家人將見我猶一長衫大袖、憨氣渾身之巴河老。家人其拭目待之！」現在，可真的還原成一個巴河老了！說笑之間，大家還想出了一個歡迎這位巴河老的絕妙節目來。

講起這個節目，母親就像說故事一樣興奮：「爸到家的那一天，婆婆屋裏圍滿了，把立瑛領去了。」叫她和家裏的小孩站在一起，要讓他來認。孩子們「整好隊」後，大人們都退到門外，只等着看好戲開場。婆婆不放心，在一旁直小聲囑咐：「哪個也莫說，哪個也莫說！」當父親興沖沖跨進門時，他眼前真的出現了在國外想像中的一幕！滿屋的孩子都歪着小腦袋好奇地凝望着他，一雙雙水靈靈的大眼睛全在衝着他發問：「客從何處來？」婆婆臉上堆滿了幸福的微笑，親切又詭秘地望着他：「過細看看，哪個是你女兒？」

父親站在那裏，又驚又喜，熱淚在眼眶裏直打轉。他激動地掃視了一遍孩子們，便毫不猶豫地來到立瑛跟前，拉起她的小手就往門口走。身後跟着爆出一片驚喜的笑聲，父親自己也哈哈大笑起來。婆婆笑得特別開心：「一下子就認出來了！」

母親給我講述這「節目」時，還笑得十分得意呢。她接着還講了後來的一幕：待親人們熱鬧夠了，父親抱着女兒回到自己房間時，父女倆已相當「友愛」了。小立瑛雖對這個留一頭長髮的男人有些認生，但並不拒絕他的親熱，甚至還喜歡往他懷裏靠。父親高興地親着女兒，突然，大概是發現自己竟什麼東西也沒給她帶，十分尷尬。他抓過旅行包，拚命翻找，想找出點什麼「禮物」來，最後，總算翻到了一件——自己在國外用的一面小鏡子！母親在一旁忍不住直笑，這回可是笑得很無奈了。

書呆子當然更沒有給妻子帶回什麼來。不過，她也並不想要什麼東西。她知道，這個窮書生在國外生活並不容易，攢下點錢也都買了書了。她想望的，是他的人！

## 寒蕉與月亮

武昌歡快而深情的見面禮，使遊子飽嚐孤寂與屈辱的心頓覺暖意融融。幾天後，全家老小高高興興登上了江輪，駛往望天湖邊的老宅。

「家鄉是個賊，他能偷去你的心！」（《你看》）歸國前父親的心早就已被家鄉偷走了，你看他的詩：

先生，先生，你到底要上那裏去？
你這樣的匆忙，你可有什麼事？
我要看還有沒有我的家鄉在；
我要走了，我要回到望天湖邊去。
我要訪問如今那裏還有沒有
白波翻在湖中心，綠波翻在秧田裏，
有沒有麻雀在水竹枝頭耍武藝？
先生，先生，世界是這樣的新奇，

你不在這裏遨遊，偏要那裏去？
我要探訪我的家鄉，我有我的心事；
我要看孵卵的秧雞可在秧林裏，
泥上可還有鵪子的腳印「个」字，
神山上的白雲一分鐘裏變幾次，
可還有燕兒飛到人家堂上來報喜。
……

《故鄉》

現在，他終於回到了朝思暮想的故鄉。又看到了那「常年總有半邊青天浸在湖水裏」的望天湖，那「白雲一分鐘裏變幾次的」神山；享受着「麻雀在水竹枝頭耍武藝」，「兔兒在黃昏裏覓糧食」的田園風情；聽見了「水車終日作鼉鳴」的家鄉音樂。他仿佛第一次如此深刻地感受到了故鄉的魅力。在這迷人的山水和親切的泥土氣息中，那大洋彼岸的蒼鷹領土遺留在耳邊的喧囂，攪亂內心的煩躁都已被一掃精光，他感到心情分外恬靜、舒暢。

離別經年，「家」的感覺更是美好。大家庭裏雙親健康，親人和睦；小家裏，妻子已當上了母親，又增加了學校的生活和見識，比過去成熟了，對他的體貼也越發深切細緻。他由衷地感到婚姻的圓滿：「縱然是刀斧削出的連理枝，你瞧，這姿式一點也沒有扭。」（《大鼓師》）而滿地跑着的小女兒更給他帶來了無限欣慰和快樂。美麗活潑、聰明伶俐的小立瑛，兩歲多就認了不少字。誰見誰愛。伯伯一見她，就過來抱走了。連一向不喜歡女孩子的祖父，也破例喜歡上了這個小丫兒。遠方歸來的遊子和女兒在一起，總覺得愛不夠，整天除了看書，就是抱上小寶貝親熱，惹得祖母常在一旁抱怨：「這熱的天，把孩子抱在手上！」

歸家生活是幸福愉悅的。

當然，這愉悅並不能撫平他長期以來內心的創傷。在海外多年，他帶回了多少感受、多少思考！他多麼渴望身邊能有一個心靈上的知音可以盡情傾訴，相互砥礪。然而這一點，命運給他的永遠是缺憾！他只能繼續忍受着靈魂上的痛苦和飢渴，默默吞咽着內心的悲楚。正如他的那首《大鼓師》中的鼓師一樣，對着清純可愛、充滿渴望的妻，他只能痛苦地在心中唱到：

我會唱英雄，我會唱豪傑，
那倩女情郎的歌，我也唱，
若要問到咱們自己的歌，
天知道，我真說不出的心慌！

……

只讓我這樣呆望着你，娘子，
像窗外的寒蕉望着月亮，
讓我只在靜默中讚美你，
可是總想不出什麼歌來唱。

……
《大鼓師》，摘自《死水》詩集

歌，的確還沒有什麼好唱的。不過，這隻「戰着風濤，日暮歸來」的孤舟，獲得的是一個愜意的船塢，溫暖的歸宿。他真心愛這個船塢，愛這個家。靜默中望着月亮的寒蕉，相隔雖遠，但心中有的是讚美，而不是厭惡和疏淡！他望着她，十分理解妻子這幾年的內心苦楚和追求，也並沒有忘記自己當初的承諾。不由得暗下決心，到北平一切安頓好後一定要馬上接她出去。

家鄉是美好的，但父親忘不了自己的夢想。更忘不了跨入國門時親眼目睹的那血腥一幕。在家住了半個多月，六月中旬，他又一次告別鄉里和親人，踏上了北上的行程。臨別前，他一再叮囑母親做好準備，說在北平找好房子，就回來接她們母女。

父親懷着一腔熱血，開始了尋夢的艱難歷程。母親衷心祝願丈夫成功，也為自己的夢早日實現作着祈禱。

## 為神州呼號

父親到北京後，急着辦的一件事，就是將歸國前寫的詩作《醒呀》《七子之歌》《愛國的心》《洗衣曲》等拿去發表。上海五卅的一幕刺激太深了，他要宣洩心中的激憤，為「給豺狼虎豹糟蹋了的」神州呼號，希望用這呼號在同胞中「激起一些敵愾」。在首先發表的《醒呀》一詩的跋中，他這樣寫道：「這些是歷年旅外因受盡帝國主義的閒氣而喊出的不平的呼聲；本已交給留美同人所辦一種鼓吹國家主義的雜誌名叫《大江》的了。但目下正值帝國主義在滬漢演成這種慘劇，而《大江》出版又還有些日子，我把這些詩找一條捷徑發表了，是希望他們可以在同胞中激起一些敵愾，把激昂的民氣變得更加激昂……」在《七子之歌》中，他把被帝國主義強佔去的七塊國土澳門、香港、台灣、威海衞、廣州灣、九龍、旅順、大連比作被從母親懷抱中擄走的七個孩子，他們「不堪受虐於異類」，淒厲地哭號着要回到生母的懷抱。詩的前言中有這樣一段：「……吾國自尼布楚條約迄旅大之租讓，先後喪失之土地，失養於祖國，受虐於異類，臆其悲哀之情，蓋有甚於《凱風》之七子。固擇其與中華關係最親切者七地，為作歌各一章，以抒其孤苦亡告、眷懷祖國之哀忱，亦以勵國人之奮興云爾。國疆崩喪，積日既久，國人視之漠然。不見夫法蘭西之 Alsace—lorraine 耶？『精誠所至，金石能開』。誠如斯，中華『七子』之歸來其在旦夕乎！」

這些詩發表後，立即引起了反響。

有的文章在評《醒呀》《七子之歌》《洗衣曲》時興奮地說：「我相信新詩壇的生命更新了，新詩壇的前途另闢了，新詩壇發向它祖國的希望之光益強了。」又說：「文學作品所表現的是時代精神，而時代也就是文學作品的背景。聞一多君的這三首詩表現了中華民族爭自由求獨立的迫切呼號的精神……他是得天獨厚，能首先感覺痛苦，首先熱起情緒，首先擒得詩意……把它們高唱出來。……我更深切地願我們大家——全中國的愛中國的中國人——都來把這幾首詩暢讀

一回，深深印入記憶之膜裏。」（《長虹月刊》第二期，民治《三首愛國詩》轉引自《聞一多年譜長編》）

有的青年讀《七子之歌》後寫道：「讀《出師表》不感動者，不忠；讀《陳情表》不下淚者，不孝；古人言之屢矣。余讀《七子之歌》信口悲鳴一闋復一闋，不知清淚之盈眶，讀《出師》《陳情》時固未有如是之感動也。」（轉引自《聞一多年譜長編》）

這些詩感動的並不只是當時的熱血青年。其中《七子之歌》的首章在半個多世紀後，還響徹了祖國大江南北！當三百年來夢寐不忘生母的澳門回歸母親懷抱時，在中國大地上，億萬顆心都在隨着這詩章激盪，億萬腔熱血都在隨着它沸揚！

你可知媽港不是我的真名姓？
我離開你的繈褓太久了，母親！
但是他們擄去的是我的肉體，
你依然保管我內心的靈魂。
三百年來夢寐不忘的生母啊！
請叫兒的乳名，叫我一聲澳門！
母親！我要回來，母親！

詩章不僅在祖國大地上飛揚，澳門回歸八年後，它還隨着中國「嫦娥一號」探月衞星升入太

澳門回歸恰逢聞一多百年誕辰，聞一多後代舉行家祭歡慶紀念。

空，迴盪在浩瀚的天宇之中！

詩人自己不論是在一九二五年三月於異國草成這詩的那個深夜裏，還是四個月後置身於被列強踩躪的國土上將它獻給國人時，他都多麼希望這歌哭能震撼國人的心靈，激起「國人之興奮」！他強烈地感覺着胸中的火焰越燒越旺，整個身心都在「為我的祖國燒得發顫」！（《我是中國人》）

父親不會想到，他熱切盼望的澳門回歸之日正逢自己的百年誕辰。那一天，我們——他的數十位子孫聚集在一起，舉行了隆重又熱烈的慶祝和紀念活動。大家站在紅燭光中他的像前，心潮澎湃，思緒萬千。

那天，我代表全家寫了一首詩獻給親愛的爸爸，希望它能多少表達出大家激動的心情和深切的思念：

親愛的爸爸，
今天，
我們的心情這麼激動，
我們的心潮這般洶湧。
澳門回歸喜逢您誕辰百年，
這是您對澳門的情愛太深，
還是那顆熾熱的心感動了上天？
在這喜慶的日子裏，
兒孫們沒有準備壽桃，
沒有烹製佳餚，
也沒有華麗的辭藻。
因為我們知道，
您最喜歡的是
一顆真誠的心
和那份回歸的喜報。
親愛的爸爸，
在這特殊的日子裏，
我們更加思念您。

從祖國遼闊的四方，
正傳來那《七子之歌——澳門》的樂章，
每個音符滴淌着血淚，
那是您的心聲在大地上迴響——
你可知「媽港」不是我的真名姓？……
我離開你的繈褓太久了，母親！
但是他們擄去的是我的肉體，
你依然保管着我內心的靈魂。
三百年來夢寐不忘的生母啊
請叫兒的乳名，叫我一聲「澳門」
……。
這是壓抑了幾百年的思念，
積鬱了幾百年的悲傷。
是幾百年的屈辱
燃燒着幾百年的憤怒！
母親，我要回來，母親！
幾十年風雨，
山河已改換，

今天
那含淚的詩章正遍地傳唱。
億萬顆心悲喜交集隨着歌聲震顫，
爸爸啊，
我們的熱淚禁不住地流淌。
親愛的爸爸，
您曾懷着熱烈的情懷，
寫下這樣的詩行：
你知道我愛英雄，還愛高山，
我愛一幅國旗在風中招展。
爸，您看——
今天的澳門分外美麗，
澄碧的藍天正迎候着咱們的國旗。
再過片刻紅旗將冉冉升起，
載着中華的莊嚴、神聖和國力。
它將迎着習習的海風，
永遠飄揚在澳門的上空。
爸，您聽——

太空中迴響着《七子之歌》的弦音，
那離別最久的孩子撲向了母親。
緊緊依偎在溫暖的慈懷裏，
盡情撫摸媽媽的臉頰，媽媽的心。
思兒心切幾度憔悴的母親，
正淚流滿面頻頻呼喚着兒的乳名。
在這莊嚴的日子裏，
親愛的爸爸，
我們唱着《七子之歌》來告慰您。
我們知道，
您愛的不是別的壽禮，
正是歌聲中回歸的這份狂喜。
歷史從歌聲中艱難地走來
正昂首邁向新的世紀。
爸，
在未來璀璨的光環裏
您將永遠高大、永遠清晰。

一九九九年十二月二十八日

# 梯子胡同一號的新生活

父親到北京後，急着辦的另一件事，就是找房子。他深知長年被禁錮在宗法家族內的母親是多麼渴望出來。很快，他便在西單梯子胡同一號租到了兩間北房。

這是第一次安家，為了讓母親住得舒適，他連日奔走，佈置房間、安置設備，連起居的細節都考慮得面面俱到。母親永遠也忘不了，他的體貼是多麼細緻入微：「頭一次接我出來時，什麼東西都準備好了，房間也佈置好了，就缺一個馬桶買不着。他寫信告訴我，怕我不習慣北方的蹲坑，全北京城都跑到了，還是買不着。最後跑去請木匠師傅做了一個！」

八月間，父親結識了徐志摩，兩位詩人一見如故。在徐志摩的介紹下，他加入了「新月社」，這是一些文化人士的聚餐會。不久後又受聘於剛剛復校的北京藝術專門學校，擔任教務長。在油畫系主任到任之前還暫時兼任該系主任。

工作安定下來後，他立即回到老家，將母親和立瑛接了出來。

母親的夢終於實現了。

梯子胡同的生活，母親終生難忘。這是她多年盼望的新生活的開始。她第一次體會到脫去鎖鏈的輕鬆自由，第一次與丈夫自由自在地生活在一起，感受着女性的特殊價值與尊嚴。母親不是個愛多説話的人，但心裏湧動着激情。她感激和深愛自己的丈夫，沒有他，自己的命運真不知會是什麼樣。她萬分珍惜這來之不易的生活，決心營造好屬於他們自己的這片小天地，給丈夫以幸福和安適。

在持家上，母親繼承了外祖母勤儉、整潔，善於理家的好傳統。

梁實秋在《談聞一多》中曾譏笑父親在美國珂泉時的生活說：「一多的房間經常是亂糟糟的，床鋪從來沒有清理過。那件作畫時穿着的披衣，除了油彩斑斕之外，還有各種各樣的漬痕。最令人驚訝的是他的書桌，有一次我譏笑他的書桌的凌亂，他當時也沒說什麼，第二天他給我一首詩看。」這首詩就是《聞一多先生的書桌》。梁在文中引了全詩。在詩中，桌上的一切靜物都怨聲沸騰：「什麼主人？誰是我們的主人？」「生活若果是這般的狼狽，倒還不如沒有生活的好，」梁實秋認為，這首詩除了為作者自己的邋遢解嘲外，末行還吐露一切事自己做不得主宰只好任其自然之意。也似乎還有一種欣賞古波斯詩人歐謨那種瀟灑神秘的享樂主義的味道。

現在，父親的房間完全是另一種氣象了，窗明几淨，井井有條。特別是那張書桌，上面的墨盒不再呻吟「渴得要死」，毛筆不再「講火柴燒禿了他的鬚」；香爐不再「咕嚕着『這些野蠻的書早晚定規要把你擠倒了』」盛水的筆洗也不再「去吃臭辣的雪茄灰了」。聞一多先生的書桌從此再也不會去領受墨水壺兩天給洗一回澡了。主人回到家裏，一切靜物都各就各位，舒展着身子朝他笑，他埋首工作時，桌上還總有一杯冒着清香的熱茶在一旁陪伴。

這一切，雖沒有了古波斯詩人那種瀟灑神秘的享樂主義味道，卻給了父親一種從未經歷過的神清氣爽、暖入心扉的享受。

梁實秋還曾笑他：「一多在珂泉的生活是愉快的，只是窮苦一些，每月公費八十元，足敷生活所需，只是他的開銷較大，除了買顏料帆布之外，還喜歡購買詩集，而且還經常有一項意外的

開銷，便是遺失。有時所謂遺失，只是忘了放在什麼地方。因此不免有時捉襟見肘。」（《談聞一多》）

父親自己也對母親談起過在美國花錢的一件趣事，談得母親當場笑個不止。他向來對錢不大經心，常常把鈔票隨意放在桌上，好拿着方便。有一天，一位朋友生活告急，前來求助。他指着桌上的錢說：「你要多少就拿吧！」朋友便把桌上的錢統統拿走了。朋友走後，他才發現，這竟是他所剩的全部生活費！現在可好，連吃飯的錢也沒有了，只好委屈自己的肚皮吧！捱到晚上，「飢寒交迫」實在難耐，隨手抓過一件衣服來披上，誰料不經意間一摸口袋，裏面不知什麼時候還放進了點錢！狂喜中他不覺仰天長歎：「真是天無絕人之路啊！現在終於可以弄點吃的了！」

如今的生活並不比在美國時強。在軍閥統治下，藝專和其他國立院校一樣，辦學十分艱難。由於經費不足，教工薪水常被拖欠。父親每月只能領到六七成工資，生活頗感拮据。但在母親的勤儉操持下，日子被安排得可人心意，這種「意外開銷」不再有了，遇到再次為人慷慨解囊時，也不會為此再餓肚皮了。

梯子胡同的小院裏，當時還住有余上沅、陳石孚等人。母親還記得，余上沅住南房，陳石孚住西房。

母親來北京時，父親正和余上沅、趙太侔一起為國劇運動奔忙。在三人的努力下，藝專建立起了戲劇系和音樂系，開創了由國家開辦正規戲劇藝術教育單位的歷史，「這是我國視為卑鄙不堪之戲劇與國家教育機關發生關係之第一朝」。（洪深：《中國新文學大系戲劇集導言》）不過他們所熱衷的集學習、研究、演出於一體，即學校和劇院相結合的「北京藝術劇院」，卻成了一個泡影。母親對於幾個熱血青年在事業上的成敗不甚了解，但她很體恤他們的艱辛勞苦。晚飯後，當他們聚在院子裏休息、交談時，她常常給他們端去茶水。有一回，手中拿着茶壺，還不慎絆倒，摔了一跤。

北京的秋天，是一年中最好的季節，天高雲淡、疏闊清朗。到了夜晚，月光也分外皎潔。父親喜歡月色，常常拉着母親一起坐在院中賞月。有時，小夫妻倆並肩坐在屋門口，仰望着高空的明月，父親還給母親講起了嫦娥的故事。

北平藝術專門學校（一九二七年）

同院的朋友，都還未成家，看着這對年輕的恩愛夫妻，未免有些羨慕。余上沅常拖起聲調玩笑道：「單身漢啊——好淒苦，衣服破了啊——無人補。」

父親此時雖還沒有擺脫內心的愁苦，但已深深體味到了一種只有「家」才能帶來的幸福和甜蜜。

在「家」的溫馨中，還有一種特殊的甘美，深深融暖着他的心，那就是女兒立瑛。這一年，立瑛三歲多了，聰明伶俐，美麗可愛，一雙水靈靈的大眼睛在長長的睫毛下永遠透着靈氣。母親說：她常愛一個人坐在那裏翻看畫書。一本「人・手・足」的看圖識字課本，早已背得滾瓜爛熟，現在又背會了好些唐詩。父親十分疼愛她，有時故意逗她：「不會唐詩三百首，不打屁股就打手。」

那時的北京，胡同裏十分幽靜。在院子裏常能聽到胡同裏的叫賣吆喝聲。父親寫過一首《叫賣歌》，繪聲繪色地展示了各種市井韻味。從裏面可以聞到白蘭花的幽香、薄荷糖的清甜；可以看見滿擔清香的老蓮蓬，聽到算命瞎子的胡琴聲。母親說，晚飯以後，還常有說大鼓的走街串巷，立瑛十分喜歡聽大鼓，一聽到鼓聲，便嚷嚷道：「爸，爸，來了，來了！」這時，父親就趕忙出去把說唱的先生請進小院。於是，小院裏即刻飄曳起生動、悠揚的鼓聲琴韻，父女倆也很快沉浸進這優美的聲韻之中。

女兒這時已成了父親的心頭肉。他每出去上課，總要先抱抱女兒。而女兒呢，則總是纏着爸爸不讓走。年輕的爸爸只好忍心來個「金蟬脫殼」，先把帽子拿出去，然後悄悄蹲到沙發後，一點點蹭出門去。下課回來，第一件事自然也是抱上女兒親。有時調皮起來，還掰着她的小手：「看看，小手乾不乾淨？」若不乾淨，用母親的話來說，就故意「撳兩下子」。

家庭的溫暖和諧，帶給了父親許多快樂和慰藉。工作中遇到的煩惱，也常能在滿室的溫馨和親情中得到緩解。

只有一次，聽母親說，他喝得酩酊大醉，深夜才回家。母親已上床睡了，他顫顫歪歪地進了門，吐個不止。母親醒來，見他吐成這樣，有些生氣，便沒有理睬。後來見吐得實在厲害，才起來照顧，埋怨他喝酒。他委屈地說：「你好狠心啊，我吐成這樣，你也不管我。」那天，他把懷錶也丟在朋友家了，第二天人家又給送了回來。

父親這次醉酒，不知是否有具體原由。不過，當時他在工作上確是有了極大煩惱。隨後發生的事就說明了這一點。

上個世紀二十年代的中國，列強橫行，軍閥混戰，政局十分動盪。父親滿腔抱負回國，遇到的卻是冰冷、黑暗的現實。「國劇運動」最終也只能是一個「半破碎的夢」。雖然如此，他為藝術教育獻身的熱情並未衰減。為了培養藝術人才，他在藝專盡心竭力，傾注了全部心血。

一九二五年年底，段祺瑞改組國務院，教育總長易人，也波及到了藝專校長的變動。在人事變動中，為了避免學校教育受政界干擾，父親和肖友梅、趙太侔等人力主在新院長到任之前，由蔡元培來校主持校務。他又不辭辛苦作為藝專同仁的代表之一去教育部詢問此事。誰知這積極性卻被一些人誣衊為想當校長。他不禁滿腹感慨，深感世事的黑暗卑俗。他在給梁實秋信中說：「我近來懊喪極了，當教務長不是我的事業，現在騎虎難下真叫我為難。現在為學校問題，學校不免有風潮。劉百昭的一派私人主張挽留他，我與趙太侔、肖友梅等主張歡迎蔡孑民先生，學校教職員已分為兩派。如果蔡來可成事實，我認為他是可以合作的。此外無論何人來，我定要引退的。今天報載我要當校長，這更是笑話。『富貴於我如浮雲！』我只好這樣歎一聲。」

一九二六年三月初，父親正式表明態度，堅決辭去了教務長職務。

對於父親來說，任何打擊和挫折都不可能挫傷他的鋭氣，不可能動搖他對國家、對藝術、對生活的熱愛。他是一個耿直、熱烈的詩人，本來就不適於做這類工作，現在擺脱了行政事務的干擾，倒可以有更多精力和時間從事新詩的創作研究。

北京是文化中心地，大批文化人士匯集在這裏。父親和饒孟侃、朱湘等一些青年詩人興味相投，常常聚在一起談詩、寫詩、論詩，在詩國裏如魚得水、興味盎然。他的天地又以新詩為中心了。

# 西京畿道的詩人樂窩和晨報《詩鐫》

年初，在辭去教務長職務之前，父親已將家搬到了西單西京畿道三十四號。聽母親說，這裏的街名原先叫溝頭，門牌是三十一號，他們搬進來時，已經改名了。

新居離學校很近，房間比原來的寬敞，院子雖小，卻有兩棵棗樹。父親很喜歡這裏的環境，對新家進行了精心的藝術設計。他把客廳和書房的牆壁、天棚全都裱成了黑色，上面又鑲上了金邊，金邊是一連串圖形構成的，母親還記得「是馬車，上面好像還坐着人」。據蹇先艾先生回憶，那就是武梁祠畫像中的車馬人物圖形。頂棚上垂吊着的是反射燈，燈光朝上灑向四方，柔和而均勻。為了買到無光的黑紙，父親跑了好多家店舖，母親說，那時她的胞兄，我們的大舅高孝慈（高朗）也趕來幫忙。大舅也喜愛繪畫，原在武昌藝專學習，在北京藝專也呆過。他搭起梯子，爬得高高的，幫助糊牆，二人興致極高。

父親當時為什麼用黑色，或許不只是從藝術效果出發，一年後他出版《死水》詩集，封面也用的是黑色。這二者看來並不是偶然巧合，而是和他鬱悶的心情有關。

別具意味的黑屋子，引起了詩人們極大的興趣。於是，這裏也就成了一群新詩人的樂窩。徐志摩曾生動地描述說：「我在早三兩天才知道聞一多的家是一群新詩人的樂窩，他們常常會面，彼此互相批評作品，討論學理。上星期六我也去了，一多那三間畫室，佈置的意味先就怪。他把牆壁塗成一體墨黑，狹狹的給鑲上金邊，像一個裸體的非洲女子手臂上腳踝上套着細金圈似的情調。有一間屋子朝外壁上挖出一個方形的神龕，供着的，不消説，當然是米魯薇納絲一類的雕像。他的那個也夠尺外高，石色黃澄澄的像蒸熟的糯米，襯着一體黑的背景，別饒一種澹遠的夢趣，叫人看了想起一片倦陽中的荒蕪的草原，有幾條牛尾幾個羊頭在草叢中掉動。這是他的客室。那邊一間是他做工的屋子，犄角上支着畫架，壁上掛着幾幅油色不曾乾的畫。屋子極小，但你在屋裏覺不出你的身子大；帶金圈的黑公主有些殺伐氣，但她不至於嚇瘪你的靈性；裸體的女神（她屈着一隻腿挽着往下沉的褻衣）免不了幾分引誘性，但她絕不容許你逾分的妄想。白天有太陽進來，黑壁上也沾着光；晚上黑影進來，屋子裏仿佛有梅斐士滔佛利士的蹤跡；夜間黑影與燈光交鬥，幻出種種不成形的怪相。這是一多手造的阿房，確是一個別有氣象的所在，不比我們單知道買花樣紙糊牆，買花席子鋪地，買洋式木器填屋子的鄉蠢。」（《詩刊弁言》，《晨報．詩鐫》第一期）

常來這個樂窩的，除徐志摩，還有朱湘、饒孟侃、劉夢葦、孫大雨、朱大枏、揚子惠、蹇先艾、于庚虞等人。在這裏，「他們真研究，真實驗，每周有詩會、或討論、或誦讀。」（朱自清《新文學大系》）

在認真的研究和探討中，詩人們有感於當時新詩創作過於平實和鬆散自由，認為詩應當重視形式美，應「使詩的內容和形式雙方表現出美的力量，成為一種完美的藝術。」他們從中西詩，特別是中國古典詩歌的詩藝精華中體悟到格律的魅力，主張新詩要有格律——但不是舊的律詩格律，而是「根據內容和精神創造成的新格律」。於是，在徐志摩的支持下，他們辦起了中國第二個專門的詩刊——《晨報．詩鐫》，積極提倡新詩格律化。父親為《詩鐫》的創刊號設計了刊頭，一匹雙翼的飛馬前蹄騰起，後蹄踏在初升的圓月上，象徵着奮起向上的精神。

這樣，以《詩鐫》為標誌，就形成了中國新詩發展史上一個重要流派——新格律詩派。它與自由派和後來的象徵派被視為早期新詩發展中的三大流派。

《詩鐫》創刊時，正值「三一八」慘案剛發生不久。詩人們懷着滿腔悲憤，將創刊號作為「三一八」慘案的紀念專號。父親在上面發表了詩《欺負着了》和《文藝與愛國》一文。在文中，他讚頌烈士們的愛國精神並強調了文藝與愛國運動的密切關係：「我希望愛自由、愛正義、愛理想的熱血要流在天安門、流在鐵獅子胡同，但是也要流在筆尖、流在紙上。」還特別強調要現身說法，像「陸游一個七十衰翁要『淚灑龍床請北征』，拜倫要戰死在疆場上」一樣，勇於為國獻身。他寫道：「諸志士們三月十八日的死難不僅是愛國，而且是偉大的詩。我們若得着死難者的熱情的一部分，便可以在文藝上大成功；若得着死難者的熱情的全部，便可以追他們的蹤跡，殺身成仁了。」這是他發自肺腑的人生誓言，這裏跳動的正是《紅燭》捧出的那顆心！

在《詩鐫》上，詩人們熱烈探討新詩的格律化。父親發表了他的重要論文《詩的格律》。

他從自然美和藝術美的關係上論述了格律對於新

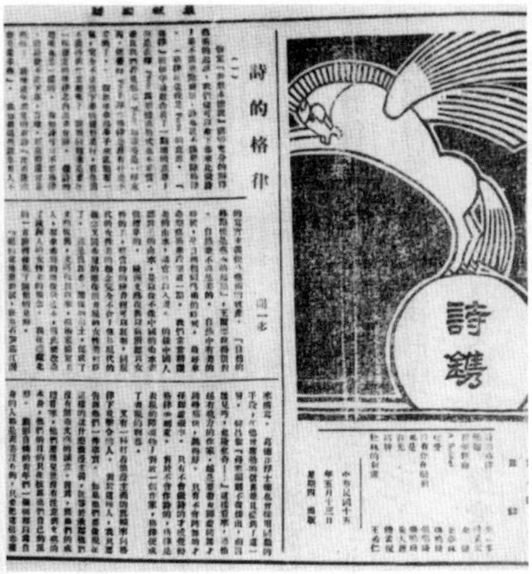
詩鐫

詩的格律

聞一多

這是聞一多設計的《詩鐫》刊頭及他的重要詩論《詩的格律》一文（局部）。

詩的必要。指出：「自然並不是盡美的」，「恐怕越有魅力的作家，越是要戴着鐐銬跳舞才跳得痛快，跳得好。只有不會跳舞的才怪鐐銬礙事。只有不會作詩的才感覺得格律的束縛。對於不會作詩的，格律是表現的障礙物；對於一個作家，格律便成了表現的利器。」

他並且詳細闡述了新詩格律和律詩格律的不同。指出它是「層出不窮」的，「是根據內容和精神創造的」，是「可以由我們自己的意匠來隨時構造的」。

基於對民族文化的熱愛和深厚的古典文學及美術素養，他根據中國象形文字特點及民族欣賞習慣，漢語語音特點及中國詩畫相通的傳統提出了詩的「三美」理論：「詩的實力不獨包括音的美（音節），繪畫的美（辭藻），並且還有建築的美（節的勻稱和字的均齊）。」力圖創造出具有民族特色的詩歌新形式。

《詩的格律》是父親長期探索新詩格律化的理論總結。它奠定了新格律詩的理論基礎，對新詩藝術的發展影響巨大。

它與之前的《冬夜評論》及《女神之時代精神》《女神之地方色彩》等論著共同構成了父親整個詩歌理論體系，在新詩發展史上有深遠影響。

在《詩鐫》上，父親以他的創作實踐有力地證明了新詩格律化的可行性及優越性。他發表的詩作形式多樣，在格律上沒有一首是重複的，充分顯示了新格律量體裁衣等方面的魅力。這些詩中，最具代表性的就是《死水》。

《死水》是格律化新詩的典範之作。

全詩韻腳音尺和諧，句和節整齊勻稱，每行都有四個「音尺」，每行都由三個「二字尺」和

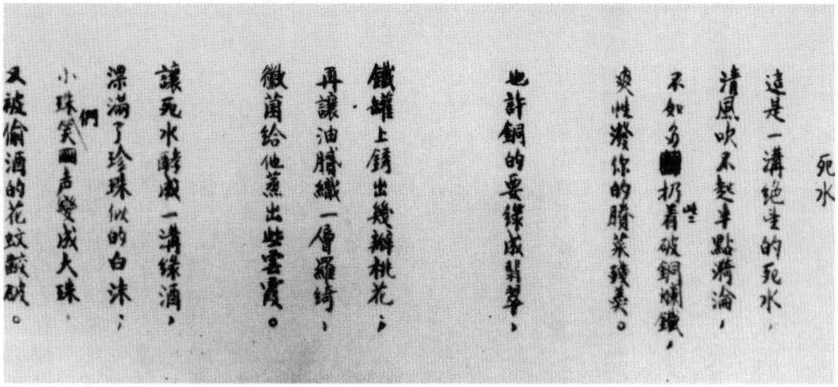
死水
這是一溝絕望的死水，
清風吹不起半點漪淪，
不如多扔些破銅爛鐵，
爽性潑你的賸菜殘羹。
也許銅的要綠成翡翠，
鐵罐上銹出幾瓣桃花；
再讓油膩織一層羅綺，
黴菌給他蒸出些雲霞。
讓死水酵成一溝綠酒，
漂滿了珍珠似的白沫；
小珠們笑聲變成大珠，
又被偷酒的花蚊咬破。

圖為《死水》手跡。

一個「三字尺」構成，字數也都是九個，節奏感極強；加上詞藻色彩的運用和內部節奏的和諧，充分體現了詩的三美。在這樣謹嚴優美的詩形中感情高度凝練，蘊意含蓄深沉，形象又新奇豐富，內容和形式、精神和形體達到了一種高度調和的美，讀後不能不令人吟味，引人聯想，使人獲得一種獨特的審美感受。

這是一溝絕望的死水，
清風吹不起半點漪淪。
不如多扔些破銅爛鐵，
爽性潑你的剩菜殘羹。
也許銅的要綠成翡翠，
鐵罐上鏽出幾瓣桃花；
再讓油膩織一層羅綺，
黴菌給他蒸出些雲霞。
讓死水酵成一溝綠酒，
漂滿了珍珠似的白沫；
小珠們笑聲變成大珠，

又被偷酒的花蚊咬破。
那末一溝絕望的死水，
也就誇得上幾分鮮明。
如果青蛙耐不住寂寞，
又算死水叫出了歌聲。
這是一溝絕望的死水，
這裏斷不是美的所在，
不如讓給醜惡來開墾，
看他造出個什麼世界。

據《聞一多全集》第一卷《詩》

據饒孟侃回憶：「《死水》一詩，即君偶見西單二龍坑南端一臭水溝有感而作。」正是這溝滿是破銅爛鐵、剩菜殘羹的沉寂腐臭的死水，觸發了詩人心中在黑暗現實中長期積鬱着的情緒，他敏感地抓住這一形象，抒發了內心感受。朱自清先生在《聞一多全集・朱序》中引了詩的最後一段之後，一針見血地說：「這不是『惡之華』的讚頌，而是索興讓『醜惡』早些『惡貫滿盈』，『絕望』裏才有希望。」

父親自己在後來（一九四三年）給臧克家的信中談到《死水》時說：

> 你還口口聲聲隨着別人人云亦云的說《死水》的作者只長於技巧。天呀，這冤從何處訴起！……我只覺得自己是座沒有爆發的火山，火燒得我痛，卻始終沒有能力（就是技巧）炸開那禁錮我的地殼，放射出光和熱來。只有少數跟我很久的朋友（如夢家）才知道我有火，並且就在《死水》裏感覺出我的火來。

他心中的那團火，是任何時候也不會熄滅的。

《詩鐫》僅出了十一期，前後不到七十天就停刊了。但它的影響巨大，朱自清曾說：「雖然只出了十一號，留下的影響卻很大——那時大家都做格律詩，有些從前不顧形式的，也上起規矩來了。」『方塊詩』『豆腐乾塊』等等名字，可看出這時期的風氣。」（《中國新文學大系．詩集．導言》）

新詩格律化的倡導扭轉了早期新詩在藝術形式上過於散漫自由、雜亂無章的局面，使新詩趨於精煉和集中，走向規範化的道路。「此後格律體的新詩與自由體新詩一直成為新詩的兩種主要詩體，互相競爭，又互相滲透和促進，對新詩的發展起了重要的推動作用」。（王瑤：《念聞一多先生》）

父親作為新格律詩派的核心代表人物、新格律詩的建樹者，顯示了自己的獨特作用。徐志摩在《猛虎集》自序中就說：「一多不僅是詩人，他也是最有興味探討詩歌的理論和藝術的一個人。我想這五六年來，我們幾個寫詩的朋友多少都受到《死水》作者的影響。我的筆本來是最不受羈勒的一匹野馬，看到了一多的謹嚴的作品，我方才醒悟到了自己的野性。」

王瑤在談到這一點時，從歷史發展上闡述道：「現代新詩的建立，是從『詩體解放下手』的（朱自清：《現代新文學大系·詩集·導言》）。……在新詩發展轉向建設為主的時候，首先提出的仍然是形式問題，由強調詩的散文化到注重詩的音樂性，由強調打破舊格律的鐐銬到主張要有一定束縛、要建立新格律，是有它歷史發展的邏輯性的。……在聞先生之前，已經有一些人進行過新詩格律化的嘗試，但系統全面地提出詩的形式美的理論、並產生了重大影響的，則是聞先生。」

黑屋子中的聞一多，雖然鬱悶，但並不消沉，他心中燃着熾熱的火，正意氣風發地在詩壇上馳騁。

## 還有一個樂窩

西京畿道三十四號是一群詩人的樂窩，這已廣為人知。但三十四號還有一個小樂窩，卻是外人所不知的，那就是父親和母親的臥室。

臥室是個套間，套在客廳的一側。父親喜歡套間，後來在昆明他還對母親說：「以後回北平，我自己來蓋房子，有拐彎套間。」這大概和他作詩一樣，追求的是一種不同於直露天地的「曲徑通幽」「別有洞天」的意境吧。

在這片小洞天裏，父親選擇了與黑屋子完全不同的色調。他把牆壁全部裱糊成粉紅色。窗台上還點綴着瓶花。就像他在《色彩》一詩中寫的那樣：「粉紅賜我以希望。」他對自己的婚姻和小家庭是充滿了希望的。

聽母親說，這時父親很愛打扮她。他親自為她設計服裝，選擇色彩。特別欣賞她穿綠色衣裳。母親陪嫁的一件綠呢子短襖，他很喜愛，但嫌樣式舊，竟不厭其煩親自動手把下擺的兩個角剪去，修成了圓角。向來不愛逛街的他，還興致勃勃地跑上街去親自為她選來一件鑲着綠邊的綠色旗袍。

這件旗袍我小時候還見過呢。那是在昆明，母親出門做客時才捨得穿它。她當時告訴我，這是父親特意給她買的。旗袍是夾的，綠色的面、綠色的裏、綠色的滾邊，連紐扣也是綠色的。這些綠，層次各不相同，錦面是翠綠的，上面灑有銀白色的小花朵，滾邊和紐扣是墨綠的，綢裏則是淡綠的。望上去，整件衣裳宛如一片明媚的春光。那銀白色的花瓣，就像春天裏葉片上閃爍着的粼粼陽光。

想當年，清純如水、風華正茂的母親穿上它，在那溫暖的小洞天裏，不正像滿園桃色捧出的一株新綠嗎？而當她穿着這件旗袍往黑屋子裏送去茶水時，詩人們該不致感到拂來了一陣清新的春風吧？不知當時人們會不會留意到這一點。但細心敏感的徐志摩看來是注意到了的。他在《詩刊·弁言》中談到聞一多的家時，有這樣一段，恐怕不是偶然的：「……有意識的安排，不論是一間屋、一身衣服、一瓶花，就有一種激發想像的暗示，就有一種特具的引力。難怪一多家裏見天有那些詩人去團聚——我羨慕他！」

父親在《色彩》一詩中，把綠寓意為發展，他為母親選擇綠色，自然不僅是追求至美的設色，也深含着對母親的情愛和希望。後來，一九三七年，抗戰爆發時，母親正帶着大哥、二哥在湖北探親。父親領着我們三個小的孩子，於倉促之間離開北平南下，隨身只帶了很少東西，但卻沒有忘記把這件旗袍給母親帶出來。

三十四號的小洞天裏，美妙色彩中還充溢着甜蜜的親情。這裏有妻純樸的真情，還有女兒童真的摯愛，每當男主人從那間神秘的黑屋子進來，都會立刻沉浸在另一番春天般的暖意之中。

這一年，父親發表了《比較》一詩，裏面照例吐露出心靈的苦澀、飢渴和對自由戀愛的羨慕；但也有的是對眼下這個樂窩的愛戀。這裏縱然沒有別人那「歌舞着的春光」，「我的人兒」也比不得別人那樣，能徹夜在「吳歌楚舞」中相伴。但家是溫馨的，人兒是柔情的，最終「別人堂上的燕子找不到家」，還得「飛到我們堂前罵落花」，「我們比別人差不差」？

西京畿道三十四號不僅以溫暖幸福，而且以絕妙色彩和濃郁詩情深深地、永久地印在母親心中。它猶如一幅美妙、神奇的圖畫，意味雋永。在這裏，生活雖仍艱難，卻能獲得一種前所未有的美的享受。母親是愛美的，她愛自然風光、愛花草樹木，就是在筆記本裏，也常夾有形狀、色彩優美的花朵和樹葉；她能梳理出許多漂亮的髮式；她的女紅，無論是刺繡還是針織也都能設計出色彩和諧、美麗精妙的圖案。現在，人在詩畫之中這種意境，更激活了她對美的樸素追求，也無形中陶冶了她的心靈，提高了她整個生活境界。

# 驚魂一刻

西京織道的生活，除詩情畫意，也有過驚魂的一刻，令母親難以忘懷。

一九二六年三月，母親生下了第二個孩子——我的二姐立燕[1]。父親十分高興。也許是受夠了男尊女卑的壓鬱，他就是喜歡女孩子。立燕的名字是他親自起的。

這個月子，母親也感到格外舒暢，有丈夫在身邊，再也不會像生立瑛時那麼孤寂和苦悶了。但誰想，就在這個月子裏，她卻受到了一場意想不到的驚嚇。

這天，母親在屋裏正端着一碗麵條準備吃。突然，父親頭上包着紗布一頭撞了進來。她一見，手中的碗一下子掉落地上，麵條撒了一地！

原來，這天父親是去參加國家主義團體聯合會召開的「反俄援僑大會」。會上國家主義者與共產主義者產生矛盾，發生了鬥毆，一時間棍棒亂飛，父親也被擊中。他頭被打破了，暈頭轉向，別人都往外跑，他卻往裏跑。幸好一個學生過來拉住他，喊：「聞先生，你怎麼還往裏跑？」傷勢幸好不重，但母親卻嚇得不輕，聽父親講述他那令人哭笑不得的「遇險」經歷時，她的心還在發顫呢。

父親出席這次大會，完全是出於強烈的愛國熱情。

早在美國留學時，他就為祖國的貧弱落後，為華人在外所受的歧視、屈辱激憤不已。

---

1 現在的年譜均記載為五月，當係有誤。

一九二四年暑期，他和一些清華留美同學組建了「大江學會」，更立志要為振興中華而努力奮鬥。也是懷着這樣的思想和抱負，他提前回到了祖國。但是踏入國門首先看到的卻是五卅烈士們的鮮血！單純幼稚的青年當時還看不到國家真正的出路，只越發寄希望於「大江的國家主義」。一九二五年秋，當他從報上看到由中國青年黨李璜發起成立「國家主義聯合會」的啟事時，認為他們「內除國賊，外抗強權」的口號與大江會宗旨相吻合，便立即與余上沅、羅隆基一起代表大江會參加了聯合會。

父親並不懂政治。後來在昆明時他曾談到當年在國外的思想狀況：「五四時代，我受到的影響是愛國的、民主的，覺得我們中國人應該如何團結起來救國。五四以後不久，我出洋，還是關心國事，提倡 nationalism，不過那是感情上的，我並不懂政治，也不懂得三民主義，孫中山先生翻譯 nationalism 為民族主義，我以為這是反動的。」這次參加國家主義團體聯合會，他也是憑了這腔熱血，並不詳細了解青年黨。

那時，正是國共第一次合作時期，各黨派在反對帝國主義侵略、反對軍閥的鬥爭中有不少共識，但對於蘇聯的看法卻分歧不小，特別是對蘇聯繼續控制由沙俄攫取的中東鐵路、支持外蒙古脫離中國版圖以及傷害了一些僑胞等等問題，思想觀點十分對立。

父親對列寧領導俄國人民爭取解放，是欽佩的。他在《南海之神》一詩中，在盛讚孫中山先生的同時，也讚頌列寧是「北鄰建樹赤旗的聖人」，把他視為與甘地、林肯並列的世界領袖。但他對蘇聯上述的一些做法又極端憤慨，他和當時不少中國人一樣，將蘇聯視作「赤色帝國主義」。

母親這時自然不十分明白父親他們的活動和心態。但通過父親這次受傷，她對他那一腔「我為我的祖國燒得發顫」的激情，可算是深深體會到了。

這次大會之後一周，北京發生了「三一八」慘案。此前，日本軍艦公然駛入大沽口，掩護奉軍進攻國民軍。北京各界民眾憤怒異常，為抗議此種侵犯中國主權的行徑，紛紛舉行集會遊行。三月十八日，遊行隊伍來到執政府門前，衞隊竟開槍鎮壓，造成慘無人道的「三一八」慘案。父親對這一血腥暴行無比激憤，如前所述他在《詩鐫》的創刊號——「三一八」慘案紀念專號上發表了詩文，不僅強調了文藝與愛國運動的密切關係，還表達了追隨烈士蹤跡的決心。

從「三一八」慘案中，他也深深感受到中國人民同仇敵愾、重民族大義的偉大精神。犧牲的志士們派別並不相同，但都為了一個偉大的共同目標而勇於獻身。相形之下，他對一些政客為宗派私利而進行黨派之爭內心很反感。

「三一八」以後，他沒有再參加聯合會的活動，這也許就是原因吧。

## 痛失立瑛

一九二六年四月，北京政局劇變。馮玉祥的國民軍推倒了段祺瑞政府，很快又被奉軍逼出了城。奉系軍閥進入北京後，瘋狂劫掠民財，殺害無辜，並以宣傳赤化為罪名逮捕槍殺了《京報》主筆邵飄萍。學校也都遭到搜查。師生與文化人士紛紛南下避亂。

距暑假還有一段時間，父親不能離開。

由於局勢動盪，家裏生活越發困難，為了補貼日用，母親帶出來的衣物、首飾幾乎變賣殆盡。

偏偏就在這時，立瑛病倒了，而且病情一直不見好轉，母親説是得了臌脹，連留美歸來在協和醫院任教的八伯聞亦傳也都沒有什麼辦法。父親焦慮萬分，和母親商量，讓她帶着兩個孩子先回浠水老家去。鄉下生活環境安定，空氣又好；鎮上還有行醫多年的老中醫，或許能有些辦法。這樣，母親便帶着立瑛和立燕先回到了老家。

母親到家後，立即設法延請中醫。那時請一回大夫很不容易，聽她説，早上去接，晚上才過來。落座以後，更得好好伺候，水煙槍要早早準備好，茶葉要選上好的泡。大夫吸完煙，品過茶，天南海北聊夠了，才開始把脈問病。病人要是個女性，就更得耐着性子等待，因為女人的命不似男人那般金貴。心急如焚的母親奉大夫若神明，每回請來，都畢恭畢敬，獻煙捧茶小心伺候，一點不敢怠慢。但威風十足的大夫開出的方子卻不見絲毫威力。立瑛的病一天比一天沉重。

學年結束後，父親匆匆趕回故里。他不打算再回北京，那裏局勢動亂，學校已停辦，而且也很難再安靜地從事教學。當時北伐已開始，北伐軍攻克長沙後直逼武漢，吳佩孚的軍隊一路潰退，浠水鄉間時有逃兵過境騷擾，生活也不平靜。父親為女兒的病憂心如焚。但他不能在家多住，為了生計，得儘快出去謀求新的職業。

在家鄉停留半月餘，父親便懷着滿心焦慮到上海謀職去了。

父親走後，立瑛的病勢越發沉重，母親説大夫開的藥吃得都拉出血來。孩子在病中常常哭着想念爸爸。母親摟着懷中的女兒，心如刀絞，不得不含淚給丈夫去信。但這時父親謀職一事正有進展，吳淞國立政治大學正準備聘請他任教授兼訓導長，工作眼看就要接手，一時無法離開。他萬般焦急，只好先寄回一張照片，告知隨後就趕回來。

照片寄到時，立瑛已有些昏迷。母親把照片給她，她點點頭，把它抱在懷裏，大滴大滴的淚珠不斷從美麗的眸子裏湧出來。

立瑛病重那些天，家裏正為細叔操辦婚事，全家上下一片忙亂。爹爹婆婆要母親去幫忙。母親怎能放得下女兒？她不想去，但最終仍執拗不過公婆的意願，只得強咽淚水離開了病危的女兒。

操辦事宜是在聞家老屋三房那邊[1]。母親在那裏整整忙了兩天不能回家。忙完以後，她急急忙忙就往自己家裏趕。誰想，推開房門——等着她的竟是一間空屋子！一間收拾得乾乾淨淨的空屋子！

「孩子呢？」一看沒有了，死了！」

「孩子死了，也不告訴我，偷偷把孩子埋了！……」

……

無法想像那五雷轟頂、撕肝裂肺的一刻！沒有語言能形容母親那顆被擊得粉碎的心！

……

更無法去觸及立瑛離去時的情景。

1 我們二房和大房、四房同住在聞家新屋。距聞家老屋有一里多路。

也許，這個剛剛四歲的幼小生命即將熄滅時，她手中緊緊攥着的是爸爸寄來的照片，口中喃喃的是對媽媽的呼喚，她在昏迷中尋摸的是爸爸強壯的胸膛、媽媽溫暖的懷抱。然而，她什麼也喚不來，什麼也摸不到！孤零零地，不甘心地走了……。

母親是如何傷痛這殘酷的訣別啊！她是如何痛恨這無情的人間啊！在那間空蕩冷寂的房間裏，她又是怎樣面對長夜孤燈的啊！

……

而這一切，如果換了是個男孩子，是絕對不會發生的。母親就是守在孩子身邊，老人們也會唯恐她照顧不周！

然而，失去了愛女的母親所承受的，還遠不止這肝腸寸斷的巨痛。她生活在一個崇尚封建禮法的家族裏，在這裏，婦女連慟哭的自由也沒有！母親遭此打擊，悲痛欲絕，她想放聲大哭，卻不讓哭出聲來；她要痛訴衷腸，又無處傾訴；要回娘家，也不讓回，外祖母讓大舅來接，仍然不讓走。婆婆說：「幾天就好了，接個大夫看看也行。」這滿腔的傷痛和怨恨，只能往肚子裏咽！

人體的承受能力是有限的，何況母親這樣一個羸弱的女子。由於極度的悲傷和壓抑，她乳房上鬱結出了一個大疙瘩，成了乳瘡。沒幾天就開始紅腫、化膿，最後竟穿了七個頭！心靈上的劇痛又加上肉體上的劇痛，母親被折磨到了極點！

立瑛去世，家裏不讓給父親去信，怕他傷心，更怕他跑回家來影響了工作。在人們的封建觀念中，一個女孩子死了，就如同大樹上飄落一片枯葉一般，不該有大的響動。但母親實在忍無可忍，她顧不了這許多，提起筆來對丈夫哭訴了這一切。

千里之外的父親聽到噩耗。傷痛欲絕，急忙趕回了望天湖，沒進家門就直接到後山上立瑛的墓地去了。

時令已是初冬，後山上已顯蕭瑟，小小的墳塋靜靜地躺在冷寂的山坡上，只有寒風中的小草在疼惜地守望着她。父親伏在墓前，不禁淚如雨下。他不能相信，這裏面竟睡着自己心愛的女兒；他不肯相信，此刻和女兒近在咫尺，卻竟是天人兩隔！他長時間撫摸着新土堆成的墳頭，仿佛在撫摸着女兒小小的柔軟的身體，聆聽着她熟睡時匀均的呼吸……

也許你真是哭得太累，

也許、也許你要睡一睡，

……

哭得太累的何止一個十六妹啊?!就連這四歲的幼兒都得哭着睡去啊！

在墓前呆了半晌，父親才淚眼模糊地拖着沉重的腳步往家裏走去。

家中迎接他的，是躺在床上、痛苦憔悴的妻。他來到妻子身邊，心疼地緊緊握住她的手，充滿哀傷的心越發疼痛而沉重。

屋裏顯得那麼空蕩，沒有了立瑛銀鈴般的笑聲，沒有了那撲向爸爸懷抱，又纏繞在爸爸身邊的小小身影；見不到那雙燃着靈光的美麗眸子，摸不到那如花瓣上朝霞般的嫩頰；只有女兒坐過的小凳子孤伶伶地立在窗下，只有她愛讀的「人．手．足」識字課本，靜靜地躺在桌上……。父親艱難地走到桌前，透過被淚水迷蒙的眼鏡，捧起這被女兒小手反覆翻遍的讀物，小心翼翼用牛皮紙包起來，在上面寫下「這是立瑛的」。

……

父親回家來，祖父事先並不知道，他一眼望見兒子，不禁火冒三丈，拍起桌子怒吼：「哪個寫信去的？哪個告訴他的？」家裏人也都埋怨，不該告訴父親，謀職的事耽誤不得啊。

祖父雖說喜歡立瑛，但一個女孩子的去世，畢竟比不得兒子的前程重要。他當即逼着父親馬上返回去。第二天清晨，東方還未發白，竟親自來敲門催促兒子上船。父親一氣之下，翻起身，臉也不洗，早飯也不吃就走了。

這天晚上，夜半人靜時，一個黑影悄悄越過牆頭跳進聞家大院，疾步朝母親房裏走去。母親一見，不覺又驚又喜，悄聲問道：「怎麼又回來了?!」

「我哪有那麼狠心？你痛成這樣，我怎麼能走？」

在妻的身旁守護了一整天，父親才起身赴滬。

失去愛女的打擊太大了。回到上海，父親的心仍久久不能平復。在難以忍受的悲思中他寫下了《忘掉她》。詩中反覆重複要忘掉她，而凝在其中的正是忘不掉的痛到極點的悲傷。

忘掉她，像一朵忘掉的花，——
那朝霞在花瓣上，
那花心的一縷香——
忘掉她，像一朵忘掉的花！

忘掉她，像一朵忘掉的花！

像春風裏一齣夢，
像夢裏的一聲鐘，
忘掉她，像一朵忘掉的花！
……

在另一首《我要回來》中，他又含淚傾吐了對女兒的深切的思念及最後時日未能趕回的悲痛與遺恨。

我要回來，
乘你的拳頭像蘭花未放，
乘你的柔髮和柔絲一樣，
乘你的眼睛裏燃着靈光，
我要回來。

我沒回來，
乘你的腳步像風中盪槳，
乘你的心靈像癡蠅打窗，
乘你笑聲裏有銀的鈴鐺，

我沒回來。
我該回來，
乘你的眼睛裏一片昏迷，
乘一口陰風把殘燈吹熄，
乘一隻冷手來掇走了你，
我該回來。

我回來了，
乘流螢打着燈籠照着你，
乘你的耳邊悲啼着莎雞，
乘你睡着了，含一口沙泥，
我回來了。

春節，父親回到家鄉。家中的一切都使他觸景傷情，度假的心思絲毫未有。為了排解對女兒的哀思，也為了撫慰身心遭受巨大傷害的妻。他帶着她又走進了詩的世界，在引人傷懷的夜晚，常和她並肩坐在油燈下教授唐詩。

女兒的夭折使父親更深地認識到封建禮教的吃人本性，也更加憤恨這充滿咒罵人聲的社會。他決心儘早把妻接出去。

# 哪裏是我的中華

父親很想早些把母親接出來，但時局動盪，一時難以如願。不久，連他自己也過上了漂泊的生活。一九二七年元月，國民政府遷都武漢，收回了漢口和九江的英國租界，形勢令人振奮，父親也受到極大鼓舞。春節後，他沒有回上海政大，而是接受鄧演達邀請到國民革命軍總司令部政治部擔任了藝術股股長兼英文秘書。滿懷激情地親自在黃鶴樓上繪製反對軍閥的大幅壁畫。

但就在人們倍感振奮的時候，國民政府內部的矛盾也明顯激化，以蔣介石為首的國民黨新右派分裂了國民革命隊伍。父親本來就不習慣軍旅生活，此時懷着一腔迷惘又離開武昌回到了政大，那裏的訓導長工作雖不適合，但總是個棲身之所。

四月，父親回滬不久，進入上海的北伐東路軍封閉了作為國家主義者立足點的政大。緊接着蔣介石發動了反共清黨大屠殺，上海馬路又一次血流成河。

父親再度失業，暫時閒住在好友潘光旦家中，等待尋找新的職業。他心情極度鬱悶，家事傷痛，國事又令人憂焚。中華大地上發生的一切——帝國主義野蠻侵略，各派軍閥連年混戰，北洋政府的殘暴統治，人民生活水深火熱，國民革命興起又分裂，國共合作轉眼又變成血腥的清共大屠殺，這一切，都使他痛心、憂憤，也使他迷惘困惑。面對頻繁變動的政治局勢和複雜尖銳的社會矛盾，他痛苦萬分。心中如花的祖國究竟在哪裏？哪裏是中華的希望？

苦悶彷徨中，只有詩的天地可以抒懷。這期間，他發表了一系列感情深沉、撼人心魄的詩作，如《心跳》《發現》《一個觀念》《一句話》等。《心跳》（後改題為《靜夜》）一詩，使多少顆愛國心也隨之顫動：

這燈光，這燈光漂白了的四壁；
這賢良的桌椅，朋友似的親密；
這古書的紙香一陣陣襲來；
要好的茶杯貞女一般的潔白；
受哺的小兒唼呷在母親懷裏，
鼾聲報導我大兒康健的消息……
這神秘的靜夜，這渾圓的和平，
我喉嚨裏顫動着感謝的歌聲。
但是歌聲馬上又變成了詛咒，
靜夜！我不能，不能受你的賄賂。
誰稀罕你這牆內尺方的和平！
我的世界還有更遼闊的邊境。
這四牆既隔不斷戰爭的喧囂，
你有什麼方法禁止我的心跳？

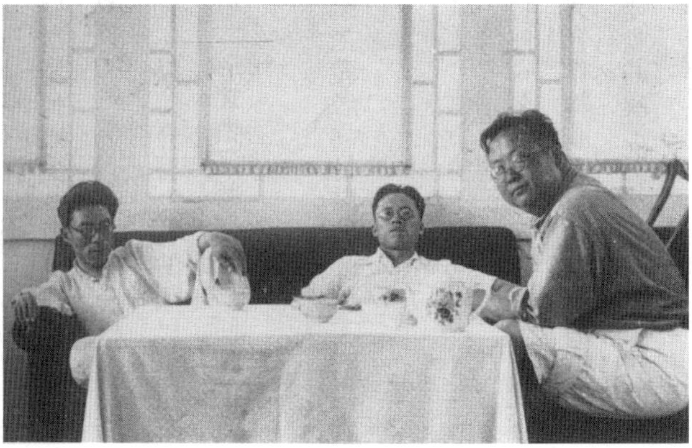

「四一二」政變後，政大被查封，聞一多失去職業，閒居潘光旦家中。圖為上世紀三十年代聞一多（左）、顧毓琇（中）、潘光旦（右）合影。

最好是讓這口裏塞滿了沙泥，
如其他只會唱着個人的休戚！
最好是讓這頭顱給田鼠掘洞，
讓這一團血肉也去餵着屍蟲，
如果只是為了一杯酒，一本詩，
靜夜裏鐘擺搖來的一片閒適，
就聽不見了你們四鄰的呻吟，
看不見寡婦孤兒抖顫的身影，
戰壕裏的痙攣，瘋人咬着病榻，
和各種慘劇在生活的磨子下。
幸福！我如今不能受你的私賄，
我的世界不在這尺方的牆內。
聽！又是一陣炮聲，死神在咆哮。
靜夜！你如何能禁止我的心跳？

這首詩大概草於北京。但此時發表充分反映了作者憂國憂民的情懷和苦悶矛盾的心緒。他深愛自己的家，愛戀這尺方牆內神秘的靜夜，渾圓的和平。但面對牆外現實中的各種慘劇和死神的咆哮，內心又無法平靜，由衷地發出了痛苦的呼喊：「幸福！我如今不能受你的私賄，我的世界不在這尺方的牆內！」這也是當時許多愛國知識分子的共同心聲。

在《發現》中，他的呼喊更迸着血淚：

我來了，我喊一聲，迸着血淚，
這不是我的中華，不對！不對！
我來了，因為我聽見你叫我；
鞭着時間的罡風、擎一把火，
我來了，不知道是一場空喜。
我會見的是噩夢，那裏是你？
那是恐怖，是噩夢掛着懸崖，
那不是你，那不是我的心愛！
我追問青天，逼迫八面的風，
我問，拳頭擂着大地的赤胸，
總問不出消息；我哭着叫你，
嘔出一顆心來，——在我心裏！

面對噩夢般的現實，父親痛苦、失望，迷惘但並不消沉。「我的中華」始終紮根在他心裏，就像一座蓄勢待發的火山，他堅信這火山終會爆發：

……

等火山忍不住了緘默，
不要發抖、伸舌頭、頓腳
等到青天裏一個霹靂
爆一聲
咱們的中國！

《一句話》

這時期發表的詩凝聚和迸發着對祖國強烈的愛和對現實的憂憤。在詩藝上也更加圓熟，再次顯示了詩人在抒情方式上的創造和發展。比如《一個觀念》，表現的是對祖國及其悠久文化的熱愛，但並沒有直抒胸臆，而是用一連串新奇的比喻將抽象的觀念形象化，以擬人手法迸發出內心強烈的愛，讀來深沉含蓄，耐人尋味：

你雋永的神秘，你美麗的謊，
你倔強的質問，你一道金光，
一點兒親密的意義，一股火，
一縷縹緲的呼聲，你是什麼？
……

印模（從左至右：勝殘補闕齋藏　壯不如人　桐齋）

啊，橫暴的威靈，你降服了我，
你降服了我！你絢縵的長虹——
五千多年的記憶，你不要動，
如今我只問怎樣抱得緊你……
你是那樣的橫蠻，那樣美麗！

這些詩想像豐富比喻新奇，即便是譴責黑暗現實的，也都以豐富的想像來捕捉形象，感人至深，而優美的形式又使之更具感染力。這些都再次展現了格律化新詩在內容與形式上高度和諧統一的完美。

賦閒期間，除了詩的天地，父親還戀起了篆刻藝術。他本有美術功底，又有文字修養，操起刻刀就沉迷進了方寸的世界。正如後來他給饒孟侃信中的風趣描述一般：「說來真是笑話。繪畫本是我的元配夫人，海外歸來，逡巡兩載，髮妻背世，詩升正室。最近又置了一個妙齡的姬人——篆刻是也。似玉精神，如花面貌，量能寵擅專房，遂使詩夫人頓興棄扇之悲。」這封信中還附了五枚印模。其中有一枚自用閒章，上刻「壯不如人」，在它下面感慨地寫道：「轉瞬而立之年，畫則一敗塗地，詩亦不成家數，靜言思之，此生休矣！因作此印以志恨。」（一九二七年八月）和寫詩一樣，篆刻不僅是他藝術追求的樂園，也是他抒發內心的天地。

七月，北方南來的朋友徐志摩、余上沅、張嘉鑄、饒孟侃等辦起了新月書店。父親也被拉入了董事會。他對此並不熱心，但為開幕紀念冊繪製封面卻十分認真。《時事新報》當時報導說：「畫着一個女人騎在新月上看書，雖然只是彎彎曲曲幾筆線條，而詩趣橫生。」

對於書籍裝幀藝術，父親早有興味。在清華求學時就為班級刊物作過各類設計，還寫過頗有見地的評論。經過在美國的美術專業訓練，現在的設計自然非同一般。這以後，他陸續為朋友們的作品作過不少封面設計，如徐志摩的散文集《巴黎的鱗抓》、翻譯小說《瑪麗．瑪麗》、詩集《翡冷翠的一夜》《猛虎集》，梁實秋的《浪漫的與古典的》等作品以及後來林庚的詩集《夜》等等，也還為潘光旦的《馮小青》一書作過插圖。他的設計作品「融合了現代氣息及東方色彩，達

一九二七年為徐志摩《巴黎鱗爪》設計的封面。

水彩畫插圖《對鏡》，一九二七年為潘光旦著《馮小青》作。

到了很高的藝術境界，在二三十年代的設計藝壇留下了很有分量的足跡。」（聞立鵬、張同霞《聞一多》）而為《馮小青》作的插圖——鉛筆淡彩的繪畫作品《對鏡》，則更是一幅「篇幅雖小而意義很大價值很高」的作品。「這幅畫融合了中西藝術的技巧，發揚了長於立意抒情、形神兼備的民族藝術傳統，又吸收了西洋畫造型、解剖、透視等表現手法，運用了中國線描的長處，也融合了西洋表現色彩情調的優點。七十年前，這是聞一多難得的藝術珍品，也是我國現代繪畫人物畫中探索中西結合的佳作，反映了聞一多的審美理想。」（聞立鵬、張同霞《聞一多》）

上海的這段生活雖然鬱悶，但詩歌創作和藝術活動卻收穫頗豐。

說來令人心酸，在這些收穫中還有一種副產品，是他當時無論如何也預料不到的。這就是他所置下的「妙齡姬人」，十多年後在昆明艱苦的生涯中，竟成為支撐八口之家生計的一根台柱，維持一家溫飽的大功臣！

## 詩集《死水》出版

閒居三個月，父親的工作一直沒有着落。七月下旬，為了謀得飯碗，他去南京土地局就了一份差事。他與土地局局長桂崇基在美國時曾有過一面之緣。但不到一個月，桂崇基去職，父親便也離開了。

八月間，命運終於有了轉機，南京第四中山大學（一九二八年春改為中央大學）聘請他去任教，並擔任外國文學系主任。

第四中山大學是由南京的東南大學等校合併而成，頗有發展前途。父親十分高興能有這樣一個比較穩定的工作。開學以後，他在學校附近單牌樓過家花園租了一處房屋，準備接家眷出來。這時，正好從家鄉也傳來了好消息，妻子分娩喜得一子——這就是我的大哥。父親萬分高興，只盼着全家早日團聚。

此時在浠水老家，更是喜氣盈盈。特別是祖父，他為添了一個孫兒興奮不已，照例地忙着慶賀，親自請人批八字，還在起名字上頗費思索。我們這一輩世譜是「立」字，他給孫兒起名為「立鶴」，母親還記得他對家人吟誦《詩經》中《鶴鳴》時那得意神情呢：「鶴鳴於九皋，聲聞於野……鶴鳴於九皋，聲聞於天……。」

由於父親思子心切，大哥剛滿四十天時，母親就帶着他和立燕姐來到了南京。

經歷了喪女的傷痛，飄零的苦楚，一家人重聚顯得特別歡愉、親密。父親有了滿意的工作，回家來又能與妻子兒女相守重享天倫之樂，心情逐漸好轉。而母親離開了那禮法森嚴的牢籠，轉換了令人觸景傷情的環境，身心也逐漸得到恢復。

一九二七年九月，聞一多應聘南京第四中山大學英文系教授兼系主任。圖為與學生陳夢家（中）等合影。

過家花園的環境很好。父親乘興又在門前種了幾盆花，還買回來一個大魚缸，養了幾條金魚。經濟雖不寬裕，仍對室內作了因陋就簡的藝術設計。還親自為母親選擇了一套米黃色的衣櫃及梳妝檯。母親說，他喜愛古玩，還買回來一隻兩種顏色的大肚子賞瓶。優雅的居室加上主婦的精心料理，一個舒適溫暖的樂窩又吸引着堂上找不着家的燕子了。星期日父親常帶上全家到公園去遊覽，興致很高。

父親在中大講授英美詩、戲劇、散文。同時繼續深入新格律詩的探索研究。這期間，他出版了第二部詩集《死水》。

《死水》出版於一九二八年一月，是父親的代表作。集中只有二十八首詩，但都是反覆挑選出的精萃。

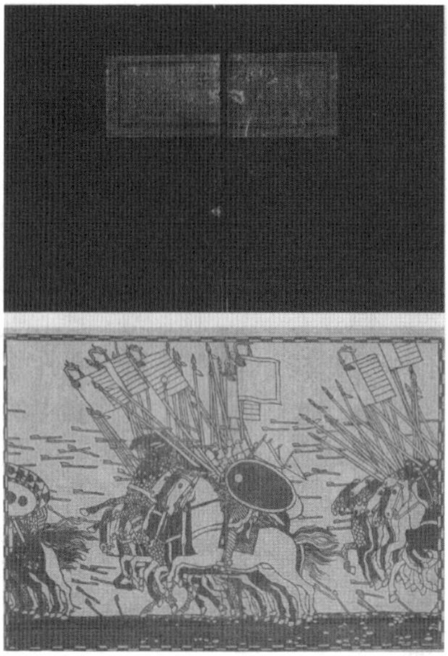

一九二八年聞一多為詩集《死水》設計的封面及環襯。

這些詩大部分寫於歸國之後，內容更多地觸及到社會現實，反映了作者對祖國深沉的愛及對現實醜惡黑暗的激憤與苦悶。貫穿其中的仍是那顆赤誠的愛國心。朱自清後來這樣說：「在抗戰以前，他也許是唯一的愛國新詩人。」（朱自清《中國學術的大損失》）

與《紅燭》相比，《死水》中作者的風格已完全圓熟。集中各首詩的格式和用韻不同，但都與詩的內容和諧統一，完美地體現了作者追求「精神和形體調和的美」的藝術理想。

《死水》的封面及環襯都是父親親自設計的。

封面是通體的黑色，只在上方有一小小的金色簽條，上面寫着書名和作者。畫面只有兩種顏色，黑與金。正如聞立鵬所說，它和北京的「黑屋」一樣，散發着一種莊重、寧靜、沉鬱的氣息，體現了詩集的主題。而環襯中那銀灰色單線構成的畫面——無數奔騰的戰馬衝向前方，騎士們手持長矛盾牌在滿天飛舞的亂箭中拚搏，以及那無數長矛的斜線和戰馬奔馳中的腿，則都充滿了激越動盪的氣勢，反映出作者那腔澎湃的熱血和赤誠的愛國情。整個設計「體現了一個完整的構思、黑與金的對比、靜與動、簡與繁的對比啟發人們的聯想，像《死水》的詩一樣，含蓄深沉，境界很高，意境很深。」（聞立鵬、張同霞《聞一多》）

詩集出版後，產生了很大影響。一九三〇年四月十日沈從文在《新月》上撰文說，它是「以一個老成懂事的風度，為人所注意」，「它不是『熱鬧』的詩」，「然而這是近年來一本標準詩歌」。並認為「在文字和組織上所達到的純粹處，那擺脫《草莽集》（朱湘的詩集）為詞所支配的氣息，而另外重新為中國建立一種新詩完整風格的成就處，實較之國內任何詩人皆多。」（沈從文《論聞一多的〈死水〉》）

蘇雪林後來在將詩集與《紅燭》作對比時也說「這是一部標準的詩歌」，認為它較之《紅燭》「則到了爐火純青之候」。在談到《死水》的淡遠時說：「《紅燭》的色現在表面，《死水》卻收到裏面去了。」並用了蘇東坡評韓柳詩「外枯而中膏，似淡而實美」來作比喻。談到字句精煉時說：「然而不教你看出他的用力處。這是藝術不易企及的最高境界。」（《論聞一多的詩》）

父親很重視這些評論，讀了沈從文的評論後，在十二月十日給朱湘、饒孟侃的信中說：「那篇評論給了我不少的興奮」，「他所說的我的短處都說中了，所以我相信他所提到的長處，也不是胡說」。

他自己也十分滿意這部詩集。當時在家裏，好幾次把同住的侄子們叫到一起來共賞。侄兒們還在唸中學，他怕他們看不懂，就挑出一些給他們朗誦。大二哥後來回憶說：「他一邊唸一邊叩擊桌子，像鼓點子一樣有節奏，很有韻味。」像《一句話》《飛毛腿》等愛國詩篇都給他們留下了深刻的印象，也鼓舞了少年們的愛國熱情。

《死水》詩集的出版，連同《紅燭》詩集以及父親的整個新詩理論是他對現代新詩發展的卓越貢獻，在現代文學史上有着深遠意義。

王瑤曾精闢地指出：「在《女神》開闢了新詩發展的道路之後，就需要探索新的建設規範，使新詩的內容和形式得到和諧的結合和統一。聞先生在新詩發展上所起的正是這樣的歷史作用。應該說，他是自覺地意識到這種歷史使命的。……可見新詩發展到聞一多的時代，任務的重點已經由『破舊』轉向了『立新』。在這個意義上，我們可以說，聞一多與郭沫若是代表了新詩發展的不同階段的。」（《念聞一多先生》）

在談到聞一多的獨特作用時，有的評論還生動扼要地寫道：「聞一多與郭沫若一樣，有着無羈的自由精神與想像力（這裏同時有西方浪漫主義與莊騷傳統的影響）。他們共同使新詩真正衝出早期的白話詩平實、沖淡的狹隘境界，飛騰起想像的翅膀，獲得濃烈、繁富的詩的形象，而聞一多又以更大的藝術力量將解放了的詩神收回到詩的規範之中，正是這一『放』、一『收』，顯示了聞一多在新詩發展第一個十年其他詩人所不能替代的獨特作用。」（《中國現代文學三十年》修訂本，錢理群、溫如敏、吳福輝著。）

「如果説追求真理和酷愛正義體現了他對真與善的追求的話，那麼他對詩歌藝術的探索和實踐就體現了他對於美的追求。美與真和善原是統一的，……」王瑤在《念聞一多先生》一文中説的這話，是十分中肯的。

## 自己的歌

父親此時對譯詩的興致也很高，為了參考和試驗外國詩的格律，他譯了不少英美詩，試驗了種種詩體，取得了很好的成績。特別是翻譯白朗寧夫人十四行詩幾十首。朱自清先生説：「他給這種形式以『商籟體』的新譯名。他是第一個使人注意『商籟』的人。」（《譯詩》）「現在商籟體（即十四行）可算是成立了，聞先生是有他的貢獻的。」（《詩的形式》）

也許是和翻譯的興致有關，父親很希望讓母親也來分享一下其中的妙趣。有一天晚上，他靠在床上，笑着對她説：「我想，我要拿什麼東西的時候，就叫你替我拿。我對你講英文，要哪樣，你就拿哪樣，好嗎？比方説：書、紙、本子、筆、椅子、煙、洋火……」母親説：「我不會英文。」「我教你啊！」那以後，他就天天教母親一些物件的英語名稱，還有一些簡單的英語對話。

母親在武昌上職校時略微學過一點英語，早已大部遺忘。不過她學得很快，不久就能有求必應，對答如流了。

就這樣，一個說一個拿。慣了，兩人都覺得十分有趣和快樂。

有一天，父親故意調皮地對母親說：「我現在想要一樣東西，先不告訴你，叫你想想，我要什麼？」母親心裏明白他要的是什麼，就遞過去一支煙，父親笑了，又說：「我還要一樣東西，你拿來。」母親又遞給他一支鋼筆。他又說想要一樣，母親就又遞過去一樣。他要的東西都拿到手了，不禁高興地大笑起來，說：「你是個神仙吧？我沒有給你講英文，你怎麼知道我要的是什麼？」

母親講起當年的這些故事時，還得意地咯咯直笑呢。她的確是個「神仙」，父親的要求、父親的心思，她全能心領神會。

不過在母親看來，父親也是個「神仙」。他能深入她的心靈，給以最需要的關愛。她一生最大的渴望就是求知。別看是幾個簡單的英語單詞、幾句簡單的英文對話，她品咂到的卻是蜜樣的甘泉呢。

在南京的新樂窩裏，這對年輕的伴侶相互間越發理解、越發默契了。

從這時起，父親漸漸離不開母親了，不僅生活上，就是工作時，也總希望母親坐在身旁。不是為了遞東西，而是母親真如神仙一般，成為他不可缺少的一種精神力量了。

這樣地相伴左右，在此後幾十年風風雨雨患難與共的生活中，幾乎已成了定式，成了感情上不可或缺的需求，直到最後，在父親遇難的頭一天晚上，他回家來沒有見到母親，還一直尋找到了潘光旦夫人那裏呢。

南京時的父親，就是出門在外，心也離不開妻子。母親講過一件令她難忘的事。她婚前有一段時間鬧胃痛，老醫不好。家人聽説香煙可以止痛，就讓她試一試。她覺得還有些效果。從此便學會了抽煙，雖然沒有煙癮，但也時而抽上幾支，晚年才戒掉。而父親，作為文人，對煙是情有獨鍾的，他的書房裏總是煙霧繚繞。一天，父親到一位朋友家，主人給了他一支名牌煙。父親接過來卻捨不得抽，收進了衣袋裏。回家來，他樂呵呵地把母親拉過來，讓她坐下，一臉神秘地從兜裏掏出這支煙，又用火柴點燃，然後輕輕將它送進了母親的口裏。這才説：「這根煙是他們給我的，我捨不得抽，拿回來把你抽。」他嘿嘿地笑着：「我們不是買不起好煙嗎？」

先前，即將從國外踏入家村時，父親曾哀歎沒有自己的歌好唱。現在，兩顆年輕的心越來越近，從相互的碰撞中，他漸漸捕捉到了一種優美的旋律——這正是他們自己的歌！

這旋律，在當時發表的《回來》一詩中，清晰地迴響着：

我急忙地闖進門來，喘着氣，
打算好了一盆水，一壺滾茶，
種種優渥的犒勞，都在那裏：
我要把一天的疲乏交給她。
我載着滿心的希望走回來，
哪曉得一開門，滿都是寂靜——

什麼都沒變，夕陽繞進了書齋，
什麼都不錯，只沒她的蹤影。
出門了？怎麼？……這樣的湊巧？
出門了，準是的！可是那頃刻，
那彷徨的頃刻，我已經嚐到，
生與死間的距離，無邊的蕭瑟：
恐怖我也認識了，還有悽惶，
我認識了孤臣孽子的絕望。

南京的生活安定，環境不錯，父親和母親商定，把祖父母接出來住住，盡一盡孝心。那時，五伯聞家騄（父親的三哥，大排行第五）在南京造幣廠工作，家也住在南京。聽母親說，叔叔聞家駟、我們的四哥聞立恕（三伯聞家驄之子，大排行第四）、表兄陳文鑒（我們稱為陳大哥），還有晚些時候來的大二哥聞立勳，當時都住在我們家裏。祖父母來了以後，兒孫滿堂，頗不寂寞，心裏十分高興。

當然，習慣了大家族生活方式和舊禮法習俗的老人們，住下來後對一些事情未免看不順眼，也時而引發一些摩擦，產生一些不愉快。他們首先就嫌兒媳持家用度太大。祖父來了不幾天就要查賬。母親十分委屈，家裏住着上十口人，光吃飯就得每月一擔米兩袋麵，還不說其他開銷。她精打細算，仍得不到信任，一氣之下，乾脆撂了挑子。祖父也氣得躺在床上不起來。之後，他親自管了三個月的賬，花銷還是那麼多，只得把賬又交還了母親。

在城裏，交往應酬都要多一些。有一天，父親的同事方重夫婦來，邀母親去陪他們打麻將。母親終日操持家務，伺候老小，平時很少出門，和鄰里們打打牌，是她唯一的消遣；方重先生又是父親介紹來南大的朋友，盛情難卻，但當時家中住着老人，母親不便答應。方太太對祖母說了半天好話，才獲得同意。

母親來到方家，大家都很高興。不料沒打上兩圈，家裏就讓人來找了，她只得又返回來。邁進家門，祖父正端坐在那裏，正顏厲色，一見她就爆發了：「哪有像你這樣的！一個女人，出去敗壞門風！」祖父一向家教嚴厲，絕對禁賭，視麻將為賭博，現在眼見一個女人跑去別人家裏，還居然玩起麻將來了，他怎能容得了？父親見狀，忙過來勸解，仍難消其怒氣。這時正好五伯來了，也幫着解釋：「這是應酬，她從不出門，人家來請去玩，又不是去賭錢，不去人家不高興。這種事多得很！」祖父說不過年輕人，只好不再言語，心中自然仍是不快。

看不慣的事情不少，但在兒子這裏住得很舒適，兒媳的照料也挑不出毛病，老人對小倆口的一片孝心還是非常滿意的。

正當生活比較安定時，一九二八年五月，家中卻發生了一件不幸的事——病魔奪去了立燕幼小的生命。父親和母親剛剛平復下來的心再次遭到了巨創。立燕僅僅兩年的人世生活伴隨的大都是兵荒馬亂。在軍閥混戰的炮聲中她隨母親離開北京回到老家浠水。而老家又不時遭到散兵游勇和土匪的騷擾、劫掠。母親說，有一回立燕正發高燒，土匪來了，她只得抱着滾燙的孩子躲進了冰涼潮濕的稻田。鄉間本來缺醫少藥，女孩子生病也不當回事。幾次鬧病極大地損害了孩子的健康。現在生活剛剛安定下來，條件好一些了，女兒卻追隨着姐姐去了，母親每想到這裏，便止不住淚如雨下。

家裏人都來勸慰，祖父也心疼兒媳。但他不知道，自己的一句勸慰卻更刺傷了兒媳的心。他走近來撫慰道：「兩個女兒換來一個兒子，還值得。」好心的老人哪裏能明白，這是往兒媳受傷的心上又插進了一把匕首啊！

母親並不怨祖父，她了解老人那固執的觀念，但只為女人的生命被如此輕蔑而感到憤憤不平。她還不理解為什麼一種頑固的傳統觀念竟能把一個善良人的心靈扭曲到如此地步！

立燕的離去，使一年多來的愉悅生活蒙上了一層陰影，這悲傷，許久不能散去，大概直到二兒的出生才漸漸沖淡一些。

# 第三章

# 沉潛古籍與守護之神

我愛中國故因他是我的祖國，而尤因他是有他那種可敬愛的文化的國家。

《〈女神〉之地方色彩》

# 走上學者之路

一九二八年七月，正在籌建中的武漢大學邀請父親去任教並擔任文學院院長。南京的工作本來比較安定，但家鄉盛情難卻，父親幾經猶豫最終仍決定接受聘請。

當時母親有孕在身，已接近產期，他決定一人先往。八月，父親來到武漢。建校工作正熱烈進展。他照例滿腔熱情投入其中，還以詩人、藝術家的獨特創意，建議將學校新址「羅家山」（又名落駕山）改名為富有詩意的「珞珈山」。這個別具韻味的名字一直沿用到了今天。他又為學校設計校徽，至今也仍被採用為武大的印章徽記。

九月，在為學校籌建工作忙碌時，從南京傳來了喜訊——二兒（我的二哥聞立雕）出生了。父親抽不開身回去，但心中說不出的喜悅。學校正式開課不久，便把家眷接到武漢。

母親來到武漢，內心十分高興。這裏是故鄉，而且外祖母就住在市內，母女可以多一些機會相聚，暢敘衷情。浠水老家的親人這時也大都住在武漢，伯伯、三伯住在黃土下

一九二八年九月，聞一多應聘為武漢大學第一任文學院院長兼中文系主任，開始中國古代文學教學與研究的學者生涯。

聞一多設計的武漢大學校徽。

坐落於武昌城外珞珈山一帶的武漢大學。此山原名羅家山，聞一多建議改為諧音而又有詩意的「珞珈山」，得到李四光等贊同，沿用至今。

坡。祖父母也在這裏。母親說，那時幾家輪流照顧老人，一家負責十天。閒時往來走動，頗不寂寞。

母親初來時，一家人住在磨石街老宅中，不久搬往黃土上坡三十一號錦園。這是一所外國傳教士的花園，環境幽靜。大家都很滿意。決定搬遷時，母親很高興。

不想卻在搬遷過程中遇到一件事，大大掃了她的興。在整理東西時，她在抽屜裏發現了好幾封父親以前從上海和南京寫給她的信，但都是些空信封！她十分詫異，問：「這不是給我的嗎？信呢？」在一旁的小侄子們搶着說：「三伯扯了。」她明白，這一定又是一些「情書」，這種事已不止一次了，不由得又氣憤又傷心，好些天心情都難以平靜。

錦園的環境幽美，住房有大小兩間，父親又享有他最喜愛的「小套間」了。他情致很高，在新居養了花，還餵了兩隻美麗的小鳥兒。他喜愛這精靈的小生命，養護得十分精心。黃鈺生先生後來曾對我們回憶，有一天，他來看望，見鳥籠上貼着一張紙條，上面寫着「不要忘記餵鳥」。當時心裏還起了狐疑，為什麼不對妻子直說，而要寫紙條呢？其實，那是父親出門前正趕上家中無人，他生怕母親回來顧不上餵他心愛的寵物而想出來的一條高招呢！

錦園的日子幸福和美，母親把整個生活安排得盡如人意，每天父親回來，都有滿室的溫馨犒勞他，一身疲乏盡可以在這裏消融。武漢的冬天很冷，母親說，每天她早早地就把炭火盆生上。父親回來便坐在暖烘烘的火盆旁，喝着她泡好的熱茶埋頭書案。休息時和兩個小兒親熱一番，其樂融融。一九二九年十月，家裏又添了一個小生命——三子立鴻出生了，熱愛孩子的父親更是滿心歡喜。

父親在武大講授「西洋美術史」和「現代英美詩」，後來又開了「英詩初步」。他對新詩的興味濃厚，對它的發展也極為關切，但此時的主攻方向已開始向中國古典文學轉移。

古代文學，本是父親自幼便情有獨鍾的，留美時也從未中斷過研讀。他對新詩美的探索與創新正是植根於對傳統文化的深刻了解，以及對古典文學，尤其是古代詩歌的深厚學養之上，他所創作的新詩在融合中西的同時，也富有鮮明的民族特色。正如他自己所說：「技術無妨西化，甚至可以儘量西化，但本質和精神仍要自己的。」（《悼瑋德》）

在詩壇馳騁時，他並未放鬆對古典文學的鑽研。一九二七年七月曾發表《詩經的性慾觀》一文，試圖以文化人類學的方法來研究《詩經》，還原其本來面目。臨來武漢前（一九二八年八月）又在《新月》雜誌上發表了傳記散文《杜甫》（未完），這些顯然都不是一日之功。

到武大後，除發表論文《莊子》，他開展了謹嚴深入的學術研究，做了大量關於杜甫的考證研究工作，連續發表了《少陵先生年譜會箋》。也由此，從所喜愛的詩人杜甫入手，進入了古典文學的研究領域，開始由一位新詩人走上了學者的道路。

在這條道路上，父親潛心鑽研，興味極濃。溫暖和美的家庭又給了他堅固的保障，他很希望就這樣安安靜靜地專心學術研究。但一九三〇年夏，一次意想不到的打擊，卻使他不得不離開武大。

武大是以武昌大學為中心，多所院校合併而成的。文學院內派系不同，矛盾不少，人際關係也複雜。父親滿懷詩人的熱情，耿介正直，不投靠哪一派，遇事又直言不諱。自然引起一些人不滿，以致對他攻擊。三〇年夏，對他的攻擊竟形成了風潮。原來這年春，父親參與籌辦校刊《文哲季刊》，收到一篇題為《江漢文化》的來稿，但裏面只談太極拳一類東西。父親不贊成發表，引起了作者劉華瑞不滿。當時學生中正有人反對研究墨子的教師譚戒甫教莊子。父親勸說學生不該這樣對待教師，劉便乘此慫恿跟他學拳術的學生張貼標語攻擊聞一多。文學院內本有傳統國學和新文學兩種學派的矛盾，文學院長的職位早已為人所覬覦。在舊派佔優勢重古輕今的習慣勢力下，父親這時的處境更可想而知。

對於如此卑俗複雜的關係，父親實在難以適應。六月，他滿腔懊惱和激憤地貼了張佈告，說對於自己的職位，如「鵷鶵之視腐鼠」。隨即毅然辭職離校。

這個夏天，就在遭此打擊時，家中偏偏又發生了不幸，不滿周歲的立鴻夭折了。立鴻在玩耍時，不慎碰傷了手指，大家本以為塗點紅藥水就可以好了，沒料到卻感染了破傷風，被奪去了幼小的生命。

連續的沉重打擊，使父母的心再一次受到重創！

# 青島海濱 · 劃時代的《詩經》研究

離開武大後，父親來到上海。在這裏遇見了老友楊振聲。楊先生當時已內定為國立青島大學校長。正為建校物色教員，見到父親十分高興。他極力勸說父親和當時也在上海的梁實秋去青大執教。為了幫助二人下決心，他勸他們先去遊覽一次。

在他的遊説下，二人決定先去體驗一下。梁實秋後來回憶説，他和父親一到青島，立刻被這裏的旖旎風光及淳厚民風吸引住了。二人邊觀光邊為祖國的大好河山感歎不已。當時就決定接受聘請。

在信步街道時，他們還逛了日本商店，在一家吳服店裏各自選購了一件寬袍大袖，饒有古意的和服。梁實秋記得，父親選了一件渾身花蝴蝶的，準備回家送給母親。

這件和服，後來在昆明我聽母親説起過。當時，她床上有一床被子，被面十分好看。藍、白、紅為主的濃重色塊和獨特的藝術風格特別吸引人，我下學回來常愛跑去撫摸幾下。母親告訴我，這床被面原先是一件和服，是父親從外地買給她的。這一定是梁實秋所説的那一件了。我當時還小，也不知問問她，是否穿上它和父親一起在家中共賞過，那時候她一定是十分快樂和俏皮的。只可惜這件精美的作品，在日軍侵華的戰火中帶到昆明後，為生活所迫，不得不改成了被面！

在青島的先期體驗，使兩位文人十分滿意。八月，父親便攜眷來到青島，就任了青大教授兼

青島匯泉浴場近旁的故居。現為八大關派出所。

文學院院長、中文系主任。

青島三面臨海，最美的也當是海景了。在大學路學校斜對面的一幢樓房住了不久，父親便在海邊離匯泉浴場不遠處租了一棟小房。

聽母親說，這兒出門便是沙灘，推開窗戶可望見無垠的大海和海上點點帆船，海浪聲在屋裏聽得十分真切。據梁實秋回憶，潮漲時海水距門不及二丈，父親曾對他說，夜間聽潮一進一退的聲音不能入寐，心潮起伏，不禁憶起英國詩人安諾德的那首《多汶海灘》。

這處住所，據現青島畫院教授、雕塑家徐立忠先生（現青島海洋大學、原青島大學舊址內聞一多塑像的作者）說，應該就是現在市公安局市南分局八大關派出所用的那棟房。二〇〇七年六月他曾帶我們去看過。

這是一棟石基紅瓦、別具風格的德國老式建築。就在匯泉海水浴場近旁，面向大海。據說它原屬德軍佔領青島時所建的俾斯麥兵營。現在的門牌是文登路二號。

青島市政府很重視老城區的保護。據所內民警和房後鄰居説，此屋因是老建築，多年來一直沒有遭到破壞。除幾扇窗戶略經改造，屋內格局、門、窗，甚至窗上的插銷，都是原先的老樣子。

房子建在坡上，由於地勢較高，進門要上好幾級台階。距大門約兩丈遠處，現在建了一寬一窄兩條平行的馬路，中間隔有綠化帶。但從窗內望出去，仍能望見海水和沙灘，感受到撲面的大海氣息。據在青島土生土長的徐先生説，門前這條馬路，原先就是海灘。想來就是梁實秋所説的「漲潮時海水距門不及二丈」之處了。

父親十分喜愛青島的自然風光。他曾寫過一篇充滿詩意的散文《青島》，裏面生動細膩地描繪了這兒海上的萬種風情：

……在晚上憑欄望見海灣裏千萬隻帆船的桅杆，遠近一盞盞明滅的紅綠燈飄在浮標上，那是海上的星辰。沿海岸處有許多伸長的山角，黃昏時潮水一捲一捲來，在沙灘上飛轉，濺起白浪花，又退回去，不厭倦的呼嘯。天空中海鷗逐向漁舟飛，有時間在海水中的大岩石上，聽那巨浪撞擊着岩石激起一兩丈高的水花。那兒再有伸出海面的棧橋，去站着望天上的雲，海天的雲彩永遠是清澄無比的，夕陽快下山，西邊浮起幾道鮮麗耀眼的光，在別處你永遠看不見的。（《古今名文八百篇》，一九三六年九月上海大眾出版社出版，轉引自《聞一多全集》）

海邊的生活也別有情趣，沙灘尤其是兒童的樂園。母親常帶着哥哥們在沙灘上玩耍，堆沙子，拾貝殼，有時候還撿了海菜，拿回去做湯吃。父親有空，也常興致勃勃地加入進來，他讓母親把孩子們的衣服脱掉，自己也脱了鞋一起下海去踩水浪，那時，一家人的歡笑聲會隨着海風飄盪到很遠，很遠。

聞一多當年自海濱寓所遷入的小樓，現名「一多樓」。

母親生長在長江邊，她愛悠悠的江水，而這浩瀚的大海更令她傾倒。海邊的生活情趣，她講起來能把我也帶到那天堂般的美景中。

青島氣候宜人，父親周日也常帶家人到公園去欣賞花的海洋，到嶗山等名勝去遊覽。

在海邊住了約一年，一九三一年暑期，由於母親即將分娩，父親不得不送她回老家去。

送走妻兒後，父親也搬離了海邊，住進了學校的宿舍，據說就是現在海洋大學內闢為聞一多紀念館的那棟小樓，獨自一人整天與古籍為伴。

在青島大學，父親講授《中國文學史》《唐詩》《英詩入門》《名著選讀》等課程。此時他對古典文學的研究範圍已由杜詩擴展到全唐詩，同時，還展開了《詩經》《楚辭》的研究。梁實秋曾回憶他沉浸於《詩經》研究的情況：「我當時兼任圖書館館長，他和我商量研究《詩經》的方法，並且索閱莎士比亞的版本以為參考，我就把剛買到的佛奈斯新集注本二十冊給他看，他浩然長歎，認為我們中國文學雖然內容豐美，但是研究的方法實在是落後了。他決心要把《詩經》這一部最古的文學作品徹底整理一下，他從此埋頭苦幹。真到了廢寢忘食的地步，我有時到他宿舍去看他，他的書房中參考圖書不能用『琳琅滿目』四字來形容，也不能說是『獺祭魚』，因為那淩亂的情形使人有如廢墟之感。他屋裏最好的一把椅子，是一把老樹根雕刻成的太師椅，我去了之後，他要把這椅上的書搬開，我才能有一個位子。」（《談聞一多》）這把椅子，母親也常對我講起：「紫檀色的，是他最心愛的。」他擺在書房裏，不是為了人坐，而是為了觀賞。母親每天進書房去收拾整理時，都要把它擦得一塵不染。

父親忘我的研究果然走出了一條新路。梁實秋讚賞地說：「他的研究的初步成績便是後來發表的《匡齋尺牘》。在《詩經》研究上，這是一個劃時代的作品，他用現代的科學的方法解釋《詩經》。……清儒解詩，王引之的貢獻很大，他是得力於他的音韻訓詁的知識之淵博，但是一多則更進一步，於音韻訓詁之外再運用西洋近代社會科學的方法。例如《匡齋尺牘》所解釋的《芣苡》和《狼跋》兩首，確有新的發明，指示出一個嶄新的研究方向。」（《談聞一多》）

## 海城情緣與長詩《奇迹》

在古籍中的孜孜耕耘，給父親帶來了無窮樂趣。但他此時的情感世界卻在品嚐着另一番滋味——多時平靜的內心泛起了漣漪。情形雖不嚴重，但這漣漪不久仍漾及了母親。

這年（一九三一年）十月，母親在浠水老家生了我的三哥聞立鵬（由於立鴻早夭，立鵬便成了老三）。產後不久，她突然接到老友方重先生的一封來信。方先生令人意想不到地勸她趕快回青島去，說青大有位女士（母親後來聽說叫方令孺）正在追父親，做東西給他吃，做好了用罐子裝着給他送去，兩人還一起到外面去散步。方重當時在武漢大學任教，之前在南京時，兩家就過從較密，他的話絕非捕風捉影。

這突如其來的訊息，擾亂了母親平和的心態。多年來，與丈夫之間巨大的文化差距就一直是她內心最大的痛楚。她不止一次聽說過時下髮妻遭丈夫遺棄的悲劇，有的男方就是文化很高且有社會名望的人。現在有關丈夫的傳聞竟連身在武漢的方先生都聽說了，她不禁有些惶恐而淒涼。但回想多年來的共同生活，所感受到的又都是真誠關愛和幫助，是理解和尊重。並沒有絲毫冷淡歧視。她又懷着期望與信心不願過多去揣測、去猜疑。

正當母親心亂如麻時，父親也來信了。她拿着信戰戰兢兢展開信紙，熱淚止不住奪眶而出——方重告知的果真是事實！但自己的期望也並不是幻想！父親在信中真誠地坦露了實情，並要她趕快回青島去。信中還告訴她，此事已去信告知爹爹。

母親的心被深深感動了，萬般滋味此時都匯成了一種感受：「他真好！我這樣的人，什麼也沒有，算個什麼啊！」

她此時自然不知道這封信背後的一切，也想像不到父親內心經歷了何等衝突。如果知道這一切，恐怕更要激動得夜不能寐了。

其實，早在她回老家之前，父親的內心已不平靜了。梁實秋曾回憶：「他和我一起來到青島，……這期間他有一段戀情，因此寫了一篇相當長的白話詩，那一段情沒有成熟，無可奈何地結束了。」（《酒中八仙》，收入《雅舍雜文》）梁實秋說的這「一段戀情」應該就是指的父親與方令孺的關係。

父親是詩人，對新詩的發展，特別是對新人的成長一直十分關注。一旦發現了人才，總是欣喜若狂，熱情扶植。當年他的幾個愛好詩歌的學生，如青大的臧克家，南京大學的陳夢家、方瑋德、費鑒照等，都是在他的親切關懷和細心培植下成長起來的。他喜愛這些青年，甚至在書桌上都擺上了陳夢家、方瑋德的照片，後來在北平聞知方瑋德不幸因病早逝，他還含淚寫下《悼瑋德》一文，為新詩壇失去一位難得的人才而深深惋惜。

青島大學中文系女講師方令孺，是方瑋德的姑母，也是一位頗具才情的教師，她熱愛新詩，和父親來往較密。父親也很看重她的才華，在給朱湘、饒孟侃的信中曾談到她的情況：「此地有位方令孺女士，瑋德的姑母，能做詩，有東西，有東西，只嫌手腕粗糙點，可是我有辦法，我可以指給她一個門徑。」他還欣賞地說：「做詩的，一天天的多起來了，是不可否認的事實。」方令孺在系裏也教古代文學。據我的一位遠房表叔林斯德（當時由父親介紹在青大圖書館工作）說，她當時講授《昭明文選》。備課中遇到問題時，也愛到父親這兒來討教。

由於共同的愛好和志趣，二人頗為相投。朋友們宴飲娛樂時，父親也不忘邀其參加。據梁實秋回憶，那時，幾個相投的朋友有感於青島缺少文化氣息這一美中不足，常常聚在一起豁拳豪飲，從酒興中尋求雅趣，父親戲稱之為「酒中八仙」。這酒仙原本是七位，是父親提議又加進一

位女仙——方令儒的。(《方令儒其人》)

詩境與學海中的交往與共鳴，使兩顆心靈逐漸相通。父親早就羡慕「別人家裏燈光像是潑溶銀，吳歌楚舞不肯放天明」。現在，在書香繚繞中縱論古今，在海濱月下漫步詩境，這更是何等美好和快意！生活中能有這樣一位異性知音相伴，是他飢渴的靈魂長期渴求的。他感到了前所未有的心靈享受。而這種美好感受從母親那裏是不可能得到的。

方令儒據說也是由父母包辦婚姻，成為被「求福者供在禮教龕前的魚肉」，只是二人之間並無感情。也許是命運相似，更拉近了她與父親之間的距離。

一九三一年七月，母親回老家後，父親獨身一人，生活上多有不便，方令儒以其女性特有的敏感和細膩備加體貼，送菜送飯悉心關照，更往二人關係中注入了微妙色彩。

所有這一切，都帶給了父親蜜樣的感受，他內心怎能不泛起層層漣漪？

只是父親一向重品德，他渴求靈魂上的慰藉，而作為已有妻室，且夫妻感情十分融洽的人，內心又始終充滿矛盾痛苦，行動上也萬分拘謹，並未作出熱烈的回應。正如梁實秋所説，情形並不太嚴重。

儘管如此，男女關係向來是人們所敏感的話題，尤其在那個年代。不久，校園中就有了議論，表叔林斯德也有所耳聞。據他説，父親聽到流言，曾對其談及要接回一嫂的事。可以看出，父親這時已決定了斷這番情緣了。然而，流言的速度超過了他的行動，它已飛出校園，也引起了老友方重的重視。

千里之外毫不知情的母親，在數天之內接連收到方重及父親的來信，內心也隨之經受了一番痛苦的跌宕起伏。

這對鞭絲抽攏的伴侶，各自都承受了最重的一次鞭擊，再一次嚐到了「紅豆」的苦澀！

梁實秋在談到父親這段戀情時還說：「他因此寫了一首相當長的白話詩……」。這首詩自然是指父親的力作《奇跡》。

在上一年，一九三〇年的十二月，父親擱筆三年之後，又作出一首長詩《奇跡》。寫成後，他高興地給朱湘、饒孟侃去信說：「足二三年，未曾寫出一個字來。今天算破了例。……花了四天工夫，曠了兩堂課，結果是這一首玩意兒。……畢竟我是高興、得意，因為我已證明了這點靈機雖荒了許久沒有運用，但還沒有生銹。」這首詩在詩壇深受讚賞，徐志摩認為它是「一多『三年不鳴，一鳴驚人』的奇跡」（《詩刊弁言》）。在剛剛聽到詩成的消息時他還萬分興奮自得地寫信給梁實秋說：「……一多竟然也出了《奇跡》，這一半是我的神通所致，因為我自發心要印《詩刊》以來，常常自己想，一多尤其非得擠他點兒出來，近來睡夢中常常攥緊拳頭，大約是在幫着擠多公的《奇跡》！……」

然而對於這首詩的成因，梁實秋卻有自己的看法。他後來在《談聞一多》一文中這樣說：「志摩誤會了，以為這首詩是他擠出來的，……實際是一多在這個時候在情感上吹起了一點漣漪，情形並不太嚴重，因為在情感剛剛生出一個蓓蕾的時候就把它掐死了，但是在內心裏當然是有一番折騰，寫出詩來仍然是那樣的迴腸盪氣。」

如前面所引，在《酒中八仙——憶青島舊遊》一文中，他也談到同樣的觀點。上世紀八十年代初，他又發表了父親當年未刊的一首情詩，並附了說明：「這是他在青島時一陣感情激動下寫出來的。……」再一次印證《奇跡》的感情背景。這首未刊詩題為《憑藉》，用的是「沙蕾」這個化名。全文是：

你憑藉什麼來和我相愛？
假使一旦你這樣提出質問來，
我將答得很從容——我是不慌張的，
憑着妒忌，至大無倫的妒忌！
真的，你喝茶時，我會仇視那杯子，
每次你說到那片雲彩多美，每次，
你不知道我的心便在那裏惡罵：
怎麼？難道我還不如它？

引自梁實秋《看雲集》

關於長詩《奇跡》的題旨，當時在青大上學的臧克家後來也持有類似看法，他說：「這篇《奇跡》是他教我的時候寫的，當時我不懂，但也沒問他，現在我一連讀了幾遍，我看聞先生寫的是他認為的『美的化身』。像是以女性為代表。這與《紅燭》裏的《紅豆篇》所追求的、所熱情歌頌的對愛人的愛情，似有相通之處，但又決然不同，一抽象，一具體。一現實，一象徵。」「這是我個人的猜想，也不一定猜得對。」（臧克家《聞一多先生創作的藝術特色》）

對於這首詩，叔叔聞家駟也有同樣的理解，他認為奇跡是指浪漫主義愛情的高度體現。由於《奇跡》一詩蘊意幽深、隱晦，甚至玄秘，多年來，人們對它的理解也各不相同。有人認為是追求光明和真理，有人則認為詩人是在尋求詩歌藝術創作的「理想形態」。那麼，究竟長詩透露的是什麼？又是什麼觸發了作者那「荒了許久沒有運用的」靈機呢？

通過母親的回憶和梁實秋的數次披露，以及父親最親近的胞弟聞家駟和青島時的學生臧克家等人的理解可以看出，梁實秋的看法應該是符合實際的。正是與方令儒交往中的感受，激發了父親長期壓抑在內心的，對那「最高、最真的情感」的強烈嚮往，觸發了那荒了許久未運用的靈機。長詩《奇跡》不是具體有所指，它追求和歌頌的是一種神聖的、高潔而純美的愛情，是幻象化了的一種至高無上的情感。但，它確是源於當時生活中的觸動，反映出作者心靈深處的那番折騰。

## 最美妙的音樂享受

父親寫《奇跡》時，母親還在青島，但這種深奧微妙的情感是單純老實又無法逾越蟲書鳥篆界石的她難以覺察到的。

一九三二年初，母親回到了青島。夫妻團聚後的生活仍然幸福而和美。母親深知，父親為她作出了巨大犧牲，她滿心只有那發自肺腑的感受：「我其實有個什麼啊，他這麼喜歡我。」

母親的感受並不是自作多情，父親作出痛苦的犧牲，並不完全如梁實秋所說是「無可奈何」的。其實，梁實秋自己也說：「事實上，他的家庭生活的情況，我也所知甚少。」

青島時期的父親和母親，已不像剛被鞭絲抽攏的時刻，也不像海外歸來前夕，沒有「自己的歌」好唱的時期，經過這些年的共同生活，他們已譜寫出「自己的歌」，正超越夫妻倫理情而擁有真摯的愛。這愛情雖有着缺憾，卻仍然是美好的，散發着溫暖和馨香。

對於父親來說，他從中確實難以獲得心靈上的滿足。這不是他理想中的那種情感，它帶着「瘻腫的疤痕」，不會閃出「舍利子似的寶光」，也沒有「吳歌楚舞不肯放天明」的豐富色彩。但妻自有她獨特的魅力，並不像她自我感覺那樣，「什麼也沒有」。她身上那些中國婦女的傳統美德，那同時具有的新女性的一些潛質——對自由解放的渴望和頑強進取的毅力等，都在閃着光芒，特別是那顆純潔的靈魂，很早就打動過他的心，激發過他的詩的靈感，甚至幻化成了「一個通靈澈潔的裸體天使」，一隻聖靈「彩鳳」的優美形象。

經過這些年的共處，他不僅深深感到生活中「另一半」的不可或缺，就是心靈上也從她那兒獲得了一種無形的力量，一種溫馨而甜蜜的、不能離棄的幸福感，並漸漸地從內心生發出了相依左右的需求。正是在青島這裏，他曾充滿詩意地對梁實秋說：「世上最美妙的音樂享受莫過於在午夜醒來靜聽妻室兒女在自己身旁之輕輕的均勻的鼾息聲。」（見梁實秋《談聞一多》及《鼾》）沒有深情和真愛，哪裏來的這樣甜美醉人的感受？

青島的那些日子，當他陷入情感漣漪時，內心那番折騰恐怕不只是感情與道德二者之間的衝突，其中也定夾雜着情感上的矛盾。因為他原有的那枝傷莖並未枯萎，上面的花朵也正在綻放呢。

十多年後在昆明，有一次父親同他的學生彭蘭談到青年人的感情問題，他語重心長地說：「一個人要善於培植感情，無論是夫婦、兄弟、朋友、子女……經過曲折的人生培養出的感情才是永遠回味無窮。」他當時還提到他的研究生季鎮淮，說：「鎮淮對他糟糠之妻感情一直是忠實的，只有對感情忠實的人，才能嚐到感情的滋味，他未來的家庭一定是比較幸福……」（彭蘭《風範長存——紀念聞一多師八十誕辰》，載《北京大學學報》哲學社會科學版一九七九年第五期）。這不也正是他對自己感情歷程的回憶和總結麼？

父親也曾對母親誇過季鎮淮，說：「季鎮淮品性好，在農村有妻子，自己在外面不亂搞。」而對另一個拋棄髮妻另尋新歡的學生則大不以為然。季鎮淮的家庭生活，也果然如他所說，一直和睦幸福。

父親這種愛情觀與道德觀，是有着他深厚的思想基礎的。其中不僅有對個人的責任感，更有一顆博愛之心。他身處男尊女卑的半封建社會，出生於崇尚禮教的封建大家族，對中國婦女卑屈的社會地位及淒慘遭遇，不僅耳聞目睹，且有切膚體會。家中姐妹及女輩們的遭遇，妻子的境況和女兒的夭折都強烈地刺激着他。他痛恨這吃人的禮教，深為女性奴隸般的命運痛苦而不平。他自己，在處於情感的波盪中時，當然不願、也不能只顧個人追求而造成一個無辜的純潔婦女的終生不幸，更不能因此而使一個和美家庭支離破碎，傷害到孩子們。

在《紅燭》一詩中，他就表白過燃燒自我、造福世人的心志。這裏何嘗不也體現了這樣一種大愛和襟懷呢？

※　　※　　※

一九三一年九月十八日，日本帝國主義經過長期蓄謀公然侵佔我國瀋陽，進而又大規模入侵整個東北。而國民黨政府卻採取不抵抗政策，步步退讓。面對帝國主義侵略及日益嚴重的形勢，全國人民怒火萬丈，反日浪潮不斷高漲。學生們更義憤填膺，紛紛罷課並結隊赴南京請願，要求抗擊日本侵略者，青大學生也登上了南下的火車。

父親滿懷愛國激情，對日寇的侵略萬分義憤，他曾是五四運動的積極分子，對於學生的愛國熱情自然是理解的，因此在校務會議上完全贊成酌量增加軍訓鐘點，組織青大青年義勇軍等，以後又批准十三位學生投軍的請求，並保留他們的學籍。但他以為當前形勢和五四時期不同，不希望出現紛亂局面，因此不主張採用罷課、請願等方式。甚至忍痛同意開除為首的幾名學生。在校務會議上還慷慨陳詞，「認為這是『揮淚斬馬謖』，不得不爾。」（梁實秋《談聞一多》）結果站到了學生的對立面。

「九一八」前後，學校還發生了兩次學潮，一次是由於處理持假文憑的學生引起矛盾，一次雖起因於學生反對修改學則，實質仍是南下請願的繼續。

父親作為學校領導成員，幾次學潮都站在校方立場，從而成了被攻擊的主要對象。一項罪名是新月派包辦青大。學生甚至發表了《驅聞宣言》。他當時對於國家危急的形勢下學生無法安心學習理解不夠，只覺得自己滿腔愛國熱誠，一心想把學校辦好，卻遭到如此攻擊，滿心委屈和沮喪。一九三二年六月十六日在日益高漲的學潮中，他給饒孟侃寫信説：「現在辦學校的事，提起來真令人寒心，我現在只求在這裏教書，混碗飯吃，院長無論如何不幹了。」就在這個月，他辭去了青島大學的職務，離開了學校。

## 清華園裏的詩人學者

一九三二年八月，父親應聘回到母校清華擔任中國文學系教授，他謝絕了中文系主任的職務。有過武大和青大的經歷，他再也不願擔任這類職務了。

學校還在擴建，房子不夠。父親暫時隻身住在西門外的達園，半年後才搬進新建的西院教職員宿舍四十六號。

一九三四年十一月，新建的教授宿舍「新南院」落成。父親分得了其中最大的寓所之一——七十二號。這裏有大小房間共十四間。電燈、電話、冷熱水、衞生設備一應俱全，環境也十分幽靜。寬敞的庭院由矮柏圍成院牆，一條甬道直通居室。這是父親一生中住過的最好的居所了。他十分高興，再一次施展了藝術家的才能，對新居進行了精心的設計和佈置。母親

一九三二年八月，聞一多應聘為清華大學中文系教授。圖為當時在清華園內的住宅——新南院七十二號。現已拆除。

説，新南院的住戶，大多在院內栽種各種花卉。父親卻在甬道兩旁植上碧綠的草坪。草坪上只各點綴一個魚缸，裏面幾枝淡雅的荷花，幾條金魚在其間悠然游弋。放眼望去，別人家院裏五彩繽紛，我們院中卻滿目青翠。晚飯後，人們出來散步，走到我們家院前，常禁不住停下腳步來欣賞這清新逸雅、別具一格的情調。

最令父親自己滿意的，大概要算他親手在書齋窗前栽種的那幾叢竹子了。他愛竹如寶，精心伺弄，使它們生長得枝繁葉茂，後來在昆明還時常念起來呢。

這瀟瀟翠竹、茸茸綠茵，透過書齋紗窗，與齋內滿壁的古書、根雕的太師椅渾然一氣，構成了一幅清新高逸、充滿詩意的畫面，人在其中，不由不勾起無窮的雅興。

回到母校，父親倍感親切。這裏是哺育他成長的地方，他曾「餓着腦筋，燒着心血，緊張着肌肉」（《園內》）像靈芝一般在這裏茁壯開放，由一個天真的少年成長為一個熱血青年，也曾懷着赤子深情在大洋彼岸為她熱情謳歌：「你是東方華冑的學府，你是世界文化的盟壇！」（《園內》）

闊別十年，學校在軍閥混戰的動亂局勢中幾經波折。如今在校長梅貽琦的主持下正走上勵精圖治的道路，延攬了不少人才。中國文學系的師資陣容也較強大。教授有朱自清、俞平伯、陳寅恪、楊樹達、劉文典等著名學者。父親功底雄厚，但他仍覺得自己是半路出家，立志加倍奮進。

清華園學術氣氛濃厚，校內環境清靜，父親埋頭書案潛心治學，正如他在《園內》一詩中所寫的那樣，像蒼松一般「猛烈地」，像西山一般「靜默地」工作：

這裏萬人還在猛烈地工作，
像園內的蒼松一般工作，
伸出他們理智的根爪，
挖爛了大地的肌膝，
撕裂了大地的骨骼，
將大地的神髓吸地，
好向中天的紅日泄吐。
這裏萬人還在靜默地工作
像園外的西山一般工作，
靜默地滋育了草木
靜默地迸溢了溫泉，
靜默地馱負了浮圖御苑；
春夏他沐着雨露底膏澤，
秋冬他帶着霜雪底傷痕，
但他總是在靜默中工作。

當然，這工作並不是書呆子似地全無目的，是要為「他們四千年來的理想」，為弘揚祖國偉大燦爛的文化而努力：

這裏努力工作的萬人
並不像西方式的機械，
大齒輪綰着小齒輪，
全無意識地轉動，
全無目的地轉動。
但只為他們的理想工作，
為他們四千年來的理想，
古聖先賢的遺訓，努力工作。

自武大以來，父親便潛心古典文學。回清華後，對新詩雖仍然關注，但已不再寫詩，而完全沉迷於古籍並樂而忘返了。這種癡情，自然源於他自幼對祖國歷史文化的熱愛，但也和他近年來內心的苦悶矛盾不無關係。他對當前複雜多變的政治生活感到迷茫，對文學界的複雜鬥爭感到困惑，尤其不能適應的是那無處不在的宗派人事糾葛，到清華的第二年，他在給老友饒孟侃的信中傾訴道：「……我近來最痛苦的是發見了自己的缺限，一種最根本的缺憾——不能適應環境。因為這樣，向外發展的路既走不通，我就不能不轉向內走。在這向內走的路上，我卻得着一個大安慰，因為我證實了自己在這向內的路上，很有發展的希望。因為不能向外走而逼得我把向內的路走通了，這也可說是塞翁失馬，是福而非禍。」

在信中，他還躊躇滿志地談了自己宏大的學術研究計劃：列出了《毛詩字典》《楚辭校議》《全

唐亮所繪油畫《聞一多的書齋》。

唐詩校勘記》《全唐詩補編》《全唐詩人小傳訂補》《全唐詩人生卒年考　附考證》《杜甫新注》《杜甫（傳記）》八大課題。

「向內」的路果然越走越寬，他的研究不斷拓展、深化，新的成果也不斷湧現。除許多唐詩研究的成果，從青大開始的楚辭研究，這時也多有所獲；而詩經研究也碩果累累。

馮友蘭與葉公超後來談起當代文人，都認為「由學西洋文學而轉入中國文學，一多是當時的唯一底成功者。」（轉引自《聞一多年譜長編》）父親自己也十分自信。他在對臧克家談到陳夢家的考古成績時說：「他也是受了我的一點影響。我覺得一個能寫得出好詩來的人，可以考古，也可以做別的，因為心被磨得又尖銳又精煉了。」（臧克家《我的老師聞一多》）

這顆詩人的心用在學術研究上，的確非同一般。郭沫若在父親遇難後編《聞一多全集》時，曾驚歎父親治理古代文獻「那眼光的犀利、考索的賅博，立說的新穎而翔實，不僅是前無古人，恐怕還要後無來者的。」他在例舉了《新詩台鴻字說》一文和《天問釋天》裏解釋「顧菟」的一條後，說：「像這樣細密而新穎地發前人所未發的勝義，在全稿中觸目皆是，真是到了可以使人瞠惑的地步。」（《聞一多全集》．郭序）全稿這些滿篇勝義的成果，有不少（包括郭序所舉的以上二例）就是在清華園這時完成或已經着手的。

朱自清後來在談到「學者中有詩人的聞一多」時，也特別指出了他治學的特色和獨到之處。在盛讚父親的學術散文「簡直是詩」時，他說：「當然，以上這些都得靠學力，但是更得靠才氣，也就是想像。單就讀古書而論，固然得先通文字聲韻之學；可是還不夠，要沒有活潑的想像力，就只能做出些點滴的餖飣的工作，決不能融會貫通的。這裏需要細心，更需要大膽。聞先生能體會到古代語言的表現方式，他的校勘古書，有些地方膽大得嚇人，但卻是細心吟味而得；平心靜氣讀下去，不由人不信。校書本有死校活校之分；他自然是活校，而因為知識和技術的一般進步，他的成就駸駸乎駕活校的高郵王氏父子而上之。」

朱先生還說：「他研究中國古代，可是他要使局部化了石的古代復活在現代人的心目中。因為這古代與現代究竟屬於一個社會，一個國家，而歷史是連貫的。……現代的我們要能夠在心目中分享古代的生活，才能認識那活的古代，也許才是那真的古代——這也才是客觀地認識古代。」（《中國學術的大損失——悼聞一多先生》）

這裏無妨讀一讀《匡齋尺牘》中的《芣苡》一篇，來從中領略朱先生所説的這種獨特魅力。文章先從訓詁入手，認為芣苡即車前子，本意為「胚胎」，具有「宜子的功用」。原始女性都藉以表現「結子的慾望」。

又從生物學和社會學觀點指出，宗法社會「一個女人是在為種族傳遞並繁衍生機的功能上而存在着的」，如果她不能生育就要被儕類賤視，被男人詛咒以致驅逐，甚至還要遭神——祖宗的譴責。因此對已婚女性來説，采芣苡的風俗所含的意義「嚴重而神聖」。

再對幾個有疑義的字作了解釋之後，便撥動了想像的齒輪，把讀者帶進了古代社會生活和古代女性的內心世界：

……現在請你再把詩讀一遍，抓緊那節奏，然後合上眼睛，揣摩那是一個夏天，芣苡都結子了，滿山谷是採芣苡的婦女，滿山谷響着歌聲。這邊人群中有一個新嫁的少婦，正捻那希望的璣珠出神，羞澀忽然潮上她的靨輔，一個巧笑，急忙的把它揣在懷裏了，然後她的手只是機械似的替她摘，替她往懷裏裝，她的喉嚨只隨着大家的歌聲囀着歌聲——一片不知名的欣慰，沒遮攔的狂歡。不過，那邊山坳裏，你瞧，還有一個佝僂的背影。她許是一個中年的磽確的女性。她在尋求一粒真實的新生的種子，一個禎祥，她在給她的命運尋求救星，因為她急於要取得母的資格以穩固她的妻的地位。在那每一掇一捋之間，她用盡了全副的腕力和精誠，她的歌聲也便在那「掇」「捋」兩字上，用力地回應着兩個頓挫，彷彿這樣便可以幫助她摘來一顆真正靈驗的種子。但是疑慮馬上又警告她那都是枉然的。她不是又記起已往連年失望的經驗了嗎？悲哀和恐怖又回來了——失望的悲哀和失依的恐怖。動作，聲音，一齊都凝住了。淚珠在她眼裏。

采采芣苡，薄言采之！采采芣苡，薄言有之！

她聽見山前那群少婦的歌聲，像那回在夢中聽到的天樂一般，美麗而遼遠。

……

這裏展現出的是一幅栩栩如生的幾千年前初民生活的圖景。你看到的是滿山谷婦女採芣苡的生動畫面，聽到的是那「驚心動魄的原始女性的呼聲」。而不再是紙面上簡單的幾行字。隨着想像齒輪的轉動，你的感情移入到了那遙遠的古代，分享到了那個歷史時代的社會生活；也清楚地觸摸到了連接着它和今天的那條血脈的脈動。而詩經裏那幾個簡單的、單調的句子從此將融化在這難忘的的畫面和歌聲中深深印入你的腦海，感動着你的心靈！

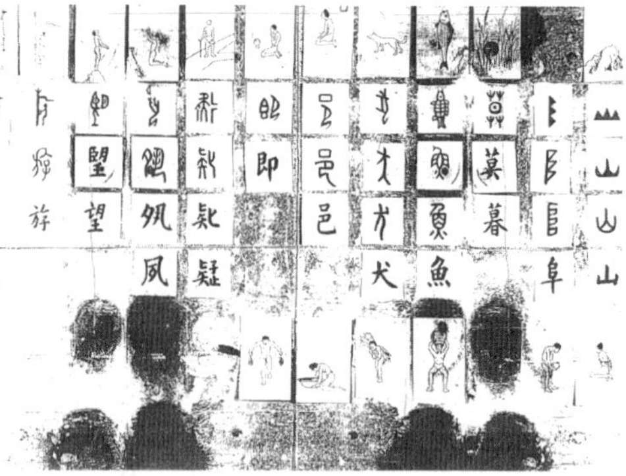


聞一多為教學繪製的《文字變遷示意圖》。

有這樣一顆詩人的心，講課也非同凡響。這個時期，父親開的課有《詩經》《楚辭》《唐詩》《國學要籍》《中國古代神話》（為研究生設）等。這些課都成了最受歡迎的課程。他的學生王瑤回憶說：「我們現在讀《匡齋尺牘》中講《芣苡》和《狼跋》的文字，看到他是如何把詩講得活靈活現，妙語解頤，其實在課堂講授中對每一篇都是如此。」（《念聞一多先生》）

當年的《清華暑期周刊》（一九三四年第八、第九期合刊）上，就有位同學在一篇《教授印象記》裏風趣地寫道：「聞先生講《詩經》《楚辭》是決和那些腐儒不一樣的。《詩經》雖老，一經聞先生講說，就會肥白粉嫩地跳舞了；《楚辭》雖舊，一經聞先生解過，就會五色斑斕地鮮明了。哈哈！用新眼光去看舊東西，結果真是『倍兒棒』哪。二千多年前的東西不是？且別聽了就會腦袋痛，聞先生告訴你那裏是 metaphor，那裏是

similes，怎麼新鮮的名詞，一用就用上了麼，你說妙不妙？不至於再奇怪了吧？還有一句更要緊的話得切實告訴你：聞先生的新見解都是由最可靠的訓詁學推求出來的，證據極端充足，並不是和現在的新曲解派一樣的一味的胡猜。」（轉引自《聞一多年譜長編》）

趙儷生後來還生動地描述了老師對講授氣氛和意境的追求：「記得是初夏的黃昏，馬櫻花正在盛開，那桃花色絨線穗兒似的小花朵，正在放出清淡的香味。七點鐘，電燈已經來了，聞先生高梳着他那濃厚的黑髮，架着銀邊眼鏡，穿着黑色的長衫，抱着他那數年來鑽研所得的大疊大疊的手抄稿本，像一位道士樣地昂然走進教室裏來。當同學們亂七八糟地起立致敬又復坐下之後，他也坐下了；但並不立即開講，卻慢條斯理地掏出自己的紙煙匣，打開來，對着學生露出他那潔白的牙齒作藹然地一笑，問道：『哪位吸？』學生們笑了，自然並沒有誰坦真地接受這gentleman（即「紳士」）風味的禮讓。於是，聞先生自己擦火吸了一支，使一陣煙霧在電燈光下更濃重了他道士般神秘的面容。於是，像唸『坐場詩』一樣，他搭着極其迂緩的腔調唸道：『痛——飲——酒——，熟讀——離騷——，方得為真——名——士！』這樣地，他便開講起來。顯然，他像舊中國的許多舊名士一樣，在夜間比在上午講得精彩，這也就是他為什麼不憚煩向註冊課交涉把上午的課移到黃昏以後的理由。有時，講到興致盎然時，他會把時間延長下去，直到『月出皎兮』的時候，這才在『涼露霏霏沾衣』中回到他的新南院住宅。」（馮夷（即趙儷生）《混着血絲的回憶》）

作者後來在回憶當年清華的老師們時還說：「真正講出東西來的，找到了，是聞一多。……他也搞考據，搞訓詁，但他比所有的訓詁家都高明之處，是他在沉潛之餘，還有見解、有議論，這些議論對我們學生來說，啟發很大。於是，我們一下子就愛上聞先生了，大家爭着選修或旁聽他的課，聞先生一下子在清華園內走了紅。」

他又深懷敬佩地寫道：「晚年，我不知不覺回到『先秦文化史』上來。在聞先生死後若干年，又一次『受教』於他，感到他的研究實在太精湛了。可惜死得太早，若是活個大壽數，他會寫出驚動幾個世紀的東西來。我既然受教於他，我就得立志，以期無愧於稱作他的學生。」（以上摘自《趙儷生、高昭一夫婦回憶錄》）

## 新南院七十二號的「女神」

從一九三二年八月回清華，直到一九三七年暑期抗戰爆發，父親在清華園整整住了五年。這五年是他生活中最安定的時期，也是學術上收穫豐碩的時期。這豐收，無疑得自於他那蒼松般猛烈、西山般靜默的努力。但也和他有一個溫馨、幸福的家庭，有一個同樣「猛烈」而「靜默」努力着的賢內助密不可分。

在清華園住時，我們家已是一個大家庭了。一九三六年一月小妹聞翺出生後，家中人口增至七人。聽母親說，由於孩子多，懷上小妹時本是不打算要的，但後來父親又捨不得，他說：「萬一要是個女孩，不更好嗎？兩個女兒！」他就是喜歡女兒！後來果然如願時，高興得不得了。但孩子多，又都幼小，母親一人累不動，只得多僱人幫忙。當時除了請來趙媽帶我和三哥，請她丈夫趙秀亭擔任大司夫（即廚師，我們稱為大司夫），還請了吳媽專門照看小妹。另外，父親的手稿多，抄寫太費時，又請了一位叫戚煥章的先生來幫助謄抄。這樣，家裏的常住人口就有十一人之多了。加上父親有幾個侄兒在北平上學，時而回來或小住幾天，家裏平時的人總有十好幾口。

抗戰前，清華大學的教授待遇頗豐。父親每月工資三百四十元，後來又增至三百八十元。可是這麼大一個家，開銷自然也大。況且，當時除日常用度，每月還得給祖父、母及外祖母家寄去一些費用；還得周濟在法國留學的弟弟及在本市上學的侄兒們。父親一向熱心助人，不時還需一些額外的開支，用來接濟困難中的友人，如畫家唐亮等。這樣一來，經濟上就免不了常陷入捉襟見肘的境地。

聞一多（正中坐者）、夫人高孝貞（後排右一）、及三個兒子聞立鶴（二排左一）、聞立雕（右一）、聞立鵬（前排幼者）與聞家駟（後排立者）、聞立勳（左蹲者）合影。一九三五年攝於清華園新南院七十二號。

在這種境況下，要把這麼大一個家管理好，生活安排得舒適安逸，實在是一件非常不易的事。家中重大決策固然由夫婦共同商定，但全家日常生活——吃、穿、用及一切家務瑣細的操持調度，自然全都落在了主婦頭上。

母親為了使父親專心治學，全家人生

活安適，日日不厭其煩地料理着每一件「煩事」。還處處細心體察，對家人關愛備至。尤其對於日夜辛勞的父親，更加體貼入微。

父親回清華後，所授課程除唐詩，還上溯至先秦文學及古代神話。但作為一個詩人，「半路出家」講授古代文學，學生中最初不免有懷疑目光，有的甚至認為他是個詩人，教不了古典文學。這種懷疑父親當然能感覺得到。一段時期以來，他的心境本不大好，正如給饒孟侃信中所說，「在苦痛中」「獨自悶着」。數年來痛苦的記憶，以及青島時期的陰影一時尚難以揮去，眼前的情況又是一種刺激，他心中未免鬱積着一股火氣，在課堂上遇到不愉快情形時就會發脾氣。母親說，這時他在家裏也有脾氣。母親不大了解他的工作詳情，但能理解他的心情，從不和他吵嘴，總是儘量以自己的關愛來舒緩他的心境。

多年來，父親在工作時，就總喜歡母親伴在身旁，這已成為一種精神上的需求了。「他是真離不開我，工作時總要我陪着他。」母親說：「要我坐在他身邊，要什麼東西好叫我給他拿。工作時怕耽誤了時間，一分兩分的時間都是他最寶貴的。」「他裝訂稿子都是我給他訂的，也是他指導的。工作非常仔細，有一點不整齊就得拆了重訂。」

在清華園，母親雖然家務繁重，但並沒有忽略來到書房陪伴丈夫。她時常拿着針線活坐在他身邊，溫暖着他的心，也為他節省了不少寶貴的時間，幫了不少實在的忙。她不懂丈夫研究的那些學術內容，但卻是他最知心的助手。

由於長期伏案和熬夜，父親患了胃病，時常疼痛，飯量也很小，早餐只在牛奶中兑一點紅茶，最多加上兩片餅乾。母親十分心痛，為了給他調胃口，抓空便親自下廚，她說：「他就愛吃我炒的菜！」

父親休息時，也常拉上母親一起到院中修剪他鍾愛的竹子，到草坪上清除雜草。在那鋪滿庭院的青翠中，常能見到兩個親密的身影在興沖沖地忙碌，樂滋滋地欣賞勞動成果。母親回憶起那一刻，仍彷彿置身在那難忘的情景中：「他下課回家休息時，要我陪他去拔野草，把野草拔掉後，再用推子給草地理一次髮。看罷！綠油油的草地真美呀！就像兩塊地毯一樣！」

在這融注着濃濃親情的綠意中，父親的身心也得到了鬆弛和良好的調養。

清華離城較遠，進一趟城不易。城裏一些老字號，如瑞蚨祥等，時常帶着貨物進園來銷售。母親知道父親最不愛上街購物，也最不喜歡做衣服，便買來料子悄悄請人給他縫製。有一回，父親出門沒有合適的衣服好穿了，母親笑了：「哈哈！我這裏可是有一件！」說着拿出剛做好的一件綢夾袍來，肥瘦長短正合適！父親從未穿過綢料的長衫，穿在身上見人就說：「這是我太太給做的！」夾袍是古銅色的，色彩莊重典雅。母親說：「後來他步行去昆明，穿的就是這一件。」在昆明的那幾年，它更成了父親的主要服裝，穿得褪了色，還十分珍愛。父親遇難後，我記得，似乎把它也放進衣冠塚了。

以前在南京時，父親曾說母親是個神仙，他沒有開口她就知道他需要什麼。現在，新南院七十二號又成了一個愜意的安樂窩。父親從他的「女神」那裏，不僅得到了生活上的細心呵護，而且獲得了溫暖的精神滋養。正是沐浴在如此幸福舒心的環境中，他才得以專心致志地教書、治學，毫無後顧之憂地在古籍中暢遊！

當然，神仙也有自己的苦惱，母親為了丈夫，為了這個家盡心盡力，自己卻沒有時間再坐下來學習了。丈夫此時埋頭學術，爭分奪秒，她更不可能像以往那樣跟他學唐詩或英文。然而，對文化知識的求索，一直是她最大的心志，從來就沒有任何困難能阻擋這一執著的追求。這個時期抽不出大塊時間，她便在日常生活中點點滴滴積累。不僅自己如此，還幫助家中保姆這樣做。她從小深受封建禮教的戕害，從心裏深深同情和惜愛有同樣命運的婦女。當年帶小妹的吳媽在幾十年後還滿懷深情地對我們回憶說：「你媽可是個好人，人緣好啊！都喜歡她。」「我那時帶小妹，整天沒什麼事，你媽就教我認字，她說：『沒文化要吃虧的。一天認一個，一年還認得三百多個呢！』她還教我打毛衣，瞧！」她掀起外衣，露出裏面的毛衣：「這是我去年拆了又打起來的！」

吳媽當年才二十五歲，自從抗戰爆發，我們全家離開北平後，她便回到了老家寶坻縣的農村。一九九四年，得知她在寶坻，我們幾兄妹一起趕去看望她。世道滄桑，幾十年過去了，她已是八十多歲的老人，但一見面仍激動萬分，兩眼淚汪，抓住小妹的手不放。她女兒說，得知我們要

一九九四年與吳媽在其住宅院內合影。中坐者為吳媽。前排左一聞翺，左三聞名，後排左一聞立鵬，左二聞立雕。

去，好幾天前，她嘴裏就直唸叨：「這可是個規整人家，這可是個規整人家！」村支書和生產隊長告訴我們：「老人家可不一般，村裏像她這麼大年紀的老太太，沒人認得字，只有她老人家認字。」吳媽當時笑得合不攏嘴：「還是認得點字痛快啊！」

「一天認一個，一年還認得三百多個字呢！」母親自己就是這樣堅韌頑強地在知識階梯上攀援！這種執著，不僅在清華園，而且貫穿了她的一生。

對於母親求知的刻苦頑強和持家的勤儉辛勞，父親自然深有感受，他除了欣喜，只有滿心的疼愛。不過，此時他終日沉迷古籍，滿腦袋裝的都是古文字，甚至半夜裏正睡着，也會突然爬起來：「我又搞清了一個字！」而對身旁女人的內心感受，卻常有忽略不顧之時。

清華園裏常有一些社會活動，教授們大多攜夫人一起參加。父親卻不帶母親同去。母親後來對我們提起，還是很不快，她委屈地說：「你爸出去老是一個人，不帶我去。人家都說聞太太架子大，其實哪裏是我不願意去？」純樸的母親並不熱衷於社交活動，就是去了，也不一定能適應，她不是一個愛交際的人。或許父親就是這樣想的，也或許，剛從青島的漣漪中平靜下來的心，一時還不能適應一些敏感的場合。總之，父親沒能了解，母親所希求的不是那些活動，而是對她的尊重。他從未歧視過妻子，但在這一點上，當時卻體察得不深，傷了愛妻的心——一顆本就充滿「文化差距」之痛的心。

# 炮聲中離平

在清華園住的這一時期，正是中華民族危機日益嚴重之時。日本帝國主義在侵佔了我國東北後，又企圖進一步鯨吞我國華北。一九三三年初，日軍佔領了山海關及熱河省會承德，接着又控制了長城各口和冀東，嚴重威脅着平津。為達到控制華北的目的，一九三五年，日方又以武力相逼製造華北事變，策動華北五省脱離中央，實行自治。面對日寇的侵略擴張，蔣介石仍採取「先安內後攘外」政策，一再妥協退讓。十二月國民政府決定在北平設立冀察政務委員會，實際已把冀察置於中央管轄之外，華北危機已達到了頂點。真是華北之大已安放不下一張平靜的書桌了。

父親此時雖潛心學術研究，對政治活動不感興趣，但他的愛國熱情仍異常熾熱，面對日帝的瘋狂侵略、成片國土的淪喪，他滿腔激憤，積極參加教授會對時局的討論；為東北難民和受傷將士捐款；一九三三年應屆畢業班編紀念刊來約稿，當時正是前方將士在長城一帶艱苦搏鬥之時，他懷着一腔義憤寫了《敗》，以反諷投降妥協的筆調熱情歌頌了不怕失敗的戰鬥精神。第二年，又在自己參加主辦的《學文月刊》上率先刊登了紀念犧牲將士的《華北軍第五十九軍抗日戰死將士公墓碑》碑文。（胡適執筆）

但和當時大多數教授一樣，他對形勢還缺乏全面認識，還寄希望於蔣介石的國民政府。因此，當反日救國的「一二．九」運動爆發時，他一方面支持和讚賞同學們的愛國熱情，另一方面又擔心學生的安全，不主張採取示威遊行的方式。當時，我的堂兄聞立恕和表兄陳文鑒都在清華上學，另一位堂兄聞立勳在輔仁大學讀書。他們都積極參加了「一二．九」的上街遊行，身上也全被水龍頭澆濕了。父親出於愛護，事先就打電話去勸阻，事後還責備了他們。不過，儘管如此，當國民政府大肆逮捕愛國學生時，他仍不顧安危，在家中藏匿了被追捕的民先隊員學生。

和當時大多數知識分子一樣，他對「西安事變」蔣介石被扣也不理解。認為大敵當前這樣做是破壞統一，害了中國。他這時是把蔣介石視為中國統一的象徵和國家的代表的。

一九三七年暑期，叔叔聞家駟在輔仁大學謀得一教職，準備回武漢去接家眷。母親多時未回鄉，十分想念外祖母及家人，希望和他一起回去探望，也想就便帶上兩個大孩子讓家裏人看看。當時北平局勢已十分緊張，但父親考慮母親思家心切，想利用暑假機會來滿足她的心願，還是同意了。他說：「住兩個星期就回來吧，北平家也離不開你。」接着又深情地望着她，笑着補充了一句：「我也離不開你，三個小的也離不開你！」

母親動身時，外面已傳言要掛日本旗了，城門也時開時關。大家心裏都有些不安。但立勳二哥在城裏打聽，說沒什麼。父親送母親進城時，也打聽了一下，都說是謠言，沒什麼事。父親長期埋頭書齋，對全面局勢缺乏了解，和當時許多人一樣，他以為戰爭不會打起來，還對母親說：「過去中日衝突都是五分鐘的熱度。」儘管如此，他心裏畢竟有些不安，送母親上車時，又再一次叮嚀早點回來。

父親對形勢的估計顯然是錯誤的。母親剛離京，「盧溝橋事變」就爆發了。清華園氣氛萬分緊張，人們紛紛議論時局的走向。有些人已開始作搬遷的準備了，還有的人則急急把家裏的東西先搬進城裏。父親一人獨自面對國家危難以及主婦缺席的一個偌大家庭，心裏萬分焦慮。

遠在武漢的母親，從報上見到事變的消息，更是心急如焚：「平漢線已不通車，我又回不了北平，丟下他和三個小孩在北平怎麼辦呢？」她說：「我最擔心的是怕他不想離開清華，我知道他的性格，看起書來一心就在寫作上，你不催他，他不動！」她急得一封封電報打去，催他趕快帶着孩子們回武漢。當聽說城門已關閉，形勢已火燒眉毛時，更是坐立不安：「你等城門開放時就走！東西拿不出來不要拿，人先進城，你再不走，被困在城外，一旦日本人佔領了清華，怎麼辦呢？」

為了讓父親下決心，她又讓他和趙秀亭夫婦商量，能否請大司夫暫時照看一下七十二號的財務書籍，請趙媽暫隨着一起赴武漢。這樣路上可幫助照看小妹，也多一人手幫忙。當時大家都以為戰事可在短期內結束，不久即可返回北平。趙秀亭夫婦無子女，又多年在我們家幫工，也都同意了如此安排。

最了解父親的莫過於母親了，父親這時果如她所說，正處在兩難之中。他心中有多少工作想在清華園裏完成啊，特別是從這年暑假開始，他剛剛獲得一年的休假[1]，原想利用這一年時間徹底完成學術研究計劃中工程浩大的《詩經詞典》，學校也派給了他一位助手。不想盧溝橋的炮聲打斷了他的計劃。他望着滿室的圖書真割捨不掉啊！吳媽後來對我們說：「他就是特別愛書，滿屋子的書，都是好書啊！他不肯走，說是捨不得這些書啊！」

父親仍期盼着「最好時局能好轉」，母親短期內能回北平。但身邊響起的陣陣炮聲和飛機聲，

1　清華規定工作滿五年可休假一年。

又逼得他不得不做走的打算。可是一個男人帶着三個幼兒和一個保姆上路，他又幾乎不敢想像。走還是不走？此時此刻，他是多麼思念日夜相依的愛妻！懷着紛亂不定的心情和對母親的強烈思念，他連連不斷地給她去信。

十五日，在燈下對她傾訴道：

貞：如果你們未走，縱然危險，大家在一起，我也心安。現在時常想着你在掛念我們，我也不安了。……這一星期內，可真難為了我！在家裏做老爺，又做太太，做父親，還要做母親。小弟閉口不言，只時來我身邊親親，大妹就毫不客氣，心直口快，小小妹到夜裏就發脾氣，你知道她心裏有事，只口不會說罷了！家裏既然如此，再加上耳邊時來一陣炮聲、飛機聲，提醒你多少你不敢想的事，令你做文章沒有心思，看書也沒有心思，拔草也沒有心思，只好滿處找人打聽消息，結果你一嘴、我一嘴，好消息和壞消息抵消了，等於沒有打聽。夠了，我的牢騷發完了，只盼望平漢一通車，你們就上車，叫我好早些卸下做母親的責任。你不曉得男人做起母親來，比女人的心還要軟。

第二天，又禁不住大敞心扉，掏出自己那顆詩人滾燙的心，傾吐着火樣的情思：

親愛的妻：這時他們都出去了，我一人在屋裏，靜極了，靜極了，我在想你，我親愛的妻。我不曉得我是這樣無用的人，你一去了，我就如同落了魂一樣。我什麼也不能做，前回我罵一個學生為戀愛問題讀書不努力，今天才知道我自己也一樣。這幾天憂國憂家，然而心裏最不快的，是你不在我身邊。親愛的，我不怕死，只要我倆死在一起。我的心肝，我親愛的妹妹，你在哪裏？從此我再不放你離開我一天，我的肉、我的心肝！你一哥在想你，想得要死！親愛的：午睡醒來，我又在想你。時局確乎要平靖下來，我現在一心一意盼望你回來，我的心這時安靜了好多。

十六日

輾轉一夜清晨醒來，獨自來到庭院，對着滿目青翠，思念之情愈深，又在信尾繼續着那道不完的情：

妹：今天早晨起來拔了半天草，心裏想到等你回來看着高興。荷花也打了苞，大概也要等你回來開，一切都是為你。

十七日早

給母親的信自然不僅這兩封，這只是珍存下來的兩封。在國和家的患難中，他似乎是第一次體驗到了愛情的「魔力」，體驗到了與心上人離別的滋味。他從未像此刻這樣，深深感到倆人已成為一體，互為依存，不可分離。而一貫享受妻子清福的他，在兼任起妻和母的角色時，也親身體驗到了為妻為母的不易，真真切切地感到了女性的崇高和偉大。如果説過去對於妻子的付出他是心安理得地享受，那麼從現在開始，恐怕不會再「心安理得」了，他體味到了這付出背後的艱辛，也體察到了付出者內心的苦與樂。也就在這重重感受之中，對她的愛無形中昇華到了一個更新、更濃的高度！

在隆隆的炮聲中，父親最終做出了走的決定。七月十九日，他帶着三個幼兒和趙媽離開了清華園，離開了他心愛的滿室圖書。主婦不在家，匆匆之間，除了自己急需的一些書籍，只帶了一點簡單的衣物。在車站碰見了臧克家，他問老師的那些書呢？父親心酸地説：「只帶了一點重要的稿件。國家的土地大片地丢失，幾本破書算了什麼？」

由於平漢路中斷，只得趕赴天津，繞道津浦路至南京，再由南京轉輪船回武漢。

他們動身時，情勢已非常緊急，城門已關閉。有時只開半扇門，而且僅限數小時。每當城門開啟，人們便潮水般湧向門洞。父親拖兒帶女，最小的孩子才一歲多，還得趙媽抱在手上，幸好有大二哥來送行。但要擠進城門，不傷孩子，只好少帶東西，有些書、手稿、衣物都無法拿了。到了火車站，又是人山人海，賣票窗前一隻隻高舉的手臂，一聲聲「買票！買票！」的叫喊，人人都在爭先恐後，向前拚擠。父親好不容易買到票，拉上兩個孩子奮力登上了車，又急忙擠到車窗前去接過由大二哥從窗口塞進來的小妹，孩子哇哇地哭着，鞋和襪子全擠掉了。

這驚心動魄的逃難經歷，是父親到武漢後親口對母親講述的。母親聽着，心裏慶倖他們能平安抵達，但又感到十分難過。

「我最痛心的是他的手稿。他日夜辛勞用心血寫成的稿子，完全丢掉了！」她後來對我們説：「現在想起來心裏還非常難過，後悔我當時不該走，我要是在北平，見形勢緊張，學校教職員他們都離開了清華園，連人帶東西都搬進了城。我會告訴他，催他早點離開清華，也許他的書和手稿可以多少搬點出來吧！」

至於首飾衣物，母親說她要是在北平，也會早些清理好，多帶些出來。她尤其難受的是後來在昆明，教授們經濟困難時，別人家都變賣帶出來的衣物以補貼生活，而我們家則空無所有。為了糊口，父親還把他僅有的那件身上穿的狐皮大衣送進了當舖，自己卻因此而凍病了一場！

父親離開清華園不久，北平就淪陷了。日軍數千人佔領了清華，幽美的校園成了日寇的傷兵醫院，教職員宿舍也都變成了侵略軍的兵營。聽母親說，新南院最先被劃出一半給日本人，正好我們的房子劃給了日方。父親的書籍、手稿，家裏的財物除由趙秀亭搶着寄出一小部分，全都損失殆盡。潘光旦夫人後來告訴母親，她聽留守清華的畢正先先生說，還看見我們家的冰箱被扔在了外面。

## 戰亂中的別離

北平淪陷後，清華大學奉國民政府命與北京大學及南開大學在湖南長沙合組國立長沙臨時大學。開課日期定於十一月一日。十月，父親接到學校來函，請其暫緩休假一年，於是立即收拾行裝趕赴長沙。

由於校舍不夠，文學院暫時設在南嶽一所聖經學校內，這裏距長沙有百餘公里。

戰爭爆發以來，物質條件已大不如前，無論長沙還是南嶽，食堂飯菜都較清苦，比起清華園的優越生活，落差很大。但父親覺得苦雖苦，「這樣過着國難的日子於良心甚安」。（一九三七年十月二十六日《致高孝貞信》）

聖經學校坐落在衡山的山腰上，環境清幽，「腳下是南嶽鎮，後面往山裏走，便是那探不完的名勝」。（聞一多《八年的回憶與感想》）在這仙境似的地方，報紙要隔兩三天才能看到。父親後來回憶說：「真有恍如隔世之感。」教授們在這「世外桃源」裏，生活又逐漸安定下來。上課之外，各自擺開滿桌的書，繼續自己的學術工作。父親每日入夜，「自燃一燈置其座位前」，「勤讀《詩經》《楚辭》；遇新見解，分撰成篇，一人在燈下默坐撰寫」。（錢穆《師友雜憶》）

大家仍如戰前一樣認真備課、講課。父親信中告訴母親：「這次所開兩門功課，聽講的人數甚多，似乎是此間最大的班，我講得也很起勁。可惜大局不定，學生不能安心聽受耳。」

教授們有機會身臨「秀冠五嶽」之地，工作之餘自然都忘不了去逛山，盡情享受這中華五大名山之一的永恆秀美與清逸。父親是詩人，眼前的勝景更撩動着他的心，也不斷激起他思念親人、渴望與他們共賞的激情。孩子們都還小，最大的才十歲，但他仍禁不住給他們作了散文詩一般的描述：

> 鶴、雕、鵬、名：我們現在住的房子，曾經蔣委員長住過，但這房子並不好，冬天尤其不好。這窗子外面有兩扇窗門，是木板做的，颳起風來，劈劈啪啪打的響聲很大，打一下，樓板就震動一下，天花板的泥土隨着往下掉一塊。假使夜間你們住在這樣一間

房裏，而且房裏是點着煤油燈，你們怕不怕？這就是現在我所住的房子。但是這裏風景卻好極了。最有趣的是前天下大雨，我們站在陽台上，望着望着一朵雲彩在我們對面，越來越近，一會兒從我們身邊飄過去，鑽進窗子到屋子裏去了。中國古時，管五座大山叫五嶽，中嶽嵩山在河南，東嶽泰山在山東，北嶽恆山在河北，西嶽華山在陝西，南嶽衡山在湖南，就是我現在所住的這地方。古人說游山若遊遍五嶽，便足以自豪。我從前遊過泰山，現在又住在衡山上，五嶽中總算遊了兩嶽。

十一月八日父字

這封信，鶴、雕兩人看得懂嗎？如果你們喜歡這樣的信，以後我可以常常這樣寫。可是這些信，你們要好好的保存。

這次戰亂中離家，父親分外想念親人，上封信中他曾說：「小小妹[1]未取名，可名叫『湘』，以紀念我這次離開，特別想念她。」若是一歲半的小小妹能聽懂，他這會兒一定也要給她講講這座大山的故事呢。

然而日寇侵略不斷擴大。繼平、津被佔領後，上海又失守。一九三七年十二月南京淪陷，武漢日漸危急，長沙遭到的轟炸也日益加劇。學校幾經考慮，決定再西遷至遠離前線的雲南昆明。

1　小小妹即小妹，以後取名為聞翺。

此時由於形勢緊張，母親已返回鄉里。父親擔心此去路途遙遠，回家不易，一月初，趁文學院遷回長沙之際，急忙請了探親假，趕回浠水老家。

途中在武漢羈留時，老友顧毓琇來訪。他剛從學校被徵調到漢口國民政府教育部擔任次長，正籌組戰時教育問題研究委員會（這是最高當局的諮詢機構），此時特來邀請父親共事。但父親謝絕了。據當時與父親同住磨石街宅院的立勳二哥回憶說：「顧毓琇來找他，他不願意去，後來，又找他到揚子江飯店，是漢口當時第一流的飯店，請了好多清華老同學吃飯、洗澡，談了一個晚上。一叔後來說：『我被包圍了一個晚上，還是沒答應。』」

回浠水後，父親給顧毓琇去信誠摯地解釋說：

承囑之事，盛意可感。惟是弟之所知，僅國學中某一部分，茲事體大，萬難勝任。且累年所蓄著述之志，恨不得早日實現。近甫得機會，恐稍縱即逝，將使半生勤勞，一無所成，亦可惜也。老友中唯我輩數人，不甘自棄，時以事業相砥礪，弟個人得兄之鼓勵尤多，每用自慶。但我輩作事，亦不必聚在一處，苟各自努力，認清方向，邁進不已，要當殊途同歸也。

「七七事變」後，全家人在武昌家門前合影。

對於父親這一決定，母親心中是不快的。她明白，他是做學問的人，迷戀自己的學術事業。但這是戰爭時期，若能應了顧毓琇之邀，可留在武漢。一家人在兵荒馬亂之中也能相互有個照應。去昆明現在自然不可能帶家眷，而那裏地處邊疆，隔山跨水，遠隔數千里，寫信只怕也得好久才能收到；至於相見，更不知要等到何年何月。此外，她還有一樁沉重的心事——老家雖好，叔伯妯娌之間相處也很和睦，但家裏那森嚴的綱常禮法，實在難以忍受。現在自己剛從武漢回來，就已被緊緊束縛住了。就在前幾天還有過這樣一件事，趙媽抱着小妹到大門外去玩耍，被祖父撞見了，當時就被趕回了屋裏！老人沉着臉跟在屁股後面直催：「快回去，快回去！」進了屋又滿臉怒氣地趕過來責問母親：「你怎麼讓她抱着孩子出去?!」在他看來，那是男人的天下。一個女人，何況還是個「下人」，抱着一個女丫兒到處溜達成何體統？

在這個「天下」不僅行動受限，就是經濟上也沒有自由，她曾有過這方面的痛苦感受。當年丈夫在上海、南京等地，每月寄回來的生活費用，就都被扣留「代管」了。她獨自帶着幾個孩子，手中卻無分文可調度！她也曾被逼得「反抗」過，曾想出一個辦法，讓丈夫把錢寄到武漢的家婆家去中轉。但誰知有一次他給她和雙親分別寄款的匯單郵差一齊拿在了手裏，正巧被祖父看見！結果倒惹來一場「風暴」——一個女人怎麼可以掌握經濟大權！風暴過後，一切仍如既往，她仍被緊緊困在鐵鏈中！

想到今後丈夫遠在邊陲，自己將獨自帶着五個孩子在這樊籬中度日，不知何時才是個頭，一顆心就如同被壓上了千斤重石，透不過氣來。

父親深知母親的苦衷，他也不願離開家，也想和她一起分擔困難和憂愁，但又實在不能捨棄自己的事業和志向，而且，他一向厭惡官場，不願為官，也的確不是做官的人。在家的十多天，他只能不斷地説服和撫慰愛妻。

此次回鄉假期很短，卻恰值陰曆年底。一心盼望時光慢流的母親多麼期望丈夫能在家過個團圓年！然而時間緊迫，父親不得不在年前匆匆與家人作別，離開親愛的故鄉。

這是一次不同尋常的戰時離別，雙方心中都擁塞着萬千滋味。父親剛到武漢，就給母親寫來一短信，開頭便説：

> 貞：此次不就教育部事，恐又與你意見（不合），我們男人的事業心重，往往如此，你得原諒。……

回長沙後，他日夜盼望家信，卻一直不見隻字資訊。他明白，妻還在委屈生氣，心中不覺萬分難過。赴滇前夕，懷着滿腔苦楚又給她長長地寫了一封信，對她傾訴道：

> 貞：……你或者怪了我沒有就漢口的事。但是我一生不願做官，也實在不是做官的人，你不應勉強一個人做他不能做不願做的事。我不知道這封信寫給你，有用沒有。如果你真是不能回心轉意，我又有什麼辦法？兒女們又小，他們不懂，我有苦向誰訴去？那天動身的時候，他們都睡着了，我想如果不叫醒他們，説我走了，恐怕第二天他們起來，不看見我，心裏失望，所以就把他們一個個叫醒，跟他説我走了，叫他再睡。但是

叫到小弟，話沒有說完，喉嚨管硬了，說不出來，所以大妹我沒有叫，實在是不能叫。本來還想囑咐趙媽幾句，索性也不說了。我到母親那裏去的時候，不記得說了些什麼話，我難過極了。出了一生的門，現在更不是小孩子，然而一上轎子，我就哭了。母親這大年紀，披着衣裳坐在床邊，父親和駟弟半夜三更送我出大門，那時你不知道是在睡覺呢還是生氣。現在這樣久了，自己沒有一封信來，也沒有叫鶴、雛隨便畫幾個字來。我也常想到，四十歲的人，何以這樣心軟。但是出門的人盼望家信，你能說是過分嗎？到昆明須四十餘日，那麼這四十餘日中是無法接到你的信的。如果你馬上就發信到昆明，那樣我一到昆明，就可以看到你的信。不然，你就當我已經死了，以後也永遠不必寫信來。

別離的那一刻，母親的確沒有起來送別。眼前的現實她一時接受不了，也改變不了。一肚子苦水同樣也沒有地方可訴，只能獨自悶在被窩裏賭氣，暗自吞咽着淚水，忍受那萬千滋味狠狠咬噬自己的心！

這滿腹苦楚與悶氣好長時間也消散不了，父親如何能盼得來書信呢？戰火中的別離是如此沉重，雙方的心一時都無法平復。

# 三千里步行

懷着沉重、鬱悶與期待的心情，父親踏上了遠赴昆明的長征路。

臨大遷滇，路線有三條：一是由粵漢鐵路取道香港，轉海防入滇；二是乘汽車經桂林赴滇；三是步行經貴陽入滇（這一路主要由身體健好的男同學組成）。父親幾經考慮，決定同學生一起步行。這樣「一則可得經驗，二則可以省錢」。當時教職工的薪水由於戰爭關係已開始拖欠了。

步行人員共三百二十餘人，組成了湘黔滇旅行團，實行軍事管理。湖南省政府派了一位師長黃師岳中將來擔任團長。隨團的十一位教師則組成輔導團，由黃鈺生教授領導。團中教授除父親，還有曾昭倫、李繼侗、袁復禮。

旅行團一九三八年二月二十日啟程，一路上，這群常年在學校、書齋中生活的知識分子備嚐辛苦。尤其是進入貴州境內，崇山峻嶺，道路崎嶇，

旅行團全體教師合影。中坐者為聞一多。

加上天時多雨，遍地泥濘，跋涉相當艱難。至於途中的飲食起居，父親在開始步行時給雙親的信中就說：「至投宿經驗，尤為別致……在農舍地上鋪稻草過宿，往往與雞鴨犬豕同堂而臥。」（《致雙親大人》）

這是抗戰中的遷徙，行軍雖艱難，大家的精神狀態卻很好：一路上常常唱起《義勇軍進行曲》《遊擊隊隊歌》《打長江》等歌曲。上世紀八十年代，我和克私去天津看望黃鈺生先生時，他對我們憶起當年，還沉浸在那種氣氛中，情不自禁地唱了起來：

你喲你打樁啊！
我喲我拉繩哪！
我們不靠天哪，
我們不求神。
只靠大家一條心哪！
只靠大家一條心。
……

《打長江》田漢詞．聶耳曲

樹下歇息。席地者為聞一多。

險渡盤江。船上前面第三人為聞一多。

旅行團雖說是軍事編制，但考慮到路途遙遠，又是一群知識分子，並沒有硬性規定隊形，啟程不久，便「只不准超前，落伍者聽便」，由着大家三五成群自由掌握。這樣，一路上大家得以飽覽大西南的壯麗風光。湘西的青山綠水，貴州的險峰峻嶺，滇境的藍天綠野，還有沿途無數的名勝古跡……祖國山河的壯闊和美麗深深震撼着師生們的心。休息時，大家常常不顧疲勞跑去名勝景點觀賞。父親也擺脫了先前的鬱悶心情，為眼前的勝景激動不已。詩人總是敏感的，有時一塊石頭的形象也會引起他極大興趣。在貴陽西參觀野中洞時，他由衷地驚歎道：「在這樣好景觀面前，我發現了文字的無力！」（林宗基《湘黔滇旅行團》，載張寄謙編《中國教育史上的一次創舉——西南聯合大學湘黔滇旅行團紀實》）

聞一多在途中重新拿起畫筆。

也許是感到文字的無力，又迫不及待想去捕捉這大自然的美，他不由地提起了畫筆。多年不作畫，這時卻畫興大發，沿途作了許多寫生畫。大自然的鬼斧神工，人間創造的各式美，如建築、裝束等等，都不斷地給他以驚喜，激發着他創作的衝動。光是三月二十三日至二十九日這一周就畫了十六幅速寫，而三月二十三日這一天只飛雲崖速寫就畫了三幅。在後來到達昆明後給母親的信中，他興奮地這樣談到：「至於沿途所看到的風景之美麗、奇險，各種的花木鳥獸，各種樣式的房屋器具和各種裝束的人，真是叫我從何說起！途中作日記的人甚多，我卻一個字還沒有寫。十幾年沒畫圖畫，這回卻又打動了興趣，畫了五十幾張寫生畫。打算將來作一篇序，敘述全程的印象，一起印出來作一紀念。畫集印出後，我一定先給你們寄回幾本。」

可惜畫集後來沒有印出，速寫如今也只保存下來三十六幅。但從中可以看出作者藝術造型的功力。它們「以線造型，輔以光影，既有西方藝術的透視結構的嚴謹，又有中國藝術的點線穿插，大寫意抒發的意味和對境界的追求。藝術寫生的功力已到了爐火純青的境界。」（聞立鵬《追尋至美．聞一多的美術》）

從這些畫中同時也能深深感受到父親面對祖國大好河山時的興奮心情和他那熱烈的愛國情懷。

沿途的民俗文化、歌謠、神話傳説等也都引起父親極大興趣。早先他就曾在《詩經》課上説：「有價值的詩歌，不一定在書本裏，很多是在人民的口裏，希望大家到民間找去！」途中他不僅指導學生劉兆吉採集民歌，而且自己也從民間的原生文化中汲取着營養，豐富了學識。據馬學良回憶：「記得在湘西的一個苗寨，我們發現路旁一座與漢族相似的土地廟中，有一個人首蛇身的神像。石像造型優美，栩栩如生。聞先生見到後，久久在石像前徘徊，他神采飛揚，興奮不已。……他説，多年來，他曾從各種古籍中查稽到一些古老的神話傳説，但從未得到過實物的佐證。想不到，如今居然從眼前這座苗族石雕中找到了真實的印證。」（《記聞一多先生在湘西二三事》，載張寄謙編《中國教育史上的一次創舉——西南聯合大學湘黔滇旅行團紀實》）

行程中師生們在驚歎祖國大自然美的同時，也親眼目睹了這美麗山河間底層人民的疾苦。尤

速寫：鏈子橋

速寫：金鳳山

其在貴州地區，生存條件貧窮落後，鴉片之毒又遍地蔓延，人民生活極端貧苦。父親後來告訴母親，他們見到過十六七歲的大姑娘無衣可穿，只能用芭蕉葉圍着下身；還有的女孩子衣不蔽體，見他們去便趕緊躲到了柴堆後！沿途他們還親耳聽到地方官吏的黑暗腐敗狀況，也聽到了百姓對紅軍愛民事跡的「口碑」。這一切，使多年在書齋中生活的知識分子除了對錦繡河山的驚喜讚歎，也多了一份沉重的思考和一份社會責任感。這些見聞和感受對父親日後的思想轉變無疑有着不可忽視的影響。

隨着行軍里程的增加，離目的地越來越近，而離戰火中的家卻越來越遠了。遠行人對親人的思念哪能不越來越重呢？父親在出發不久給祖父的信中就流露出「離家愈遠，繫念愈切」。到貴陽後，聽說昆明校舍不敷，文法二院要設在蒙自，心裏更有一種說不出的滋味，在信中寫道：

> 蒙自距昆明鐵道一日路程，地近安南，此行本如投荒，今則愈投愈遠矣。（《致雙親信》一九三八年四月二日）

沿途能寄信的機會不多，更不可能收到家信，他只有在心裏盼望親人平安、健康；幻想着到昆明後能一眼見到他們的來信，特別是妻子的筆跡。這一路他始終在惦念着她和孩子們，他們生活得如何？她轉過彎子來原諒他了嗎？臨別時的情景還時時在腦中浮現，正如後來抵昆時他在信中對她說的：「路上做夢總是和你吵嘴，不知道這夢要做到何年何月為止！」

親人們的身影一路縈繞在心間，不過，有沿途的體驗與想像不到的趣味，加上與同學們相處「童心復萌」，他已徹底擺脱了出發時的鬱悶和沉重，心境一直很好。黃鈺生先生後來告訴我們，他走得很快，和他的兩個助教邊走邊互相背唐詩。一路談笑風生，還常幽默地和人打趣。有一次，到了一個大城市，黃先生戴上領帶照相，父親在一旁笑他：「黃子堅就是這麼布爾喬亞！」黃先生立即回了一句：「你也不普羅！」倆人當即相對大笑。

步行的同學不少人也都記得父親那談吐風趣、妙語連篇的風采。有的同學還記得在旅行團抵達昆明前一天舉行的文藝晚會上，父親取途中趣事即興編成的「七絕」：「其中『倪副官玉體演捉放（兇絕），許駿齋凝視諸葛洞（憨絕），曾叔偉白吃五碗酒，又夜唱松花江』兩絕都很有趣。」（楊式德《湘黔滇旅行日記》，載《中國教育史上的一次創舉》）徐長齡同學在回憶中也這樣說：「一多先生即興抓了團內兩件事編了一段單口相聲，題目是『倪會計玉體（裸）演捉放，曾教授高歌松花江』。一多先生惟妙惟肖的演技和高超的幽默感，使全場同學無不捧腹喝彩。」（《徐長齡來信》，載《中國教育史上的一次創舉》）

父親本是個風趣幽默的人。他的幽默感甚至體現在學術研究上。朱自清在談到他的學術成就時就曾說：「他是有幽默感的人；他的認識古代，有時也靠着這種幽默感。看《匡齋説詩》裏《狼跋》一篇，便知道他能夠體會到別人從不曾體會到的古人的幽默感。」（《中國學術的大損失——悼聞一多先生》）這次三千里長征，大概也是他幽默感的一次充分展示吧！

經過六十九天三千餘里的艱苦行程，四月二十八日旅行團終於抵達了目的地——昆明，這兒等着父親的果然有妻的手筆和孩子們的信！兩個多月長途跋涉的疲勞一掃而光，他立即給妻寫了一封長信，報告一路上的體會與收穫，得意地說：

……全團師生及伙夫共三百餘人，中途因病或職務關係退出團體，先行搭車到昆明者四十餘人，我不在其中。教授五人中有二人中途退出，黃子堅因職務關係先到昆明，途中並時時坐車，袁希淵則因走不動，也坐了許多次的車，始終步行者只有李繼侗、曾昭倫和我三人而已。我們到了昆明後，自然人人驚訝並表示欽佩。楊今甫在長沙時曾對人說：「一多加入旅行團，應該帶一具棺材走。」這次我到昆明，見到今甫，就對他說：「假使這次我真帶了棺材，現在就可以送給你了。」於是彼此大笑一場。途中許多人因些小毛病常常找醫生，吃藥，我也一次沒有。現在我可以很高興的告訴你，我的身體實在不壞，經過了這次鍛煉以後，自然是更好了。現在是滿面紅光，能吃能睡，走起路來，舉步如飛，更不必說了。途中苦雖苦，但並不像當初所想像的那樣苦。第一，沿途東西便宜，每人每天四毛錢的伙食，能吃得很好。打地鋪睡覺，走累了之後也一樣睡着，臭蟲、革（虼）蚤、虱實在不少，但我不很怕。一天走六十里路不算麼事，若過了六十里，有時八九十里，有時甚至多到一百里，那就不免叫苦了，但是也居然走到了。

長途跋涉中，聞一多與李繼侗都蓄起鬍鬚，相約抗戰不勝利不剃鬚。

他還告訴母親途中畫興大發，連續作畫的情況。接着幽默又神秘地說：「還有一件東西，不久你就會見到，那就是我旅行時的相片。你將來不要笑，因為我已經長了一副極漂亮的鬍鬚。這次臨大搬到昆明，搬出好幾個鬍子，但大家都說只我與馮芝生的最美。」

從來沒有哪封信像這封信一般使母親如此高興和欣慰！兩個多月來，分別時那股怨氣早已被惦念所取代，她只日夜牽掛着他的健康與平安。在這戰火彌漫，中華大地橫遭日寇踐踏之時，丈夫他們雖是往大後方去，但要長途步行，要經過土匪頻繁出沒的湘西山區，還要穿越「天無三日晴，地無三尺平，人無三分銀」的貴州地區，他的身體受得了嗎？一路上都平安嗎？她這顆心沒有一天不在高懸着。現在，總算是踏實下來了。她反覆讀着信，和他一同體驗沿途的艱苦，一同為他的「豐收」而喜悅，也不斷想像着他「滿面紅光，能吃能睡，走起路來，舉步如飛」的樣子。不過，想到那長出一副鬍鬚的模樣，不需等將來見面，此刻她已忍不住暗暗發笑了。

## 遠方的思念和艱險逃難

旅行團抵達昆明時，學校已改名為國立西南聯合大學。由於校舍不夠，文、法學院暫設在四百里外的蒙自。蒙自靠近中越邊界，舊日曾闢為商埠，設有海關。市內還留有大片外國人的樓房。校舍就是租用的這些房子。父親和一部分教授住在希臘人建的歌臚士洋行三層樓上。

自法國人修建滇越鐵路以來，蒙自便失去了其經濟地理上的優越性，商業也日漸蕭條。父親剛去時，不少文化用品都買不着。但這裏環境寧靜，民風淳樸。學校附近的南湖更是景色幽美。父親後來回憶說，這「又是一個世外桃源」。（《八年的回憶與感想》）

離開硝煙彌漫的戰區，跋山涉水三千里來到了這樣一個世外桃源，大家都深感這種清靜的可貴，人人如飢似渴，抓緊時間治學。父親連飯後散步的時間都捨不得付出，由此還得了一個雅號「何妨一下樓主人」。鄭天挺先生曾生動地回憶說：「我和聞一多是鄰居，他非常用功，除上課外從不出門。飯後大家都去散步，聞總不去。我勸他說，何妨一下樓呢？大家都笑了起來，於是成了聞的一個典故，也是一個雅號，即『何妨一下樓主人』。」（《滇行記》）

抗戰以來，戰事一直不利，國土大片淪喪。身居「世外桃源」，思想卻無法平靜。前方戰局，國家命運，身陷戰區的親人們的安危以及如何才能與家人團聚等等都成了每個人心中的重負。

父親對抗戰前途向抱樂觀態度，他在給一位同學的信中說：「素性積極，對國家命運只抱樂觀，前方一時之挫折，不足使我氣沮，因而坐廢其學問上之努力也。」（《給秉新同學信》）但時局嚴重，戰區裏家人的狀況及安危仍令他焦慮

聞一多在蒙自住的歌臚士洋行。在這裏他潛心學術研究，得「何妨一下樓主人」雅號。

不安。

武漢作為當時抗日戰爭的中樞，一直是日軍進攻的目標。學校遷移以來，形勢日益危急，浠水鄉下也並不安全。父親本有心等學校宿舍建好後接母親來滇。但五月中旬，徐州失陷，戰事越發吃緊。父親深知，祖父母年事已高，此時尤需照料。母親如仍留家中，一家七口依附於誰都將成為其一大繫累，必須馬上把他們接出來。但自己遠在邊陲，課程結束前不可能離校，老家中的人自顧不暇也無人可護送。他苦苦思索，想了好幾個辦法，卻都無法實現。不禁心急如焚，寢食難安。

當時，南來的教授眷屬已日多一日。想到母親被困戰區，獨自帶着五個幼兒面對這緊張、嚴重的局勢，心中不覺十分後悔。他去信說：「這幾天戰事消息不好，武漢不免受影響，鄉里情形如何，頗令人擔心。萬一有移動的必要，你們母子一窠實是家中之大累，想至此，只悔當初未能下決心帶你們出來。」（一九三八年五月二十六日）

六月中，日軍對武漢發起了籌劃已久的攻勢，形勢迫在眉睫不容拖延，但辦法想盡又都實現不了。父親一籌莫展，如坐針氈。無奈只得對祖父母掬淚陳詞：

鶴等前次未隨男來滇，致今日為一大繫累，使大人分心，男自認無識，死罪死罪。然事已至此，無可如何，萬一彼等無人護送，全家復決定遷移，仍祈在可能範圍內附屬任何部分，暫避至一較安全地帶。一俟男功課結束，即當歸來接至雲南，決不至久為繫累也。男本不敢存此非望，固在另函中未提及此層，然倘蒙大人主張，並諸兄弟念及半世骨肉之情，使男室家免於離散或死亡，則感恩戴德，沒齒不忘矣。掬淚陳詞，倘有語涉質真，然決無絲毫意氣存其間，諸兄弟見此，幸勿誤會也。（六月十三日夜）

當夜又給妻寫道：

貞：這回是我錯了，沒有帶你們出來。我只有慚愧，太對不住你們。

在絞盡腦汁又擬出幾條希望渺茫的辦法後，他甚至祈禱上蒼保佑：

無論如何暑假中我定親自回來接你們，什麼危險也管不着。……萬一你們暫時走不動，也不要害怕，我一生未做虧心事，並且說起來還算得一個厚道人，天會保佑你們！

大概是父親的真情果然感動了上蒼。正當他焦慮萬狀時，最理想的一個解決方案——聯大聘任叔叔聞家駟的事落實了。北平淪陷後，叔叔也離開輔仁大學回到老家。父親十分關心他的前途，一直在為他爭取西南聯大的教職。他多麼希望此事能成功，這樣母親也便可與他一同來滇了。現在這個兩全其美的最佳方案終於能實現了！

不過，母親一天沒有離開武漢，他的心還是一天不能安定下來。那裏是炮火紛飛的戰區啊！

他天天盼望着她報平安的筆跡，恨不得能馬上見到她的面：

你答應我每星期有一封信來，雖說忙於動身，也不應連寫信的功夫都沒有。在你沒來到以前，信還是要寫的。天氣熱，怕你生病或孩子病了，不得你的信，我如何不着急呢？

又說：

前些時，為你們着急，過的不是日子。兩個星期沒有你的信，心裏不免疑神疑鬼。今天大舅信來，稍稍放心了。但未看見你的筆跡，還是不痛快，你明白嗎？……（六月二十七日信）

不等她的回信，三天後就又寫去一信：

現在計劃已經大致決定，我想你心裏可以高興點，只再等一個月，我們就可見面，這次你來了，以後我當然決不再離開你，無論如何，我決不再離開你一步。我想，你也是這樣想吧？（七月一日）

七月中旬，母親終於帶着一家大小離開武漢，踏上了赴滇的行程。父親的心也緊緊伴隨着登上了這艱苦之旅。

母親入滇的路線，就是先前父親自己步行的路線。雖說是乘坐汽車，但沿途的艱辛仍能體會得到。當初在步行途中師生們也常遇到逃難的汽車，那情形是十分艱險的。想到她拖兒帶女，最小的才一歲多，千辛萬苦日夜顛簸，他的心就疼。沿途無法通信，他幾乎是掰着指頭在計算日期，等不及母親到達，就先往貴陽給她去了一信，那裏有清華同窗聶鴻逵，他已事先拜託幫助照顧。

> 貞：武漢轟炸兩次，心裏着急，不知你們離開武漢否，接到你們初到長沙的電報才放心，後來見報長沙也被轟炸，又急了好幾天，直到前天二次電報來了，才知道全體動身，更是感天謝地。現在只希望路上不致多耽擱，孩子們不生病。這些時一想到你們，就心驚肉跳，現在總算離開了危險地帶，我心裏稍安一點。但一想到你們在路上受苦，我就心痛。想來想去，真對不住你，向來沒有同你出過遠門，這回又給我逃脫了，如何叫你不恨我？過去的事，無法挽救，從今以後，我一定要專心事奉你，做你的奴僕。只要你不氣我，我什麼事都願替你做，好不好？

湘黔一路，瘧疾流行，他又細細叮嚀：「天熱易得瘧疾，須先吃金雞納霜預防。」連服法都寫得十分細緻：「每次吃三顆。隔一天吃一次，小兒減半。」為使母親安心和高興，他還告知在昆明已找好了住房，「現在只要慢慢佈置，包你來了滿意，房東答應借家具，所以錢也不會花得很多。」信尾不僅畫上了房間的位置示意圖，還添了一筆「地點買菜最方便，但離學校稍遠，好在我是能走路的，附近有小學。」能寫的都寫了，但他還覺得有滿懷的情，滿肚子的話說不盡，恨不得此刻自己就在她身旁！

母親這一路的確十分艱辛，雖有叔叔結伴同行，但叔叔自己也帶有眷屬，相當困難。幸好父親事先已考慮到這一層，請了我們的二舅高孝惠幫忙，也幸好二舅能抽出身來送至貴陽。但一路的顛簸勞頓、緊張焦慮仍使母親疲憊不堪。作為五個孩子的母親，沿途的飲食、冷暖等等一切都不能稍有疏忽。有一天路上帶的食物吃光了，離下一站還很遠，小妹餓得哇哇直哭，她只有摟着一歲多的小女兒心裏陪着落淚。母親自己本來身體較弱，在老家時又有了心慌的毛病，一路上要是沒有趙媽這個好幫手，早就支撐不住了。

八月上旬，貴州省要在貴陽舉辦暑期中等學校教員講習會，邀請父親去講學。父親得此機會，正好前去接眷屬，十分高興。他早就等候不及了。

在貴陽，他終於見到了日夜惦念的妻和孩子們！那一刻，他心中最急於對她袒露的就是：「以後我當然決不再離開你，無論如何，我決不再離開你一步。我想你也是這樣想的吧？」母親當然是這樣想的，她決不會再離開丈夫，也決不會再讓丈夫離開了。

一家人團聚了，但磨難並未結束。經過長時間的旅途顛簸，我們幾兄妹幼小的身體消耗極大。到貴陽不幾天，三哥、小妹和我就不幸染上了麻疹，很快又傳給了大哥和二哥。孩子們一個個輪番病倒，只得在旅館先住下來。大人們還沒有得到喘息的身心又加上了沉重的負荷。日夜守護、辛苦照料不說，還得在捉襟見肘的費用中再耗去一大筆。聽母親說，父親對她直苦笑：「講學的錢都吃了藥了！」

我們三個小的病好後，由於叔叔需先趕往昆明，父親決定全家分兩批入滇。讓趙媽帶上我們三個隨同叔叔一家先行。他和母親等課程結束，大哥、二哥也痊癒後再上路。

但誰也沒有想到，我們這一路的行程，竟使父母親事後想起來後怕不已。

先前就聽說，湘黔山區，特別是湘西一帶土匪多。我們在湘西並沒有遇到土匪，然而在貴州境內卻直接遭遇到了。

那是一天夜晚，我們正在一家旅館停宿。旅途疲勞，都早早地入睡了。忽然外面傳來一片喊聲，夾雜着猛烈的拍門聲。不一會，我們的房門也被拍打得震天響，大家都被驚醒了。趙媽嚇得一骨碌爬起來，意識到情況不對，慌忙摟着我們鑽到桌子下，大家屏着呼吸不敢出聲。半晌，才聽得外面的喊聲漸小，打門那些人似乎也走開了。原來這是一幫土匪在搶劫，大概以為我們這裏是空房，沒有破門而入！這夜土匪不僅劫掠財物，而且殺死了人！被害人的屍體第二天就放在了我們這輛車上！

我們當時太小，又有趙媽庇護，不知道什麼，但這次匪情對趙媽刺激很大，她到昆明後還驚魂未定。聽母親說，她講起當時情形時，還閃着淚花，為那個無辜的受害者感到十分難過。

母親他們一路也並不平靜。貴州多山，公路也多是盤山而行，十分險要。特別是以險著稱的「二十四拐」，坡度很陡，轉彎又急，汽車上下來回盤繞，需轉急彎二十四次，稍不小心就會葬身深谷。從車上往山谷下望去，就時而能見到出事汽車的殘骸！儘管如此，在那戰火連天的年代，老舊的木炭汽車載着逃難人群仍絡繹不絕。母親說，他們過「二十四拐」時，心都提到了口裏！然而就在這全身神經繃緊到極點的時刻，他們偏偏親眼見到了最害怕也最不願見到的人間慘劇——就在他們車前爬行的那輛車不幸翻下了山谷！

……

不管怎樣，九月間，歷盡艱險的一家人總算平安抵達昆明。父親望着這團圓的一大家人，百感交集。他眼裏閃着欣喜的光芒轉向母親，心裏又在說：「以後我當然不再離開你，無論如何，我決不再離開你一步！」

母親抵滇不久，老家巴河沿線就成了血戰戰場。十月下旬，傳來了武漢棄守的消息。

## 空襲受傷

昆明是大後方，抗戰以來，逃難至此的人日漸增多，住房也越來越緊張。租金昂貴，條件也高，有的房東要求甚至很苛刻，坐月子的不租、孩子多的不租。多虧了陳夢家的幫助，父親才為我們和叔叔一家在小西門內武成路福壽巷三號租得樓上的七間房。我們家住三間正房和東側廂房，叔叔家住西廂房。

這裏居住條件不錯，房間和院子都較寬敞，還有一個跨院。只是離聯大較遠，父親說，有了三千里步行的鍛煉，這點路絲毫不在話下了。

經過前一段「過的不是日子」的日子，好不容易重新安下家來。父親決心好好給母親當一回「奴僕」，讓孩子們住得身心舒暢愉悅。室內的主要家具都是房東借給的，但他仍用心作了設計。聽母親說，牆上那副對聯以及那兩張黑漆描金的太師椅都是他親自從市場細細挑選來的。他步行途中購得一把藤拂塵，藤柄自然天成，上端盤成了一個「龍頭」，古色古香，他愛不釋手，現在也掛在了牆上，想要讓母親來共賞。

福壽巷的定居，暫時終結了動亂不定的生活。父親很珍惜這一時光，日夜埋頭書案。他給這兒取了個室名，叫「璞堂」。在這裏的著述，以後發表的時候都冠以「璞堂」的名號。這學年，除講授《楚辭》《爾雅》及大一國文，還興致勃勃地進行着上古文學史的研究，為新開這門課作準備。一九三九年六月發表的《歌與詩》一文，便是他計劃中的《上古文學史》講稿的一章。

但戰前那種寧靜的書齋生活已不可能有了。日寇並不放過中國的大後方。一九三八年九月二十八日，敵機首次轟炸了昆明，給平靜的邊城帶來了慘重災難！這一天，也成了我們終身難忘的日子！

上午九點，一陣長長的稍帶起伏的汽笛聲突然驚破了平靜的昆明上空，這是預情警報！昆明人第一次陷入面臨敵機入侵的惶恐之中。母親從

聞一多與三子聞立鵬、長女聞名在昆明小西門內福壽巷三號院內。

戰區來，已習慣了躲警報，忙把我們幾個孩子拉到桌子下並在桌面上鋪上厚厚的棉被。可是這時，大哥已上學去了，她又忙讓趙媽去學校接他。趙媽去了不一會兒，空襲警報就響了，很快便是那急促起伏的、聲聲直刺人神經的緊急警報！大家萬分着急，父親顧不得危險，匆匆跨出了門，親自跑去尋找二人。

街面已鴉雀無聲，驚慌混亂的人們都已找地方躲避起來。父親出了小西門，正遇見往回趕的趙媽，知道大哥已由老師領着疏散了，便和她急忙返回，但這時城門已關閉，二人只得又折往城外。走到一個木材廠時，傳來了敵機臨近的沉重轟隆聲。趙媽這時已邁過牆邊的小土溝進入斜對面的小樹叢中，父親臨時靠到廠牆下，抬頭往空中望去，只見九架敵機已飛臨頭頂！就在這一刻，一顆炸彈呼嘯而落，在木材廠院內爆炸，巨大的衝擊波中牆頭的磚瓦石塊紛紛迸落，一塊磚頭不巧正砸在父親頭上！

硝煙還未散盡，趙媽就看見父親血流滿面！她急忙衝過來，哆哆嗦嗦掏出手絹替他捂住，手絹很快被染得通紅！

幸好不久街頭的紅十字救護隊趕來，為父親作了緊急包紮。

這時的母親，在家裏真如熱鍋上的螞蟻。只聽得敵機的轟鳴聲、瘋狂的炸彈爆炸聲，卻不見出去的人回來！解除警報剛拉響，她就飛快拉上我們直奔巷口。叔叔也緊跟着跑出來了。

那一刻的景象是永遠難忘的：我們站在巷口，街上已出來了不少人，個個都還驚魂未定。我們踮起腳尖，睜大了眼睛盯着每一個驚驚慌慌從城外往回趕的人，生怕漏掉了自己的親人。忽然，只見遠處一輛洋車[1]拉着一個受傷的人跑過來。車上的正是父親！他頭上纏着紗布，衣服前襟上都是血！父親看見我們，直衝我們搖手，意思是不要緊，別害怕。我們卻忍不住哭叫起來：「爸！」

車子經過巷口，直奔醫院去了。叔叔也立即跟隨車後奔去。

父親的傷幸好不重，在醫院裏只縫了幾針。由於傷員太多，醫生讓回家休養。不多一會兒，他便回到了家。邁進家門，他不覺滿眼委屈朝母親怨道：「你好狠心啊，不來看看我。」

母親頓時難過得要落淚，她哪裏不想去他身邊？只是趙媽隨父親趕回來時，由於過度驚嚇，渾身顫抖不止，連小便都失禁了，一時動彈不得。見叔叔已跟隨去醫院，她想安頓一下趙媽再趕過去。想到父親還空着肚子，又利用這時間匆匆為他熬了點稀飯。誰想還是錯過了他最需要她的時刻！

這一天，昆明人遭難慘重，趙媽回來就對母親訴説，她親眼看見被炸得血肉橫飛的屍體，連樹枝上都掛着胳膊、大腿！年過五旬的趙媽平素善良慈愛，哪裏能受得了如此強烈的刺激！這一天，國仇家恨，不僅我們難忘，它也帶着傷痛和仇恨深深種在昆明人心中。我至今仍記得，此後不久學校裏教唱的一首抗日歌曲，開頭兩句便是「『九一八』，敵機來轟炸……」

1　當時都稱人力車為洋車。

# 「是感動、是燃燒」的戲劇活動

祖國遭受侵略者的殘暴踩躪，每一個有愛國心的人都不可能不激憤，不奮起。內心始終燃燒着一團火的父親更不會只耽於古籍，沉迷於幾千年前的昨天！面對日寇的瘋狂侵略和戰事的連續失利，他深感喚起民眾、鼓舞抗戰熱情和鬥志的重要性。他見當前的抗日宣傳盡是些標語口號式的文字，很不得法，認為在文字方面，應「能激發我們敵愾同仇的情緒」，「它的手段不是說服，而是感動，是燃燒！它必須是一件藝術作品」。「不過真正能讀懂一篇文藝作品的人究竟太少，在我們特殊情況之下，文字宣傳究不如那『不落言詮』的音樂圖畫戲劇等來得有效」。（聞一多《宣傳與藝術》）

傷癒不久，他就滿懷熱情參加了抗日話劇《祖國》的演出活動，親自擔任舞台設計與製作。

自從當初「國劇運動」夢想破滅後，多年來他再沒有接觸戲劇，但對戲劇、舞美的興趣一直未衰。當前的國難又重新激起了他對戲劇的熱情。這年十一月「聯大劇團」成立後，他更成了一位極受歡迎的指導者。轉年二月他將自己對當前抗日宣傳的觀點寫成了《宣傳與藝術》一文發

話劇《祖國》上演時留影。

表。七月又和鳳子、吳鐵翼聯名邀請曹禺來昆親自導演話劇《原野》。他自己在《原野》及宋之的等編的《黑字二十八》中均擔任舞台設計。

那些日子。我們家裏也成了他的「試驗場」。平時當凳子坐的裝美孚石油的廢木箱，都被他放倒了當作舞台，他用硬殼紙製作成各種顏色的佈景及人物模型，在「舞台」上擺來擺去，變換搭配，時而近前仔細端詳，時而後退遠觀沉思，還不時回頭徵求母親和孩子們的意見。方案定下後，又親自動手製作。在三轉彎岑公祠內空地上，撩起長袍生爐子熬膠水，平鋪起大張布，在上面繪佈景。

除舞台設計，他還熱情地與擔任服裝設計的雷圭元先生共同研究、琢磨人物的服裝。鳳子後來回憶說：「為了《原野》的演出，聞先生自告奮勇擔任服裝設計。金子着的一件緊身紅棉襖，還是他自己去跑估衣舖買了來的。仇虎的那件大褂，他堅持要黑緞面子、紅緞裏。我們只知他是位學者，是位詩人，卻不知道他也是位畫家，對於着色，對於情調的把握，他有高人一等的鑒別力。」（《哭聞一多先生》）

父親的一位學生曾生動地回憶起他那「詩人的設計」：「仇虎在森林中的那一幕，他用了許多黑色的長條的木板在台的後半，一排排大小錯綜地排列起來，叫人提了小紅燈籠，穿來穿去，在台下看起來就顯得這片森林多麼幽黑深遠。」（何孝達《聞一多先生的畫像》）

《原野》公演時，父親還親自撰寫了說明書，指出它「蘊蓄着莽蒼渾厚的詩情。原始人愛慾仇恨與生命中有一種單純真摯的如泰山如洪流所撼不動的力量。這種力量對於當今萎靡的中國人恐怕是最需要的吧！」

前後幾部話劇的演出轟動了整個昆明城。《祖國》公演時，全場觀眾激動得振臂高呼：「打倒日本帝國主義！」《原野》雖然演出時連日大雨，但仍連日滿座；在接連演出九天後，又應各界要求加演了五天。朱自清先生當時就欣喜地著文説：「這兩個戲先後在新滇大戲院演出，每晚滿座，看這兩個戲差不多成了昆明社會的時尚，不去看好像短了些什麼似的。……這兩個戲的演出確是昆明一件大事，怕也是中國話劇界的一件大事。」（《〈原野〉和〈黑字二十八〉的演出》）

幾個戲正如父親所追求的那樣，以它那獨特的藝術手段，用感動，用燃燒，激發了敵愾同仇的情緒。在這感動和燃燒中，也自然包含着那出色的詩人的佈景、燈光及服飾的震撼力！

這幾部戲，父親都帶我們去看過。那時年紀太小，還不懂得什麼，更不能理解其間的深遠意義和作用。但那氣氛，特別是那佈景、燈光、服裝留給了我們深深的印象。仇虎那身穿短褂、充滿仇恨的剛強形象，那盞在幽黑深遠的森林中時隱時現的小紅燈籠，還有窗戶上出現的牛頭馬面至今仍印象鮮明生動。

## 清貧晉寧和難忘的詩化生活

一九三九年春以後，日寇開始大規模轟炸中國後方城市。昆明遭到的空襲日益頻繁。各校都調整了上課時間，不少教師疏散到郊區農村居住。這年暑期，父親獲准了為期一年的休假研究（這次休假是因抗戰爆發而推遲至今的），為了不受空襲干擾，全家決定搬往距昆明四十公里的晉寧縣。

家中物件不多，但一家八口搬遷起來並不輕鬆。大人們免不了又是一陣辛苦操勞，而我們小孩子照例快活又興奮。不過，誰也沒有料到，這次搬家還遭遇了一次驚險！搬家途中，司機大煙癮發作，竟將汽車開進了路邊的壕溝裏！幸好溝不深，汽車側翻在溝坡上。我們一個個驚慌失色地從車窗爬出來，只有趙媽不幸被一件重物壓住了腳，動彈不得，疼得直哼哼。父親帶領大家費了半天勁才將她救出來，幸好還沒有傷到骨頭。

晉寧環境清靜，又沒有空襲騷擾。我們住在北門街六十七號樓上，雖然臨街，但車馬稀少，頗有遠離塵囂之感。父親在這裏搭起案板，擺滿了一桌書，他又獲得了一個比較安定的治學環境。

這個時期，由於沒有課，其他活動也較少，他工作之餘常能和我們在一起，興致勃勃地教我們唐詩，繼續那久已顧不上的「詩化家庭」的工程。

每當月亮冉冉升起，月光透過敞開的寬大窗戶瀉滿大半個房間時，他就把我們叫到身邊，開始給我們講唐詩。他半靠在床頭，耐心地講，動容地吟誦，同時要求我們把所學的詩都能背下來，有時還閉目聆聽我們的背誦，細心糾正每一個錯誤，他還像當年教侄子們那樣，風趣地立下了規則：誰要是背不下來，就得罰給他捶一百下腿！我們就在嘻嘻哈哈的笑聲中給一時背不下詩來的二哥數過數。

月色中圍坐在父親身邊，跟隨他在唐詩世界中遨遊，成了我們最美妙的一種精神享受。這時刻，一切都沉浸在溶溶的月色中，沉浸在月色下的濃濃詩意裏，聽着「春江潮水連海平，海上明月共潮生……」這樣的詩句，只覺窗外幽藍的夜空和那高懸的明月也漸漸幻化成了閃爍着月光的春江和那江天一色中的「皎皎空中孤月輪」了。而自己渺小的身軀也漸漸融入了那充滿詩意的無垠宇宙之中。讀到「空裏流沙不覺飛，汀上白沙看不見」時，真仿佛自己就置身在那一片如霜的空靈之中。父親這時提醒我們，這裏的「看」字，不唸（中文拼音）四聲，要唸成一聲。月色中的這個字音，永生難忘。

映着月色我們學了《長恨歌》《琵琶行》《春江花月夜》以及長篇樂府詩《孔雀東南飛》等等許多名篇。父親十分推崇杜甫，還選講了杜詩的《茅屋為秋風所破歌》《兵車行》等及白居易的《賣炭翁》等篇。

所有這些詩，我那時雖年幼還不能完全理解，但它們卻是平生所學唐詩中印象最深的。它們融在那難忘的月色中，永遠滋養着我們的心田。

有時，父親也零星給我們講一些古代神話和傳説，我還依稀記得，晚飯後在大門口的石板路邊，我們坐在蒲團上，沐浴着月兒的清輝，聽他講洪水遺民、把葫蘆當作船的故事。這一定和他正致力於上古文學史、整理古代神話等的興趣有關。要不是那時我們太小，一定會從他那裏聽到更多的傳説，獲得更多知識的。

天氣好時，父親在工作之餘還常常帶上全家外出去享受大自然的絕美和神奇，也讓我們缺乏營養的身體從大自然中尋找一點補償。每逢這時，母親都要為他泡上一壺苦茶（父親愛喝濃得發苦的茶，我們便稱這茶為苦茶），再抱上一床線毯。大家説説笑笑來到郊野的草地上，我們開始和藍天綠野親熱，而父親和母親則並肩坐在線毯上，喝着茶，邊欣賞雲南高原那動人的美，邊甜滋滋地享受着兒輩繞膝的天倫之樂。太陽和煦地照着，深遠的藍天下一片寧靜，只有幾隻美麗的蝴蝶在草地野花中飛舞。我們彷彿走進了一幅詩意盎然的圖畫中。那可惡的戰爭、轟炸，似乎都從生活中消失了。

然而這時，日寇正踐踏祖國大地，第二次世界大戰也已全面爆發。真正的和平與安寧已成為人們的美好夢想。

隨着局勢發展，戰爭給民眾生活帶來的影響日益凸顯。不斷高漲的物價使百姓苦不堪言，教師們的生活也日漸窘迫。我們家人口多，就更感艱難，從這時起，家裏的許多生活必需品都不得不由買成品改為「自製」了，就連麵粉也是買來小麥自磨自篩。父親吸的香煙也開始自製了。母親從市場上買來旱煙葉子，噴上黃酒及少許糖水，稍經揉搓切成絲，再用大張煙葉緊緊包捲起來，一支支漂亮實惠的煙捲就製成了。父親抽着這「獨家製造」，還倍覺有味呢。後來，他乾脆用這種自製的煙絲抽起煙斗來，既經濟又簡便，還別有一種情趣。

為了節省開支，母親開始製作醃菜。記得有一種仿當地人製的，裏面放有八種作料，十分美味。我們樓下大門口兩旁的石沿上，常常鋪有大床草席，上面晾滿了切好的苦菜，那就是她用來製作這種醃菜的原料。有時，竹席上還曬着一些蘿蔔條，是準備醃製蘿蔔乾的。我們放學回來，常常禁不住跑去抓上幾根解饞。醃菜不僅節省了菜錢，也成了我們難得的零嘴。

最費力的自製品，大約要算是一家大小的「穿」了。母親常無奈地說，大人還好對付，可孩子們都小，正在長個兒，又禁不住要玩耍跑跳，衣服鞋襪都特別費。買不起新衣服，她便整天縫縫補補，拆舊翻新，即使是破衣爛衫，也留着糊袼褙做鞋用。平日裏連一絲布條、一截毛線她都攢起來備用。

作為眾口之家的主婦，母親的角色本來就不易。但戰前，尤其在清華園，生活條件比較優越，主要還是累心。現在，雖有趙媽這個好幫手，卻為生活所迫，不得不累心又勞力。母親原本體質較弱，在老家時又有了心慌的毛病，這種轉變更增加了她的身心負擔。不過在她的生活中似乎從來沒有克服不了的困難，從來沒有唉聲歎氣、怨天尤人的時候。在這國難時期更是如此。無論是麵粉一籮籮地篩、青菜一刀刀地切、衣服一針針地縫，都默默地、不厭其煩地從容面對。這個時期，如何在開支上節流，維持住一家八口的溫飽，使丈夫能安心治學，已成為她全部的心思，也佔去了她全部時間，就連那美好月色，月色下孩子們隨父親學唐詩的誘人時光，也難得抽出空來「旁聽」享受。而那一直埋藏在內心的學習慾望，只能讓它更深地埋藏在心底。

對於生活上的困難，父親一向豁達樂觀，他總是說：「前方將士在流血，我們吃點苦算什麼？」母親知難而進自力更生的態度與他的生活態度正相契合。妻子的賢慧勤謹他早有體會，而面對困難的這種心態與精神只有此時，在患難中，才感受得更深。他心中暗喜有這樣一位貼心的伴侶，也不由對她越發疼愛。休息時的「郊遊」，總要拉上她一起去，讓她勞累的身心在大自然中獲得養息。生活上的計劃統籌也儘量自己來承擔，有空時還坐下來和她一起「製造」煙絲，甚至挽起袖子幫助推石磨，篩麵籮，真有「專心事奉你，做你的奴僕」之心。在給友人李小緣的信中，他寫道：「弟家口過多。弱妻稚子，事事皆須弟親身將護。」（一九三九年十月十六日）這是他的真心話，其間除沉重的家庭負擔、對家的責任感，還能體味出與愛妻共患難的那顆心。

生活負擔是沉重的，但父親的學術研究仍然碩果累累。他的研究範圍更加擴大，在給趙儷生的信中說：「除略事整理詩經、楚辭、樂府、神話諸舊稿外，又從易經中尋出不少古代社會材料。下年將加開《上古文學史》一課。故對於詩歌、舞蹈、戲劇諸部門之起源及發展，亦正在整理研究中。」

這個時期，他發表和完成了多篇具有創見、學術價值很高的論著。季鎮淮在《聞一多全集》的年譜中特別談到其中的《易林瓊枝》，說：「從易林這部書裏，發現了『詩』似的東西，是一個新發現。」

父親這時更加注重在考據的基礎上把文學放到整個文化史中去考察研究。在給學校的《上古文學史研究報告》中，他列舉了兩項旨趣：一是了解文學作品，遵從舊法訓詁考證，同時採用新出材料，作進一步探索。二就是考察時代背景。他說：「文學史為文化史中之一環，故研究某時期之文學史，同時必須顧及此時期其他諸文化部門之種種現象。今擬以若干問題為中，就其社會背景，或思想潮流等方面，詳加分析，求其相互的關係，庶使文學得成為一種有機體的歷史，而非復一串賬簿式的記載而已。」貫通中國文學史和文化史的意願早已在他心中孕育着了。

一九四〇年暑期，父親休假期滿，我們也搬離了晉寧。

晉寧的這一年雖然短暫，但在我的記憶中卻是永恆的。

一九八六年我回昆明參加父親遇難四十周年活動，期間偷空回了晉寧一趟。闊別四十七年，想不到故居一點沒有變！那綠色油漆的牆面，寬大的花格木窗，大門邊我曾偷嘴蘿蔔條的石沿……老遠就緊緊抓住了我的心。登上樓梯，不覺又進入那滿室月光的詩境——父親正靠在床頭，我們圍坐在他身旁，月色中盪漾着抑揚頓挫的讀詩聲，也不時靜悄悄地閃過母親忙碌的身

晉寧故居。這是一九八六年拍攝的，現在已面貌全非。

影……。不知是巧合還是什麼原因，在當年父親靠在床頭講詩的地方，竟發現牆上寫有幾個鉛筆小字「洗衣歌」！莫不是那寫字的人（孩子？）會在這裏有了什麼感應？那月夜、那詩情實在是太美妙、太感人了。

當年的房東已經離世。他的侄兒蘇鴻祥聞訊趕來，還帶我們去看了後院。他熱情地指着一棵大樹，說：「我跟聞義和就在這兒打雀鳥呢！那陣子樹還沒得這麼高哩！」一九四六年父親遇難當時，大哥撲上去救他，受了重傷。新聞報導中誤把他的名字寫成了雲南話中讀音相似的「聞義和」。看來，晉寧人當時就已從報紙上得知父親遇難的消息了。

流連在故居中，當年那種美好、甜蜜的感覺又充滿了心間，但其中已伴隨着無盡的思念與悲憤！

## 死裏逃生與隔簾而居

我們搬回昆明後，在小東門華山東路節孝巷暫時與叔叔一家合住。

這個時期，日軍對中國大後方城市的轟炸越發猛烈，昆明人已時時在警報聲中度日。我們回昆明不久，便在轟炸中又經歷了一次巨大的驚險，這一次簡直是死裏逃生！九月三十日這天上午，緊急警報又響了。大家急急忙忙躲進後院防空洞。馮至先生一家也來了。不一會兒，就聽見敵機逼近的轟隆聲，緊跟着是炸彈爆炸聲！大家屏住聲息，四歲的小妹也偎在趙媽懷裏默不作聲。突然一聲巨響，洞壁上的泥灰被震得紛紛抖落！這聲爆炸太近了，就在洞旁！大家陡然緊張萬分，可敵機還未離去，誰也不能出去看究竟。好不容易捱到警報解除，衝出洞外一看，果見院中一個大深坑，四周滿是被掀翻的泥土，一旁的芭蕉樹葉也都被燒焦了。原來，一枚炸彈正落在院中央卻沒有爆炸！

情勢萬分危險。它是否會爆炸？什麼時候爆炸？會不會是定時炸彈？大家一會兒跑到坑旁去看，一會兒又趕忙遠遠地避開。附近一些大膽的鄰居也聞訊趕來，人們圍在院中議論紛紛。不一會兒，警察也趕來了，說可能是定時炸彈，又說很可能在二十四小時之內爆炸，千萬要提高警惕。大家的心更緊縮成了一團。

這一夜，全家人都提心吊膽，大人們都不敢入睡。我們也睡不踏實，眼前總是那個大坑、那燒焦的芭蕉葉，還有旁邊那一棵棵葉緣被燒得焦黃、豔豔紅花上也落滿了泥土的美人蕉！

炸彈被起出運走了，但昆明市內顯然不宜再居住。父親決定疏散到鄉間去。

十月，我們和叔叔一家搬到了西北郊的大普吉鎮。住房很緊張，兩家合住十分擁擠，我們小孩子不得不晚間打地鋪，白天再捲起來。不久，父親在距大普吉半里路的陳家營找到了一處住房，於是全家人再次遷移。這次搬遷因路途不遠，行李本也不多，父親帶頭，大人小孩肩扛手提往返幾次也就完成了。

陳家營離城約二十里。聯大同仁有好幾家已搬遷至此，有黃子卿、高崇熙、余冠英等。父親在一楊姓的農民家租了樓上的三間正房及東廂房。他很高興又有能擺下書案的地方了，這裏樓下就是牲口房，終日散發着撲鼻異味。房東家燒灶時更滿院煙霧彌漫。父親住的東廂房（後來也兼書房），正在房東的廚房樓上，每當他們燒火做飯，大縷濃煙就從寬大的樓板縫中往上竄，人在房間裏如同墜入煙海，兩眼流淚，喉嚨乾嗆，大家都坐立難安，只有父親仍不離書案。

一九四〇年十月，聞一多全家遷往昆明北郊大普吉鎮。圖為與長子聞立鶴、長女聞名在大普吉橋頭留影。

四一年早春，華羅庚先生也在轟炸中遭遇險情，他們躲避的防空洞被炸垮了，華先生大半個身子都被埋在了土裏。一家人急欲疏散鄉間，卻又一時找不到住房。父親見狀，立刻熱情地騰出一間正房給他們家。原來的三間正房是通透的，兩家便在當中隔上

大普吉鎮清華科學研究所師生及家屬合影。前排站立者左二為聞一多，左四為夫人高孝貞。

一塊布簾。華先生後來動情地回憶說：「我們一家走投無路，也來到這裏。一多先生熱情地讓給我們一間房子，他們一家則住在連通在一起的兩間房子裏，兩家當中用一塊布簾隔開，開始了對於兩家人都是畢生難忘的隔簾而居的生活。」

就在這隔簾而居的陋室裏，在豬圈牛棚樓上，兩位寒士埋頭書案，勤奮治學，興致盎然。華先生回憶說：

在陳家營聞一多一家八口和我們一家六口隔簾而居期間，我伏案搞數學，他埋頭搞「槃瓠」[1]。先生清貧自甘的作風和一絲不苟的學風都給我留下了難忘的印象。在他埋頭「槃瓠」期間，無論春寒料峭，還是夏日炎炎，他總是專心工作，晚上在小油燈下一直幹到更深，陶醉在古書的紙香中。……通過這一段患難之交的共同生活，一多先生嚴謹的治學態度，對我影響很大，成為我畢生學習的榜樣。

1　原文注：這裏「槃瓠」泛指聞一多當時從事的古代神話傳說的再建工作。「槃瓠」本身屬於古代神話中關於人類產生的傳說這個內容裏。

一九四〇年聯大中文系教授在大普吉鎮合影。左起朱自清、羅庸、羅常培、聞一多、王力。

有感於這段生活，華先生還寫了一首詩：

掛布分屋共容膝，
豈止兩家共坎坷。
布東考古布西算，
專業不同心同仇。

《知識分子的光輝榜樣——紀念聞一多烈士八十誕辰》

父親埋頭的「槃瓠」，是他正在撰寫的伏羲考。這是他神話學研究的重要內容。自從三十年代由《詩經》《楚辭》研究而涉足神話以來，他已更有意識地要通過神話來探求中華民族文化的源頭。他將傳統的訓詁考據方法和現代科學方法結合起來，利用人類學、語言學、歷史學等方法，取得了一系列顯著成就。朱自清先生後來多次談到他的神話研究，指出：「他研究神話，如《高唐神女傳說》和《伏羲考》等等，也為了探求『這民族、這文化』的源頭。」（《聞一多全集》．朱序）在談到他神話研究的獨創性和成就時，朱先生說：「聞先生研究伏羲的故事或神話，是將這神話跟人們的生活打成一片；神話不是空想，不是娛樂，而是人民的生命慾和生活力的表現。這是死活存亡的消息，是人與自

聞一多繪製的伏羲女媧圖。

然鬥爭的記錄，非同小可。」「他的研究神話，實在給我們學術界開闢了一條新的大路。」他又懷着劇痛惋惜地說：「關於伏羲的故事，他曾將許多神話綜合起來，頭頭是道，創見最多，關係極大。曾聽他談過大概，可惜寫出來的還只是一小部分。」（《中國學術的大損失——悼聞一多先生》）

在隔簾而居的陋室裏，父親還發表了《怎樣讀九歌》、《道教的精神》、《賈島》（唐詩雜論之一）、《周易義證類纂》以及《宮體詩的自娛》（唐詩雜論之一）等論著，並開始撰寫《九章》。這些都是極具創見之作。其中《周易義證類纂》更一反傳統，「以鉤稽古代社會史料之目的解易，不主象數，不涉義理」，在易學史上獨闢蹊徑。

這學年，他除講授《中國文學史分期研究（一）》（即上古文學史）《中國文學專書選讀（詩經）》（上學期），寒假後，還為文學組四年級講授《古代神話》一課。

鄉間環境安靜，避免了轟炸的干擾，但每周授課，仍得趕去昆明市內。於是教授們「八仙過海，各顯神通」，各自想出辦法來解決這一難題。父親請准將他的課集中在一兩天之內。頭一天進城，授完課在城裏住一宿，第二天上完課再返回。附近的大普吉雖有馬車通城裏，但他為了節省，每次來回都是步行。他說：「三千里都走下來了，這點路不算什麼。」

# 在斷炊的威脅中

由於戰爭和國民黨政權日益專制腐敗，大後方物價暴漲不已，人民生活水平急劇下降，教師們的生存也受到了嚴重威脅。父親這時的月薪已僅夠維持一家八口半個月的開銷，我們家生活陷入了極端艱難的境地。飯桌上已很少見到一點葷腥，幾乎頓頓是清水熬白菜。就連豆腐，平時也難得吃上一兩回。偶爾買來幾塊，大家都高興地稱之為「白肉」。母親見父親每周要步行進城去授課，回來又伏案到深夜，而每天的飲食卻只是清湯寡水，心中十分難過。她又擔心孩子們在發育時期過度缺乏營養，於是絞盡腦汁想「改善」一下伙食。村裏老鄉們餵豬，常摻進一些豆渣。她知道，豆渣是好東西，便常從他們那兒買來一些放到白菜裏一起熬，既增加了營養又能調劑口味。這道「一鍋熬」也便成了我們日常的主菜。有時還能再「改善」一下，把豆渣加點油和葱花炒一炒，配上一盤自製的醃菜，全家人還都吃得津津有味。父親愛吃辣椒，煎、炒費油，母親就讓趙媽把它直接放在火上烤，烤得噴香，再蘸上一點鹽巴，父親也覺着十分可口，從此，烤尖椒也便成了他日常必備的佐餐美味。

我們也開過幾次特別的葷，但那肉食不是從市場上買來的，而是從田野裏獲得的。有一天，母親聽余冠英太太說，螞蚱也可以吃。於是我們便跑去田間盡力搜索。抓到的螞蚱為了省油，只能放在鍋裏乾焙，可卻既營養又能解饞。我們還捉回幾隻田雞來煮湯喝過，那更是難得品嚐到的佳餚。

大自然是慷慨的，賜給美味的同時還讓我們享盡了美妙的野趣。晚飯後，映着夕陽來到收割過的稻田裏，那金色的田野，那銀鈴般的笑聲真是如詩如畫，令人永生難忘。偶爾，父親出來散步，也帶我們來到田間，吸引他的當然不只是那螞蚱的美味，而是大自然的美景和夕陽中撲捉的樂趣。

昆明的冬天雖沒有冰天雪地，卻也寒氣襲人。寒冬臘月的早晨，為節省幾個炭錢，父親帶着我們到村頭的小河邊，用冰涼的河水洗臉。母親這時已患有貧血，仍不時隨趙媽一起冒着瑟瑟寒風到河邊去洗衣服。聽她說，有一次端着洗好的衣服起身時，竟一下暈倒在地。父親一聽說嚇了一大跳，扔下手中的筆便直奔河邊來攙扶。

當時，有些教授家已開始變賣衣物來補貼生活，而我們家，卻連可賣的東西也找不出幾件。入冬時，父親悄悄將自己的狐皮大衣送進了當舖，回來卻因身上單薄患了重感冒！母親含着眼淚責備他，又讓大哥趕去城裏把大衣取了回來。這一刻，她越發後悔不該在「七七事變」前離開北平。她不止一次地怨自己：「我要是不走，有些東西，像首飾什麼的，多少可以清一些帶出來啊！」

為了避免斷炊，父親無奈，只好破例去向學校預支薪水。

一九四〇年秋，聞一多移居陳家營。在這裏聞一多一家曾與華羅庚一家隔簾而居。

母親拿着這點錢費盡心思反覆盤算，除了在吃、用上絞盡腦汁，一家人的穿更不知耗去了她多少心血和勞力。

我們的鞋，以前還可以做好鞋幫拿出去綯底。而現在，為節省開銷，連鞋底她也一雙雙親手做了，從一層層糊袼褙、一層層鋪墊，到一針針地去納！往堅硬的千層底上錐針時，手上不知扎破過多少回。從這時起，桌上那隻竹編的針線笸籮旁，又多出了一摞摞大大小小已做好的、尚待完成的鞋底！

偏偏母親又是個一點不肯含糊的人，做起活計來，不僅要求精細、結實，而且要求美觀。「美」，是她不可動搖的標準，殘舊毛線偏要織出色彩和諧、構圖優美的毛衣，破舊衣服卻力求不露縫補痕跡。趙媽一件月白色的短褂破了洞，她巧妙地在洞面上織上了一朵半開的白菊，倒給褂子增添了一分清麗。為了使父親走長路時舒適一些，她想方設法把他那幾雙從北平穿來、已破洞百出的襪子，縫補得雙雙平整而又綿軟。我們穿鞋，最費的是前臉，她便在那兒設計出波浪形或燕形圖案，在上面密密地納上針腳，既耐磨又別致。鞋底一般都要包邊，她有時卻細細鋪墊，留出毛邊，穿在腳上不僅舒適耐穿，還有點時髦的感覺呢。熱天給我們做的布涼鞋，更是樣式美觀、樸素大方。

母親年輕時就有一雙巧手，那時女紅是女孩子的必修課，但那是在絹、綢上刺繡。而現在，面前卻是一堆破爛！面對這堆破爛，她也並不為難，只儘量因陋就簡在上面修補改造，開拓天地。看她縫補衣服，一點沒有對付破爛的煩躁，反倒像是在完成一件件令人神逸的手工藝品。一樣樣破爛在她手中很快就變成一件件面目全新、富有美感的「作品」。不過，這些作品都是給我們的，她自己卻連一雙像樣的鞋都沒有！

在父親心中，母親一直是他早年笑稱的「神仙」，多年來，多虧了這位守護神，他才能毫無後顧之憂、心情愉快地專於學術，也虧了這位神仙，家才成了幸福的「樂窩」。現在女神不僅以自己的勤儉和堅韌緩解着貧窮饑饉帶來的壓力，還以自己的靈巧與智慧努力美化着生活，使清苦中能品味到甜美，貧寒中還獲得享受。

美本是一種傳承，尤其是女性永遠不變的追求。母親的追求也十分樸素，是純粹的「原生態」。但父親作為詩人和藝術家，對任何一點靈性的火花都是敏感的。早年他就為此十分欣喜。現在，見她在困境中仍如此堅持，心中更不知又生出多少甜蜜的愛意！

他無法減輕她的負擔，也不可能像在晉寧休假時那樣「事事躬親」。但顯然在心裏時時惦記着為她效點力，哪怕只做一點點令她高興的事。

寒假前母親隨父親進了一趟城。這天，我們正在樓上玩耍，等待着他們歸來。忽然聽見父親在樓下叫：「你們幾個快下來啊，扶你媽媽上去！」我們忙跑下樓，母親正坐在樓梯上，揉着腳，臉上卻洋溢着幸福的微笑。父親站在她身旁，一臉的疼愛又一臉的得意。我們一眼就發現了母親腳上的新皮鞋！淺棕顏色，圓口斜絆，十分素雅大方！原來，這是父親剛剛在城裏為她選購的。回來時，母親捨不得坐馬車，隨同父親一起步行走來，大概是穿着新鞋還走了一截路，邁進院子剛到樓梯口就一屁股坐在樓梯上動彈不得了。

這件事給我的印象很深。這還是親愛的媽媽抗戰以來第一次穿上新皮鞋呢。在我的記憶中，直到抗戰勝利，她再也沒有買過皮鞋。而這雙難得的皮鞋，在我長大一些後，還成了我和母親的共用品！

母親平時省吃儉用，是絕不肯為自己花錢的，何況在如此艱難的時刻。這次她能進城買皮鞋，顯然是父親的功勞。

早先在北平時，父親曾親手為母親修剪過服式，親自為她選購過旗袍、為她選擇過色彩，以後又從外地為她購回過工藝精美的日本和服。誰都知道，當這些看似普通的生活關懷出自一位熱情的詩人和藝術家，出自一個平時從不愛上街購物的學者時，它們的分量有多重！梁實秋曾回憶說：「一多在私生活方面是個懶人，對於到市內購買什物是視若畏途的，例如我們當時都喜歡穿千層底的布鞋，一多怕去買鞋，時常逼到鞋穿破了之後，先試穿他的廚師的鞋子，然後派遣他的廚師代他去買鞋！」（《談聞一多》）現在，尤其是在抗戰的艱苦年頭，這雙普通的皮鞋，該承載着多麼深厚的情意啊。

艱苦貧窮動搖不了母親對美的追求，更影響不了父親的樂觀和生活情趣。

陳家營附近有一口窯，二哥他們常跑去玩耍，有時還抓回一把窯泥來捏玩具，做手槍。大概是窯泥和孩子們的手工激起了父親的藝術創作衝動。當時家裏天天吃「一鍋熬」，總覺缺少一隻便於搬動的、小巧一點的爐子。忽然有一天，父親向二哥要了點窯泥，興致勃勃地挽起袖子，親自造起爐子來。他一投入，就不單純是做爐子了，那是嚴肅的藝術創作！反覆揣摩，細細雕作，犧牲了休息，甚至侵佔了不少伏案的時間。小火爐塑好後，他又用竹片仔仔細細把外表抹得烏亮。乍一看，簡直令人又驚又喜，那不就是一具古雅的青銅器嗎？可惜，還沒等大家欣賞夠，爐子一點上火，就裂開了大口子！藝術家創造出了藝術美，卻缺少製爐的技術，爐子最終沒有用成！不過，作者的一番勞作倒給生活增添了不少情趣，也令母親的心暖意融融。

臨近年關時，父親又一次給了我們一個驚喜，這次不是詩情雅趣的「精神大餐」而是實實在在的口福。大約是除夕的前一天，我們正在屋裏玩耍，那時沒有玩具，我們幾個就脱了鞋在床上蹦跳，把枕頭堆起來，拿着窯泥捏的手槍「打遊擊」。玩膩了忽然想到父親教的唐詩《長恨歌》裏，有「忽聞海上有仙山，山在虛無縹緲間……」的詩句，又把枕頭當作仙山，在其間翩翩起舞。正在這時，忽然從窗戶中望見樓下，父親正興沖沖邁進大門，後面跟着一個挑夫，挑簍沉甸甸的。再仔細一看，不禁又驚又喜，裏面裝的全是橘子！自從來到昆明，我們就很少吃到水果，雖然此地氣候溫和，盛產果蔬，尤其是橘子、桃子等，但那是別人的享受。我們當時高興得連鞋也顧不上穿就跳下了地。

原來，父母親見孩子們平日太苦，決心把這個年過得好一點。母親早好多天就和趙媽一起開始採辦「年貨」，除了雞蛋、豆腐等，還買了一些黃豆、綠豆，她知道父親想吃家鄉味，決心自己來磨製一點豆糕。父親大概是剛剛支到了薪水，也一下狠心，買來一挑橘子，從城裏步行十多里趕了回來！

這次吃橘子，真是終生難忘，直到如今，每當吃到橘子，眼前總浮現出父親邁進大門時的情景，以及我們剝開橘子時他那充滿慈愛的快樂眼神，還有那親切的聲音：「橘子裏的筋也可以吃，能助消化，莫丢掉！」

我們的房東是位中農，略識文字。早年拉炭趕腳積下些錢，蓋起了這棟樓。他家的遭遇很悲慘，大兒子十五歲時就被拉去當壯丁，隨國民黨六十軍到蒙自駐防後又失去了音訊。但房東本人自有了這棟樓後便不思進取，不再下地幹活，並且抽上了大煙。家裏的農活也全扔給老婆一人幹，還時常對她打罵交加。

父親很同情他們的遭遇，但對房東好逸惡勞、虐待老婆十分不滿，休息時好幾次把房東請上樓來，讓他坐在自己床邊，耐心地加以勸導。母親說，他對房東講了許多做人的道理，勸他要勤勞，要好好勞動，也責備他不該打罵老婆。他說：「男女要平等，女人不容易，擔子很重，要幹活，還得帶孩子。要尊重和疼愛她。」在父親多次語重心長、不厭其煩的勸導下，房東漸漸醒悟，不僅重新下地幹活，還戒掉了大煙，對女人的態度也開始轉變了。

「後來，夫妻倆還常上樓來坐呢！」母親講起來十分高興。

她大概不會意識到，房東的轉變除了父親的苦心勸導，他和母親本身的生活態度，他們的相知相惜、患難與共以及整個家庭的溫暖和睦，恐怕更是一種無言的感染力呢。

## 文研所的書香和學術園地的開拓者

在陳家營住了將近一年，我們搬到了附近的穀堆村。新居是一座新蓋的小樓。同住樓上的還有聯大教師吳乾就一家。

穀堆村不大，但環境清幽。我們門前有一個池塘，近旁是一片小樹林，枝間棲息着各類鳥兒，還不時有可愛的小松鼠上下竄躍。松林裏流淌着一條潺潺小溪，溪水清澈見底，可以望見裏面游動的小魚小蝦。我們蹲在溪邊玩耍時，常用自製的小網撈着玩。捕上來的小魚蝦不久就在母親的「神通」下變成了天賜的美食，她和趙媽將它們和在麵糊裏烙成軟餅，專門來犒勞勞苦功高的父親。父親自然捨不得獨享，我們也總能跟着解解饞。

在穀堆村住的時間不長，但有一件事卻永久留在了記憶裏。這是村裏發生的一次災難。

這天半夜，我們突然被一陣緊急的鑼聲驚醒，只聽得外面人聲鼎沸，不斷有人喊：「着火啦！着火啦！」大家急忙披衣起床。水塘對面正火光沖天，半邊夜空已染成了紅色。火光中還閃動着不少影影綽綽的人影。父親沒等扣好衣服，就急奔下樓提起水桶往外跑。母親急問：「你到哪裏去？」「救火！」母親跟在後面喊：「這大半夜的！你去了又有什麼用？」「不是你家，你就不着急?!」父親氣急地甩了一句，匆匆跑出了大門。這天夜裏，父親參加救火，很晚才回來。

第二天清晨我們醒來，只見樓下堆稻草的隔斷裏聚了不少人，有的坐着，有的靠着，有大人也有小孩，一個個蓬頭垢面，驚恐未消，滿臉悲痛愁苦，原來這是村裏安置來的一些遭難村民。他們奮力逃出了火海，但家中的一切，包括糧食，均已化為灰燼。母親見他們衣食無着，心裏萬分難受，立即和趙媽熬了一大鍋稀飯送下去。

一九四一年十月初，清華大學文科研究所在昆明北郊的龍泉村（即龍頭村）司家營成立。文學部的工作由父親主持，我們也隨遷到所內居住。

研究所租用的是一棟新建不久的二層樓房。房東司榮是位樸實敦厚的中農，他們一家不住在樓內。我們的住房是樓上的東廂房和它的拐間——一間閣樓似的小南屋（我們稱之為外屋和裏屋）以及樓下的一間小東屋。

老師們治學及住宿主要在二樓。那裏的正房未經隔斷，相當寬敞，是大家的工作室。我們習慣叫它大樓。大樓裏擺了許多書架，除靠牆的一大溜，還有幾架書横放着，把房間隔成了幾個小空間。老師們就在這書海的空間裏埋首伏案，潛心治學。我們後來常利用大人們午休的時間悄悄去書架間玩捉迷藏。那高大的書架，那滿架的古書，似乎永遠在靜靜地散發着一種莊嚴神聖之氣，吸引和震撼着我們幼小的心靈。我們在書架間穿梭，也都不禁悄聲悄息，放輕了腳步。

二樓西廂房是朱自清、浦江清、許維遹、李嘉言（後離去）、何善周諸位先生的臥室。那裏我們沒有進去過，但晚飯後常聽到從裏面傳出笛聲和一種輕柔婉轉的戲曲聲調，聽大人們説，那是浦先生在哼昆曲呢，那還是我第一次聽到昆曲，覺得它是那麼新奇美妙。

司家營離城約二十里，不受敵機干擾，村內常年綠蔭掩映，花香飄逸，抗戰中能有這樣一個寧靜美麗的處所治學，十分難得。這裏與龍泉鎮相距僅四里，鎮上有南遷來的北平研究院史學所和北平圖書館。聯大馮友蘭、王力等先生也住在附近，這些都無形中賦予了這裏較濃的學術氣氛。

所內的老師們都十分珍惜這兒的時光，終日專心致志，沉潛書海。當他們埋頭書案時，整個研究所靜謐得一點聲響也沒有，連麻雀落下的動靜都聽得真真切切。

位於昆明東北郊龍泉鎮司家營的清華大學文科研究所。

父親這時更是努力，他用一張長方的大案板當作書桌，「各種大小手稿分門別類地排滿一案板。他精力充沛，研究興趣最大，範圍最廣，努力著作，常至深夜不睡。《楚辭校補》《樂府詩箋》《莊子內篇校釋》《從人首蛇身到龍與圖騰》《唐詩雜論》等專著和論文，都是在這裏寫定並發表的。」（季鎮淮《聞一多先生事略》）此外，《管子校釋》也是在這時參校的。

這些論著都極具創見和學術價值，比如《楚辭校補》，它與作者對楚辭的整個研究「可以說達到了當時的最高學術水準，在『五四』以後的《楚辭》研究史上具有開拓性的地位。」（王瑤主編《中國文學研究現代化進程》）但這只是父親的初步成績，他在《楚辭校補》的引言中針對讀古書的困難給自己定下了三項課題：（一）說明背景，（二）詮釋詞義，（三）校正文字。他說：「三項課題本是互相關連的，尤其（一）與（二）、（二）與（三）之間，常常沒有明確的界限，所以要交卷最好是三項同時交了。但情勢迫我提早交卷，而全部完成，事實上又不可能。我只好將這最下層、也最基本的第三項——校正文字的工作，先行結束，而儘量將第二項——詮釋詞義的部分容納在這裏，一併提出。這實在是權變的辦法，我本心極不願這樣做。」

但他最終沒來得及完成自己的計劃，就被反動派奪去了生命！

在司家營，父親勤奮治學的精神和對青年人的熱情關愛、指導，給他們留下了深刻印象。他當年的一位學生鄭臨川後來這樣回憶：

> 我們幾個外來寫論文的同學，就在樓下飯廳靠右邊的屋角頭搭上臨時鋪位住定。白天，大家都在書庫看書，翻檢或抄寫資料，有時困倦就下樓去外面四周田壩散散步，等

精神復原了再幹。可是先生卻在他的書桌旁端坐，很難見他上下走動。每天夜晚，我們幾個把樓下白天的飯桌當成書桌，在暗淡的油燈下抄抄寫寫。深夜我們已滅燈就寢，只見先生的窗戶還亮着燈光，大清早我們還未起身，先生窗裏的燈光早已亮了。這樣，先生晚睡早起的勤奮用功生活，又糾正了我們平時對他的誤解，以為先生講課精彩動人，只是由於頭腦特別聰明，現在才知道他在教學和學術上的成功，完全是從踏實用功、孜孜不倦得來的。

**他接着又動情地寫道：**

在鄉下住了好幾天，先生像平常一樣不作具體指導，還是讓我自己在書庫中亂翻，看看快半個月，收穫仍然有限，心頭不免焦急，打算回校另想辦法。……先生再沒說什麼，只在吃飯時告訴我，叫午休後到他樓上去一趟。我到樓上的時候，先生已坐在桌旁邊等我，桌上堆滿着大小厚薄的手抄本。先生叫我坐下，一面指着這些手抄本對我說：「這是我多年抄集下來關於唐代詩人的資料，好些是經過整理的，裏面有不少是你需要的東西，你就拿去抄些吧！將來你如果研究唐詩，我可以全部拿給你。」對這意外的厚賜，我非常激動，先生卻繼續說下去：「為什麼不早拿給你，要等到半年後的今天呢？我是有意讓你經過一番困苦探索的過程，使你懂得做學問的艱難。你嫌自己半年來搜集的太少，就該知道老師這些豐富資料是付出了多少年的心血吧。要知道，做學問當像你們三湘的女兒紅（指湘繡），是成年累月用一針一線辛苦織成的，不是像跑江湖的耍戲法突然變出來的。你能懂得做學問的艱難，才會自己踏實用功，也不至信口批評，隨意否定別人的成績。」我以無言可表的感激心情，噙着熱淚雙手接過先生交給我的幾大疊抄本，更在心靈深處銘刻下了這些有關治學的箴言，終身奉為典範。（鄭臨川《永恆的懷念》，載《聞一多論古典文學．代序》）

長時間伏案後，父親總喜歡在晚飯後靠在床上小憩一會兒，他也常在這時檢查我們的作業。但就在這短暫的休息時間裏，他腦袋裏盤旋的也多是研究的那些內容。一九四三年暑期，我和三哥小學畢業，考上了聯大附中。父親怕我們在入學前的長假裏荒廢了學業，給我們佈置了一些作業，還要求每天寫一篇日記。我如今還保存有一本當時的日記，裏面就記着這樣一件事：

八月二十日　星期五

爸爸躺在床上說：這幾天，你們看見田裏有男女各一人在唱山歌嗎？你們猜這是為什麼？我們都猜不出。爸爸便說：是在戀愛呀！我們都很奇怪。

孩童時，我一直以為那是父親覺得新奇，順口說給我們聽的。許多年後才漸漸明白，這不是隨意閒聊，而是他學術研究有所得的一種興奮流露。這也是借此在為我們長知識。父親研究古代文學，從不局限於具體的作品，而是將它們擺在歷史發展的長河中從宏觀上去認識。正如朱自清先生所說：「他研究中國古代，可是他要使局部化了石的古代復活在現代人的心目中。因為這古代與現代究竟屬於一個社會，一個國家，而歷史是聯貫的。」（《中國學術界的大損失——悼聞一多先生》）因此，他不僅運用前人的考據方法，也運用近代的社會學等方法。比如研究《詩經》，便在考據的同時也採用民俗學的方法。為了正確理解《詩經》所反映時代的人民生活及思想感情，在依據古代文獻資料的同時，也十分注意尋找現實生活中與《詩經》時代文化狀態略同的有關材料來加以印證。在步行入滇途中，他就曾十分關切沿途的民間風習和文化。現在司家營田間的男女對歌，也正可以印證《詩經》等古代作品中男女對唱傳情這一原始風習，難怪他竟興奮得忍不住要對我們這幾個小孩子一吐為快了。

# 深夜裏的兩盞燈和橋頭接送

父親對古籍的沉迷，母親早就深有體會，她已習慣他那為了一個字或一條新發現而半夜三更跳起床來的癡迷勁兒，現在她更不止一次在睡夢中被他驚醒，但朦朧中也按捺不住為他高興——她的心和他是相通的。

在研究所的小樓裏，每當深夜父親在大樓裏挑燈耕耘時，東屋窗下也總亮着一盞燈。那是母親在燈下與他做伴。她一邊忙着活計，一邊等候着父親，還不時往大樓裏給他送去熱茶。鄉下的蚊子很多，夜晚常圍着人轉，母親在做針線活同時，還從事一項抓蚊子的「副業」，她就用手抓，一晚上能抓住一小堆。我們在燈下寫作業享盡了福，父親回屋後更能少捱不少叮咬。夜深了，我們都已入睡，母親還在煤油燈下守候着。這時，大樓裏的父親埋頭書案，喝着熱騰騰的茶，感受着東屋那盞燈送來的溫暖與安定，心裏不知有多麼踏實愉悅；思路又不知有多麼敏捷而清晰！他是任何時候也離不開母親的，就像一棵茁壯的大樹，不能離開甘甜雨露的滋潤。在艱苦的年代裏更是如此。

母親深知這顆心，也總是以自己赤熱的心來溫暖着它。龍泉鎮上有公共汽車通城裏，但父親為了節約，每周進城上課仍是步行。每逢他上完課回家時，母親就帶着我們去橋頭迎接。

那是多麼暖人心扉的時刻，它給父親帶來多少甜蜜的享受和慰藉啊！兩年後他還對一位學生深情地回憶：「從前，我在龍頭村，每回走進城，上完了課，又走着回家去；我的太太總是帶了小孩到半路上來接我。回到家，窗子上照着的已是夕陽了。孩子們圍在身邊，我愉快地洗完腳，便開始那簡單而可口的晚餐，我的飯量總是很好的，那一天也總是過得很快活。」

那甜美的時光也深深印入了我們幼小的心田，我後來曾在一篇紀念父親的短文中深切懷念那一刻：

橋頭的那條土路，穿過田野蜿蜒通向城裏。路邊有青翠的小樹，油綠的灌木叢，還有比我們高的仙人掌；繁茂的草叢中開滿了色彩斑斕的小野花。我們站在路中間，翹首張望着小路的遠方，尋找着父親那一領長衫、一根拐杖的身影。有時，父親走近了，我們才發現，他那根手杖不是拄着，而是扛在肩頭，拐脖那頭勾着母親為他縫製的藍布書包。……父親看見我們，微笑地加快了腳步，長袍在微風中擺動着。當我們高興地喊着「爸！」撲向他的懷抱時，他那炯炯的眸子閃露出多麼欣喜的光芒啊！我們接過父親的書包，偶爾，他能掏出一些糖果來——那是別人送給他的。但使我們更高興、更覺甜蜜的，其實倒是接着了爸爸。

回來的路上，父親牽着我們的手，一邊和母親說笑着。天空是那麼藍、那麼高，上面浮着悠悠的白雲，我們在藍天白雲下慢慢走着。微風輕輕吹拂着大地，遼闊的田野上時而有一兩隻白鷺低低掠過，宇宙仿佛融成了一片溫馨。經過蝴蝶飛舞的草叢時，我們不時停下來摘採一些五顏六色的小野花。父親站在母親身旁微笑着，讚賞地看着我們選擇色彩。他顯得很快活，剛才長途步行的疲勞似乎已消失了大半。我們攥着花束走回村莊時，村舍已被夕陽染成了一片金紅。

有一回，母親因為事忙，沒有帶我們去接父親，他沮喪地獨自走回來，一進家門就抱怨母親：「你好狠心啊！」……（摘自《從人間走入地獄》，一九九五年十月六日《光明日報》）

父親一刻也離不開親情的溫暖，他最受不了的也就是離開親情的孤寂了。母親還曾好幾次笑談起這樣一件事：

你爸爸他有一次吃完晚飯靠在外屋床上休息，我在裏屋收拾東西，你們都圍着我。

不一會兒，他就在那邊敲起了鼓皮[1]，抱怨說：「我不是和尚啊，你們都圍着你媽媽，把我一人丟在這裏！」

研究所的老師們，家眷都不在身邊。我們家的幸福溫馨、父母親的相知相愛，尤其是深夜裏那兩盞相伴的油燈以及橋頭迎接的一幕，就像一股流不盡的心靈甘泉，也潤澤着他們的心。有時候快到接父親時，何善周先生就學着母親的湖北口音笑着催我們：「走啊，接你爸爸去啊！」父親的研究生季鎮淮（當時是所裏的半時助教）後來在《聞一多全集》的年譜中還刻意寫到了這兩個細節：「先生整理易經、詩經、楚辭等著作，並指導研究生工作，常至深夜不睡……高孝貞女士也經常伴到深夜，為先生做茶，夫婦感情甚篤。先生進城上課回鄉，夫人常帶小孩到橋頭去接，先生欣然。」

## 窘困生活　高雅意興

昆明四季如春，風光秀麗，但農村貧窮落後，沒什麼文化生活；在戰火紛飛、哀鴻遍野的年代更是如此。不過研究所裏並不寂寞。老師們雖然生活窘困，卻意興高雅，愛好多樣。晚飯後院

1　家鄉話把薄木板隔成的牆壁稱作鼓皮。

裏不僅時時傳來浦先生的昆曲聲腔，還有何善周先生的京劇唱段。何先生是青年教師，會唱戲，還能講故事，我們常愛和他一起到對面的小山坡上，坐在草地上聽他生動地講飛簷走壁，甚至還從他那兒學會了幾句《蘇三起解》和《四郎探母》呢。茶餘飯後，老師們也常互相走動，談詩論文；或映着夕陽到村野中去散步，盡享大自然的神美。有機會時，父親還與他們相約去附近的名勝古跡黑龍潭和金殿等地，欣賞那裏盛開的茶花和宏偉的殿堂建築。他也帶全家去遊玩過，去黑龍潭要經過一座獨木橋，父親不放心母親獨自過橋，讓我們先過去，他最後才牽着母親的手小心翼翼一步步移過去。常年為生活操勞、焦慮的母親，在令人心曠神怡的美景中，身心也得到了放鬆。

年節假日，大家還喜歡聚在我們家裏打麻將，這是當時文人們唯一的娛樂活動。大家興致很高。當這些背井離鄉、孤身在外的老師們坐在牌桌前，感受着「家」的溫暖親切時，這間小小的居室裏，總是盪起陣陣輕快的歡聲笑語。

所裏的麻將高手是山東大漢許維遹先生。他熱情豪爽，笑起來聲音洪亮。母親説，他上牌桌，贏的時候多。輸了，就站起來圍着自己的坐椅轉上三圈，一邊操着山東口音：「俺就不信，俺就不信！」再坐下時，下一圈還多半能轉敗為勝呢。

父親打麻將可只夠小學生水平，總需母親坐在一旁指點，只要母親離開一會兒，他就急着叫：「快來啊，快來啊！」不過，別看他牌藝不怎麼樣，雅興卻很高，上了牌桌就談笑風生，還給幾位「牌友」編了個順口溜。母親還記得其中的兩句是：「許駿齋神通廣大，朱佩弦老奸巨猾……」母親説，他的風趣可給牌桌添了不少樂趣呢。

年節的飯桌上也十分熱鬧。教師們平日粗茶淡飯，過年時不僅加了菜，還有酒喝，於是一個個雅興大發，乘着酒興划起了拳。父親打麻將不行，但酒量不錯，以前在青島就是「酒中八仙」之一，只見他滿面紅光、揮拳挽袖，洪亮的嗓音大聲喊着：「八匹馬呀，八匹馬呀！」「五魁手啊，五魁手啊！」那歡樂的場面令我們小孩子在一旁也跟着興奮不已。

## 開源節流爭溫飽

抗戰中後期，通貨膨脹越發嚴重。據史料記載，一九四三年大後方城市零售物價上漲高達百分之二百四十五，一九四四年竟達百分之二百五十，勞苦大眾終日在水深火熱中煎熬，教師們也深陷嚴重的生存危機。我們家更是朝不保夕，時時處在斷炊的威脅之中。當時大哥、二哥已在聯大附中上學，平日住校。我和三哥也即將進入中學。幾個人的學雜費更每每令人焦頭爛額。

一九四三年暑期後，父親開始在中法大學兼課，但這也只能是杯水車薪。

不得已，母親只得開口向朋友處挪借。教授們幾乎都一貧如洗，自身難保，只有許維遹先生手頭略微鬆動一點。許先生熱情豪爽，不僅有求必應，還時常主動幫助分憂解難。

他有位郭姓同鄉，是位有正義感的企業家，很同情知識分子的境遇，也十分欽佩父親的學問和為人。聽到父親的境況後當即熱情地請許先生轉達，願吸收父親入乾股（即不需出資，只掛個名，到時可分得紅利）。但父親婉言謝絕了。

不久後的一天，父親生病，許先生來看望，親切地坐在床邊，又一次轉達了郭先生的誠意，並説郭確是真心想為父親分擔一點負擔。如果父親願意的話，他想接濟正上中學的兩個孩子中的一個，擔負其全部學費，直到大學畢業。父親很感激這熱誠人士的關懷，但又一次婉拒了許先生的善意。他認為，自己的困難應由自己解決，不能依靠別人。母親説，那天他對許先生認真地笑道：「自己的孩子實在養不起，就讓他拉洋車去！」

對於眼前的困境，父親早已認定了自力更生這條路。他已下定決心讓孩子們暑假去打工，鍛煉自食其力的能力。就在這個暑期裏，大哥在孫毓棠先生介紹下，去三青團雲南省團部臨時幫助翻譯電報，第一次以自己的獨立勞動領回了報酬。從這時起，十六歲的大哥就已嘗試着為家裏分憂了。此後幾年裏，他都利用暑期數次去做家庭教師。直到一九四六年為撲救父親身受重傷的那個夏天。那個血染的暑假，他正在為一位女中學生宋瑞蓮做家庭英語教師。

父親本想安排二哥去印刷廠幫助排鉛字，但未辦成。

在生活的重壓下，不僅父親的負荷越來越重，連十五六歲的孩子也不得不出去打工，這使母親萬分心疼。她想盡了一切辦法，力圖減輕一點壓力，在日用開銷上竭力一分一文地精簡，甚至連納鞋底的麻繩也不買成品了，只從集市上買回一些原料來自己搓捻。我們家桌上那個針線笸籮裏，永遠堆滿了各種各樣要拆改、要縫製的活計，以至於六歲的小妹給她起了個別號，叫「剪子媽」。她也給爸起了個親熱的外號，叫「鬍子爸」。「剪子媽」「鬍子爸」日夜辛勞的形象，從幼時起就深深印在她稚嫩的心裏。

在貧窮和勞苦中，母親並沒有放棄對美的追求，每樣活計她仍儘量求得精美。連我們上學用的墨盒，為了防止弄髒衣服，她也要利用舊毛線鉤出一個墨盒套，面上設計了鏤花的圖案，提帶上還吊着兩個可愛的小穗兒。我們提着它，真想到處去「顯擺」。母親還養了一些蠶，想對蠶絲加以利用，我們下學後常幫着摘桑葉，餵蠶寶寶。她深知父親珍愛自己的手稿，在親自幫助搓紙捻裝訂時，總想也給它們打扮一下。不久，她還真用成片的蠶絲給一本手稿裝上了封皮。黃燦燦的封皮倒是新穎別致，只可惜不大適用，以後也只好作罷了。

研究所獨門獨院，門前是一片稻田，左邊有一個打穀場。院內院外都有飼養家禽的空間。這使母親下定決心要在「節流」的同時進行「開源」。她買回了幾隻雞雛來餵養。不久後，飯桌上果然見到了一點營養品——雞蛋。再不久，父親早餐也間或可以吃到一個雞蛋了。記得那時我和三哥每聽到「咯咯咯——嗒——」的叫聲，便飛快奔向樓下那間堆稻草的隔間，爬上高高的草垛，在裏面翻找雞蛋，當翻見了熱烘烘的雞蛋時，常禁不住在草垛上蹦跳一陣。有一回正蹦躂時，房東女人進院來了，一見草垛被翻亂，我們還在上面亂跳，不禁勃然大怒，張口大罵。我們急忙攥着雞蛋溜回了屋。她站在院中繼續怒吼：「小砍頭的！千刀萬砍的！」我們捱着罵，邊翻弄着手中的雞蛋，心裏還覺着甜滋滋的呢。

司家營時期的高孝貞。

後來，母雞開始孵小雞，年節時飯桌上居然見到了雞肉！除夕晚上，所裏的老師們吃年夜飯時，母親端去一碗紅燒仔雞，父親笑眯眯地邀請大家：「嚐嚐吧，這是我們自己勞動得來的。」這碗雞肉加上節日的加菜，不僅使平日難得開葷的先生們大快朵頤，還居然被寫進了浦江清先生的日記！

母親還養過小鴨，把鴨子放進門前的水田裏，牠們立即「呷、呷」地游開去，由於吃的多是小蟲一類的天然食品，個個長得膘肥體壯。有時，小鴨也貪玩，天黑了還不回家。我和三哥、小妹就跑到田埂上去呼喚：「鴨——來來來，鴨——來來來！」在滿天星斗下聽着自己的聲音，順着銀光粼粼的水田遠去，我們也依戀着這田園夜色，不想回屋了。

糊口的生計對於孩子們來説，竟有着無窮的樂趣和魅力。

但天天和小雞、小鴨相處，日子一長就有了感情。到了非把雞、鴨當菜肴時，小妹甚至掉了眼淚。仁慈的老趙媽每當拿起菜刀，嘴裏就不斷喃喃：「雞，雞，你莫怪，你本是陽間一碗菜。」我們蹲在她身旁，心裏也萬分不捨。可是那時，食難果腹的我們，尤其是日夜辛勞的父親，還就指着這碗菜來補充一點營養呢。

養雞養鴨也給研究所帶來一些麻煩。滿院啄食的雞群時而會破壞所裏的寧靜，有時還造成了一些不便。老師們心中有苦，但也都能體諒我們的困境。

有一回，一群雞雛正隨母雞在院內尋食，朱自清先生正好從外面回來。穿過院子時，來不及躲閃腳邊亂竄的小雞，一不小心踩死了一隻。他慌亂之至，急忙連聲對母親道歉：「對不起，對不起。」朱先生貧病交加，對於當時一隻雞的「珍貴」深有體會。他胃病嚴重，飯量很小，就指靠着每早一個雞蛋來補養。窮教授吃上個雞蛋不易，因此，每當煮這個蛋時，他必攥着懷錶守候在灶旁。現在自己竟踩死了一隻雞仔，心裏一定覺着不安。

朱先生的道歉令母親也十分不安。她回來就對我們說：「其實該道歉的是我們。咱們養雞給他們添了多少不方便啊！」

儘管父母親想了許多辦法，但在飛漲的物價面前，我們的生活仍每況愈下。

一九四三年秋天，由於過度勞累、焦慮又缺乏營養，母親病倒了。父親焦急萬分，幾次讓趙媽和我們到附近的麥地村去請馮大夫。怕母親躺在床上寂寞，又讓我們多去陪陪她。我當時的日記還記着：

> 八月十四日　星期六
>
> 今天媽媽的病又比較好點了，我們大家都很快樂，並且大哥也回來了。晚飯後，大哥替我們講了一個電影，電影的一段剛要結束，忽然爸叫我們去陪着媽。於是我們便回屋子裏來了。

母親好些後，父親萬分欣喜，望着躺在床上的妻，心中不覺湧起無限深情。久不握畫筆，這天竟興沖沖找出一塊月份牌底板，在它背面鋪上紙，畫起了病中的愛妻！只寥寥幾筆就勾勒出了母親臥床的形象！

只可惜他太忙了，速寫未能最終完成。但他給母親帶來的心靈撫慰，比什麼藥都能去病。

這幅未完成的鉛筆速寫，可惜沒有保存下來。但那天父親作畫的情景，連同畫面上母親臥床的形象，已深深地、永久地印在了我心中。

# 手工業勞動者

這個秋季（一九四三年）的一天，父親回屋笑着對母親說：「大家都讓我掛牌刻圖章哩，我的圖章刻得不好，你看這怎麼辦？」原來，朋友們在一起慨歎生活的艱辛時，有人想到父親會篆刻，便建議他從這方面找找出路。父親喜愛篆刻，早年曾迷戀它，還親昵地稱它為「妙齡姬人」。這時在朋友們的鼓勵下，不禁又動了心，也許這位高雅的「姬人」真能幫自己解決一點困難呢。母親也認為這是一條出路，只擔心父親太累。經過反覆考慮，八月間，父親終於決定公開掛牌。

這可是件大事，當時也成了我們孩童的興奮點，我在日記中就連續寫到了它：

八月二十五日　星期三

媽媽的病好多了，爸爸也要掛牌刻圖章了（是因為經濟上的困難）。昨天爸爸進城去買紙和定做木框，好蓋圖章在上面。爸今天回來說，一切都快辦好了。

八月二十七日　星期五

何先生[1]回來說，印圖章的架子已經拿去做了。一個要一百元，爸爸合算起來，也不算貴。我們有四塊玻璃，共要四百元。但這四百元在我們已經算（下佚）

1　何善周先生。

這裏說的木框、印圖章的架子就是用來做廣告用的玻璃框，裏面準備鑲進印譜、啟事和潤例。木框做好後，父親裝進了親自設計的印譜，又掛在床頭反覆琢磨了好一陣。

父親早年專學美術，對古文字又有深入研究，他治印自然不同一般。浦江清先生還特意為他撰寫了一篇精彩的駢文啟事：

> 秦鉥漢印，攻金切玉之流長；殷契周銘，古文奇字之源遠。是非博雅君子，難率爾以操觚，倘有稽古宏才，偶點畫而成趣。
>
> 浠水聞一多教授，文壇先進，經學名家，辨文字於毫芒，幾人知己；談風雅之原始，海內推崇。斲輪老手，積習未除，占畢餘閒，遊心佳凍。惟是溫磨古澤，僅激賞於知交；何當琬琰名章，共榷揚於藝苑。黄濟叔之長髯飄灑，今見其人；程瑤田之鐵筆恬愉，世尊其學。爰綴短言為引，公定薄潤於後。

在啟事上具名的有梅貽琦、馮友蘭、朱自清、潘光旦、蔣夢麟、楊振聲、羅常培、陳雪屏、熊慶來、姜寅清、唐蘭、沈從文諸位教授。

掛牌治印並不比閒時自逸，這是一項十分艱苦的工作。尤其是昆明出象牙，當時人們都喜歡用牙章，但象牙比石頭堅硬，刻起來十分艱難。父親後來曾親口對吳晗談到其中的艱辛：「刻第一個牙章的時候，費了一整天，右手食指被磨爛，幾次灰心絕望，還是咬着牙幹下去，居然刻成了。」吳晗說：「他說這話時，隔了兩年了，還含着淚。」（《哭聞一多》）

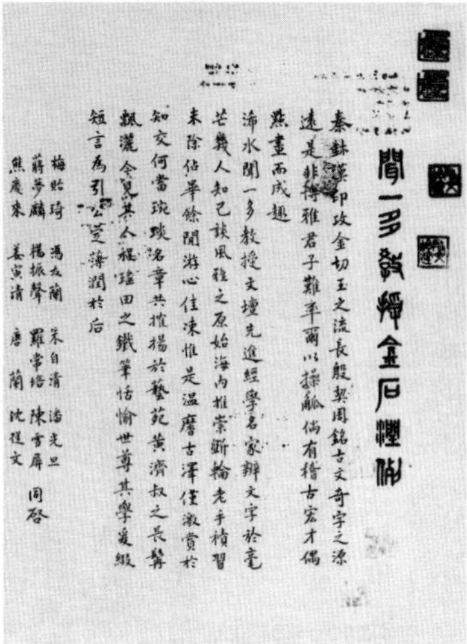

聞一多教授金石潤例

秦鉥漢印攻金切玉之流長殷契周銘古文奇字之源
遠是非博雅君子難率爾以操觚倘有稽古宏才偶
點畫而成趣
浠水聞一多教授文壇先進經學名家辨文字於毫
芒幾人知己談風雅之原始海內推崇斲輪老手積習
未除佔畢餘閒游心佳凍惟是溫磨古澤僅激賞於
知交何當琬琰名章共推揚於藝苑黃濟叔之長髯
飄灑今見其人程瑤田之鐵筆恬愉世尊其學爰綴
短言為引公覽薄潤於后

梅貽琦 馮友蘭 朱自清 潘光旦
蔣夢麟 楊振聲 羅常培 陳雪屏 同啟
熊慶來 姜寅清 唐蘭 沈從文

聯大中文系浦江清教授為聞一多掛牌治印撰寫的潤例。

但不論刻石章還是牙章，父親都不把它單純視為謀生手段，而是作為一項嚴肅的藝術創作。從構思、佈局、書法、用刀到潤飾都一絲不苟，力求運用自己的學術和藝術造詣使之達到高度的審美要求。因此，他的篆刻能師法秦漢而又變化出新，別具匠心。掛牌不久，便陸續有人慕名而來。我們的溫飽漸漸有了指望，而父親的負擔卻更加沉重了，除了教課研究、指導研究生、到校外兼課，其餘時間幾乎都用在了篆刻上。操刀不久，他就病了一場，但甚至連生病期間也不能好好休息一下。不僅母親心疼，就連我們小孩子心裏也不好受，我當年在日記裏就這樣寫道：

> 九月二十二日
>
> 父親是感冒，今天能夠起來了。可是何先生又拿了一個圖章回來刻。真苦！為了幾個錢累成這個樣子，我們非努力不可。

現在人們都以為父親治印是從一九四四年初開始的。其實，早在一九四三年秋他就開始掛牌，操起這項艱辛的手工業了。父親一進入篆刻天地，就完全忘了自己。他在小小的方寸中創造着價值，也創造着藝術。每一方圖章不達到完全滿意是絕不罷手的，時常是刻了又磨，磨了又刻，從不含糊。不僅如此，他還滿腔熱情地為朋友們篆刻。就在百忙中，他還先後為所裏的每位教師贈刻了名章。不少朋友、同事以及聯大等校的學生，後來都陸續獲得過他親手刻的圖章。

作為詩人，他在篆刻上也詩興十足。除了印面富於美感和韻味，耐人尋味，有的章還附上了風趣生動的邊款，如贈給華羅庚先生的：

頑石一方　一多所鑿　奉貽教授　領薪立約　不算寒傖　也不闊綽　陋於牙章　雅於木戳　若在戰前　不值兩角

他也以邊款表達誠摯友情和愛國情懷，在給孫毓棠的章上就留下了這樣的附言：

忝與毓棠為忘年交者十有餘年。抗戰以還，居恆相約，非抗戰結束不出國門一步，頃者強虜屈膝，勝利來臨矣。而毓棠亦適以牛津之邀而果得挾勝利以遠遊異域，信乎必國家有光榮而後個人乃有光榮也。承命所印，因附數言以誌欣慰之情，非徒以為惜別之紀念而已也。

後來，參加民主運動後，篆刻也成了他表達心志、參加鬥爭的一種方式。在白色恐怖下民盟用的化名圖章就出自他的手。

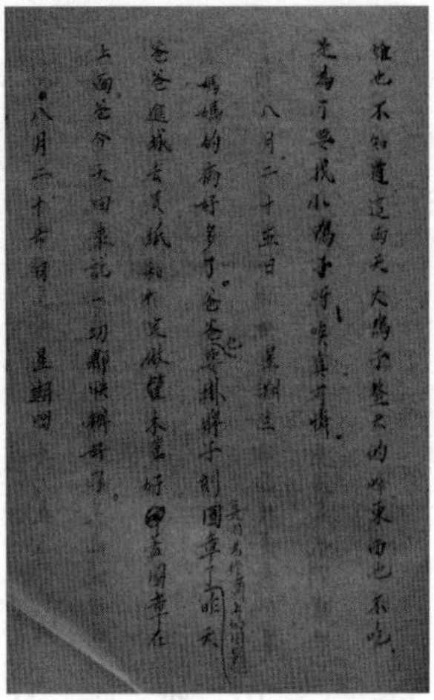

一九四三年秋，聞一多為生活所迫不得已掛牌治印，孩子在日記中也記下了這樁大事。

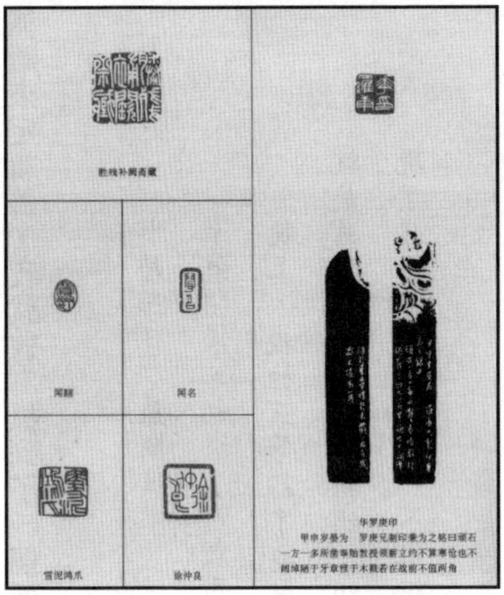

聞一多的篆刻藝術深受人們讚譽。

小小的方寸已成為他抒懷、寄情、言志的廣闊天地。

他自然也沒有忘記我們。我們每個孩子都得到了他給刻的章。我的那枚還是他最得意的作品之一呢。他自然更忘不了母親，百忙中還那麼深情地對她笑道：「我以後一定給你也刻一個。」

但這個心願竟未能實現！母親後來幾次提起都兩眼濕潤。父親早年為她寫過詩，設計過服裝，患難中為她作過畫（雖未完成），現在，在為生計如此辛勞時，還懷着為她刻章的心願。這詩、這畫、這篆刻，作為藝術，她也許還不完全懂，但其間跳動着的那顆心，燃燒着的那腔情，她怎能感受不到，又怎能不為之心跳，為之動情呢？想到他這一心願竟未能實現，她又怎能不傷痛？

父親掛牌治印那個暑期，正是我和三哥考入聯大附中時。學校在城裏，必須住校，這更加重了家裏的經濟負擔。治印初得的那點微薄報酬，不少都貼補到我們身上了。就是這樣，仍感十分困難。

母親在為我們準備住校用具時，甚至連兩個人的漱口杯也無力都換成新的。我和三哥只能靠抓鬮來定新舊。我就曾為抓到了一個新口杯而萬分興奮，甚至把這寫進了日記：

十月三日　星期日

十號開學，也快了。東西還沒預備好，錢也沒有，還好昨天爸爸帶了點錢回來。晚上，我和三哥為了要爭漱口碗是誰得新的，媽便讓我們來抓紙，定好了「一」字就是舊的，白的就是新的。開始了，我們一人拿了一個。危險的時期到了，咦！忽然發現了我手上的是白的，不用說，一定是我得新的了。

儘管如此，大人們對我們升入初中還是萬分欣喜。父親不顧日夜辛勞，親自抽時間送我們去學校，親自扛着行李把我們送到宿舍的床位前。

戰時條件艱苦，加上物價暴漲，學校伙食自然不會好。不少同學都從家中帶「私菜」。我們家吃的並不比學校好，只是小鍋小灶油水要多一些。母親心疼兒女，也時常炒一點醃菜或煉一小罐豬油給我們帶上。紅糙米飯拌進一點豬油吃起來覺得特別香。偶爾她買上一點便宜的牛雜碎，和花生米炒到一起，給我們帶個「高級菜」。那就更是享受了。

學校近旁有個小牛肉館，常年飄出肉香味。父親掛牌治印後，有一次來學校看我們，神秘地笑着說：「今天帶你們去個好地方！」我們都驚喜地睜大了眼互相望着，誰也沒想到這個好地方就是這四季飄香的小牛肉館！進了店裏，父親讓我們坐下，給我們每人叫了一碗牛肉麵，他自己卻不要，只坐在我們身旁，拄着拐杖滿意地看着我們吃。

在昆明，我們從未進飯店吃過飯。昆明的特產，如過橋米線、汽鍋雞等，更只在飯店門口的廣告上見到，從不知是什麼滋味。這次是第一次下館子，雖然它很小，很簡陋，但卻嚐到了香醇的牛肉麵！我們大口大口地吃着，有時一抬頭，遇見父親那正含笑望着我們的慈愛眼神，心裏不知有多麼甜蜜！

抗戰以來，我們也沒有穿過新衣服，儘管年齡在增長、身高在變化，但一件衣服也只能大孩子穿了縫縫改改給小的穿，小的穿了再給更小的穿。大哥、二哥上中學時，父母曾咬牙為他們各自買了一身學生裝，我是個女孩子，如今也成了中學生，他們的心事可想而知。

入冬後的一個周末，父親來附中找到我，帶我走進了一個拍賣行。那真是難忘的一天！他領我來到貨架前，仔細選看掛在那裏的各式衣服，親自為我選購了一件八成新的人造羊羔毛的中長外衣。全黑色的，他說我膚色白，穿黑色的好看！一時間，我簡直高興得說不出話來。本來每周回家時，他和母親怕我們走遠路太累，要我們先坐一段馬車到崗頭村。那天我卻興奮地和父親一起步行走回了家，十多里的路程，一點也不覺得累！初冬的昆明，涼意已有些襲人，但我穿着它，從身體一直暖到了心裏。一路上，父親笑得那麼舒心，我快樂地走在他身旁，覺得天上的太陽都特別溫暖，拂面的微風也特別清柔，連路旁的小樹、草叢中的野花都特別青翠芬芳。

當時我只知高興，卻不知道，就在前不久，為了我們的溫飽，父親竟把自己的狐皮大衣送進了當舖，還因此凍病了一場！更體會不到，為了我這件外衣和我們吃的「營養加餐」，他不知在堅硬的象牙和石頭上又付出了多少心血和汗水！

第四章

# 豪氣萬丈與繼起者

鬥士的血是不會白流的。反動派！你看見一個倒了，可也看得見千百個繼起的人！

——為《學生報》李公樸先生紀念特刊題詞

# 嚴斥暴力教育

昆明地處邊陲，民風淳樸，但抗戰前比較閉塞，社會上仍殘存不少封建野蠻陋習。其中較普遍的一種就是學校教育中的體罰。

在我們上過的小學裏，老師們上課都備有一條教鞭或戒尺，隨時用來抽打「不聽話」的學生。懲罰方式不僅抽鞭子，打手板，還有摔臉蛋、罰跪等等。母親常心疼地說：「老二小時候愛淘氣，在老家時爹爹就叫他跳蚤。在昆明福壽巷上昆華小學時，遲到了老師就叫他自己打自己。有時捱老師打，把臉蛋都摔破了。」

我們上課時，常常是嘴裏唸着「桃花紅，菜花黃，村前村後好風光……」之類的優美課文，眼睛卻不時睨向老師手中那根可怕的教鞭，生怕它會突然間落到自己頭上！

在司家營，我和三哥最初是在附近的羊腸村小學就讀。這是一所普通的農村小學，但抗日活動開展得比較活躍。我們學唱的都是抗日歌曲。記得一次大會上，學校把冼星海的《在太行山上》編成了歌舞，我還參加了演出。那次父親也去觀看了。我在台上唱着「紅日照遍了東方，自由之神在縱情歌唱……」，表演着紅日初升、萬丈光芒的景象。父親就坐在台下正中央，臉上溢滿了微笑，眼裏閃出那麼欣喜的光芒，我當時心裏不知有多麼高興、多麼溫暖，那次會後，父親還說，將來要讓我去學舞蹈呢。但就是這樣一所學校，卻沿襲着野蠻的體罰傳統。

而一次特殊的體罰，也成了我們以後轉學的原因之一。

這次體罰，雖不是針對我，我卻成了最大的受害者。

原來，在一次朝會上，校長在台上訓話時，六年級的隊伍裏有人說話、玩鬧。校長一時制止不了，勃然大怒，竟罰學生「烤太陽」！大概他覺得光罰個別同學不解氣，還要全體高年級同學都「陪綁」。於是我們五年級也就成了陪綁者。昆明的夏天，溫度雖不算高，陽光卻很強烈。長時間暴曬在陽光下，確是一種懲罰。我自幼體質較差，加上營養不良，有些虛弱，曬的時間一長，就覺得頭暈眼花，不一會，只覺眼前一黑，就失去了知覺！

父親在家裏得知我竟被曬暈，又驚又怒，忙請所裏的工友李榮去把我背回家，他自己也立即趕去學校，嚴厲斥責了這種野蠻做法，又耐心地對校長講了許多教育之道。

父親從來反對體罰，在我們家裏從不打罵孩子，只有過兩次例外，他事後還做了自我批評。母親對我說過，有位朋友常來串門，見我們幾個從不打架、不吵罵，便問父親：「你是怎麼教育孩子的呢？」父親笑着說：「不打不罵，只講道理啊。」有一件事使我終身難忘，那是在西倉坡住時，有一年春節，朋友送了一隻貓頭形氣球，這在當時可是個稀罕玩具，我們見了如獲至寶。平時愛擺弄小工具小物件的二哥更異想天開，要讓它飛起來。他想到在化學課上學過氫氣的製造，就跑去附中實驗室弄回一塊鈉。家裏有隻裝涼開水的綠陶壺，他往裏灌滿水，蓋緊蓋，把氣球嘴套在壺嘴上，就得意地把那塊鈉投進了壺裏。我們幾個興奮地圍在這隻壺旁，只等着看氣球飛起來，我趴得最近。沒想到突然一聲巨響，壺爆炸了！碎瓷片濺了一地！強大的氣流夾着碎片濺了我一臉，頓時疼痛萬分。父親在裏屋聞聲急忙趕了過來。正好這時，化學系教授黃自卿伯伯來拜年，他立即讓我用醋來擦臉，並且講解了爆炸的化學原理，原來那塊鈉過量了。事後，我們一個個垂頭喪氣，都擔心父母親生氣。但父親並沒有發怒，也沒有訓斥「罪魁禍首」二哥，只用英語說了一句：「little knowledge is a dangerous thing!」意思是一知半解是最危險的事。這句話我們一輩子也忘不了。

父親愛每一個孩子，尊重每個人的個性，對於家庭暴力深惡痛絕，就是對外，也是如此。在福壽巷三號住時，房東姚先生是位中醫，謙恭有禮，但他家老太太卻專橫跋扈，嚴酷苛刻。姚家有個小丫環，叫荷花，才十五六歲，整天從早到晚幹活，不得休息。老太太仍不滿意，稍不如意就下手狠打。母親說，她用雞毛撣子打，用鞭子抽，有時甚至鎖在屋裏用火鉗燙！我們在樓上時常聽到樓下傳來的慘嚎聲，父親實在聽不過，常跑下樓去從老太太手中搶下鞭子或敲開門去奪火鉗。回到屋裏，還臉色鐵青，口裏不斷說「太不像話，太不像話！」

現在羊腸村這所學校摧殘兒童的體罰，令父親憤怒又痛心。不久，他就將我們轉入了龍泉鎮小學。這是鎮上一所中心小學，規模比較大，教學質量要好一些，有利於我們考中學。他當然也希望，這兒體罰風會好一些。

但沒有想到，這所中心小學雖比較正規，教育方法卻同樣嚴酷，體罰方式更是別出心裁。除了課堂上的「懲罰」，幾乎每周的朝會上都有同學被揪到台上罰站，罰跪。這不是一般的站和跪，而是在站、跪的同時必須平舉雙臂，手掌上還要放上一塊磚；有時，甚至要平舉雙臂曲腿站立，頭頂再壓上一塊磚！如果被罰的同學不聽話，還要再加上一塊！殘酷的懲罰嚴重摧殘着少兒們的身心，每當台上有同學被罰，台底下便壓抑得連呼吸都不敢出氣。

一九四二年暑期，小妹到了入學年齡，她在家裏太寂寞，早就盼着和哥哥姐姐一起去上學。開學頭一天，一大早就背上母親縫製的新書包，高高興興由趙媽伴着隨我們邁進校門。誰想第一堂課就被嚇得大哭着跑出了教室。原來那天遲到的同學都被老師拿戒尺狠狠抽打手心！她那顆稚嫩的心怎麼受得了這一幕？一連幾天，教師手中的戒尺和教鞭都發揮着無比威力，她也一到上學時就覺得肚子痛得站不起身。又過了幾天，有一次，我們正在上課，突然間她大聲哭喊着「姐姐！姐姐！」跑進了我們的教室！我急忙上前摟住她，只感到那小小的身軀都在抖動。原來她們老師又在揮教鞭了。這個上午，她就偎在我身旁，和我擠在一個座位上，直到上完我們五年級的課。我們的教室就在一年級教室對面，這裏面有她的三哥和姐姐，似乎是她唯一可獲得保護的地方。她自己並沒有捱打，可再也不願回到一年級那間教室了。

教育中的非人性行為極大傷害了小妹的身心，父親不得已，只得讓她暫時停學。對於普遍存在的這種暴力傾向，父親曾不止一次到我們就讀的學校去提過意見。但他的努力除了使自己從中加深了對當時中國教育問題的認識，只猶如一顆石子投進了大海，這不能不使他對整個社會作更深入的思考。

## 時代的鼓手

由於國民黨政府的統治日益專制腐敗，大後方貪腐肆虐，百業凋敝。達官貴人們終日花天酒地，紙醉金迷，而老百姓則無日不在水火中煎熬。司家營和其他村落一樣，貧苦的農民個個面黃肌瘦，衣衫襤褸。在他們居住的殘破土棚裏，披着碎布片的孩子們骨瘦如柴，常常睜着兩隻飢餓的大眼睛拚命啜吮自己的手指。村後那些大樹的枝杈上，不時見到用破布包裹着的嬰兒屍體。舊曆七月十五日鬼節時，從那些破土棚傳來的哭嚎也特別淒慘。

父親步行途中曾親眼目睹沿途農民的困苦生活。近幾年來，自己歷經磨難，生活也陷入朝不保夕的境地，因此對昆明農村的幅幅悲慘景象更能感同身受。他深為今天還遍處存在一千多年前杜甫筆下的「朱門酒肉臭，路有凍死骨」的那種慘狀而感到痛心、憤懣。

一九四二年以來，龍泉鎮一帶駐軍逐漸增多，我們村子裏也輪番駐進了一些部隊。士兵們平日操練和吃飯就在我們門旁的打穀場。這些士兵大多數是從農村抓壯丁抓來的，幾乎個個黃皮臘瘦。我印象最深的就是那兩條纏着裹腿的腿。就像兩根乾枯的樹幹一樣。他們一天只吃兩頓飯，吃的是不見油水的湯菜，還時常遭受毒打。

父親進城上課時，在路上還不止一次見到一隊隊瘦弱的士兵和壯丁，被長官抽打着前行。有的支撐不住，走着走着就倒下了。有的長官還要上去再加上一腳，倒下的士兵也就從此再起不來了。

母親說，有一回她和父親一起進城，在城牆邊就看見一床破席裏裹着一個人，伸出一隻瘦骨嶙峋的手，邊呻吟邊哀求：「給點錢吧，我活不成了。」父親過去掀開席子問：「你是幹什麼的？」「病兵啊，他們走了，把我扔在這裏了！」父親頓時心如刀絞，當時就把身上僅有的幾個零錢給了他，母親心裏也萬分難受，她想：「他這個樣子，可怎麼去買東西呢？」

「還有一回」，母親說：「經過一個大坑，有半截土圍子圍着，坑裏面據說都是被打死的病兵、傷兵。有的還把衣服都剝光了。我和爸都去看了，野狗把屍體拖到坑邊，到處是胳膊、腿……」

面對如此慘狀，父親多次沉痛地對母親説：「這不是人家的兒子?!」他想不到，在我們祖國大地上，不僅農民苦難深重，連保衛國土、為國流血的戰士，境遇也如此淒慘！他無論如何也接受不了這殘酷的現實，心在劇烈地疼痛，怒火在胸中燃燒！四二年的一次《易經》課上，他走上講台，禁不住激憤地講起剛剛見到的病兵慘狀，大聲責問起來：「我們的抗戰公糧哪裏去了？只餵肥了國民黨的大小軍官！他們荒淫逸樂，戰士們卻來不及見到敵人就在飢病交迫中倒下去了。……這樣的軍隊能抗戰嗎?」（彭蘭《風範長存——紀念聞一多師八十誕辰》，載《北京大學學報》哲學社會科學版一九七九年第五期）

一九四三年三月，蔣介石的《中國之命運》一書在昆發售。抗戰以來，父親對蔣介石領導的國民政府一直抱有信心，認為蔣介石是一位英明領袖。但這本書卻令他大吃一驚！原來英明領袖的治國理念是這樣的！蔣介石公然宣傳封建專制主義，鼓吹一個黨、一個主義、一個領袖。不僅反對共產主義，而且反對自由主義！父親後來説：「《中國之命運》一書的出版，在我一個人是一個很重要的關鍵。我簡直被那裏面的義和團精神嚇一跳，我們的英明的領袖原來是這樣想法的嗎？五四給我的影響太深，《中國之命運》公開的向五四宣戰，我是無論如何受不了的。」（《八年的回憶與感想》）他漸漸明白，中國的現實為什麼這麼黑暗了。

太平洋戰爭爆發後，中國與反法西斯國家結盟，擺脱了孤軍抗日的境地。抗戰的國際環境有所改善。但英美實行的是「先歐後亞」方針。日本在強佔我國大半國土的同時，又發動了對滇西和緬甸的進攻，我國腹背受敵，對日作戰仍十分艱難，形勢依然很嚴峻。

為了抗擊日本帝國主義的侵略，中國共產黨始終以大局為重，堅持統一戰線，在敵後積極開展對日鬥爭，有力地配合了正面戰場。但蔣介石時時不忘反共，不僅發動了震驚中外的「皖南事變」，而且趁四三年五月共產國際解散之機，調動六十萬大軍企圖閃擊延安，甚至動用守衛黃河防禦日寇的部隊。對於這些令親者痛、仇者快的行徑，凡有頭腦的人無不在思考，在憤怒。

多年來，父親沉迷於古籍，沒有過問政治，但祖國的命運、民族的前途、國內外的形勢始終和他血脈相連。他愛祖國愛得那麼深沉，如今現實中的這一切，如何能讓他平靜？

一九四三年暑期開學前，由於應英國教授羅伯特．白英之邀共同編譯《中國詩選》，他在朱自清先生從成都帶回的一本詩集中見到了解放區詩人田間的詩。打開一讀，不免吃了一驚：「我一看，這是詩麼？再看，咦，我說，這不是鼓的聲音麼？」（小華（何孝達）《聞一多先生的畫像》）他萬分激動而欣喜，緊接着就在開學後的第一節唐詩課上朗誦了其中的幾個段落，並熱烈讚揚作者是時代的鼓手。他說：「我們沉醉在軟弱的弦調太久了，我們需要鼓的音樂！鼓的敲擊使我們想到戰鬥。什麼是鼓的時代？戰爭的時代！……」（《新華日報》「新華副刊」一九四三年十月十六日）

他又說：「抗戰六年來，我生活在歷史裏，古書堆裏，實在非常慚愧，但今天是鼓的時代，我現在才發現了田間，聽到了鼓的聲音，使我非常感動。」（焯《聯大特寫》，轉引自《聞一多年譜長編》）

這年十一月，他發表了《時代的鼓手——讀田間的詩》一文，尖銳批判了「靡靡之音」的那種「疲困與衰竭」以及當前仍然是「疲困與衰竭」的一片潮濕而發霉的聲響，熱烈讚頌了「鼓的聲律」和「鼓的情緒」：

這裏沒有「弦外之音」，沒有「繞梁三日」的餘韻，沒有半音，沒有玩任何「花頭」，只是一句句樸質、乾脆、真誠的話，（多麼有斤兩的話！）簡短而堅實的句子，就是一聲聲的「鼓點」，單調，但是響亮而沉重，打入你耳中，打在你心上。……

它不是那捧着你在幻想中上升的迷魂音樂。它只是一片沉着的鼓聲，鼓舞你愛，鼓動你恨，鼓勵你活着，用最高限度的熱與力活着，在這大地上。

**文章結尾他大聲呼籲：**

當這民族歷史行程的大拐彎中，我們得一鼓作氣來度過危機，完成大業。這是一個需要鼓手的時代，讓我們期待着更多的「時代的鼓手」的出現。至於琴師，乃是第二步的需要，而且目前我們有的是絕妙的琴師。

**文章的發表，正如朱自清後來在《聞一多全集．序》中說的那樣，「那篇《時代的鼓手》，讚頌田間先生的詩，這一篇短小的批評激起了不小的波動，也發生了不小的影響。」一九四三年十一月二十五日，父親在給臧克家的回信中進一步道出了自己的心聲和行動決心：**

你們作詩的人老是這樣窄狹，一口咬定世上除了詩什麼也不存在。有比歷史更偉大的詩篇嗎？我不能想像一個人不能在歷史（現代也在內，因為它是歷史的延長）裏看出詩來，而還能懂詩。在你所常詛咒的那故紙堆內討生活的人原不只一種，正如故紙堆中可討的生活也不限於一種。你不知道我在故紙堆中所做的工作是什麼，它的目的何在，因為你跟我的時候，我的工作才剛開始（這可說是你的不幸吧！）你知道我是不肯馬虎的人。從青島時代起，經過了十幾年，到現在，我的文章才漸漸上題了，於是你聽見說我談田間，於是不久你在重慶還可以看見我的《文學的歷史動向》，在《當代評論》四卷一期裏，和其他將要陸續發表的文章在同類的刊物裏。近年來我在聯大的圈子裏聲音喊得很大，慢慢我要向圈子外喊去，因為經過十餘年故紙堆中的生活，我有了把握，看清了我們這民族、這文化的病症，我敢於開方了。方單的形式是什麼——一部文學史（詩的史），或一首詩（史的詩），我不知道，也許什麼也不是。最終的單方能否成形，還要靠環境允許否（想像四千元一擔的米價和八口之家！）但我相信我的步驟沒有錯。

接着他又說：

你想不到我比任何人還恨那故紙堆，但正因恨它，更不能不弄個明白。你誣枉了我，當我是一個蠹魚，不曉得我是殺蠹的芸香。雖然二者都藏在書裏，他們的作用並不一樣。這是我要抗辯的第一點。你還口口聲聲隨着別人人云亦云的說《死水》的作者只長於技巧。天呀，這冤從何處訴起！我真看不出我的技巧在那裏。假如我真有，我一定和你們一樣，今天還在寫詩。我只覺得自己是座沒有爆發的火山，火燒得我痛，卻始終沒有能力（就是技巧）炸開那禁錮我的地殼，放射出光和熱來。只有少數跟我很久的朋友（如夢家）才知道我有火，並且就在《死水》裏感覺出我的火來。

沉默了多年的火山爆發了！他的喊聲越來越大。這一時期，他連續發表了《文學的歷史動向》《復古的空氣》《家族主義與民族主義》《從宗教論中西風格》等以古論今、針砭現實的文章。

作為詩人，他也在以新的眼光審視自己，審視詩壇。

一九四四年四月，聯大十多位熱愛詩歌的同學組織成立新詩社，來司家營請父親擔任導師。父親和他們一起來到村外的草地上圍坐在一起，愉快地談詩，談心。他語重心長地說，重要的是先學做人。要做一個真正的「人」，不要做反動統治者的奴隸。詩人應該走到人民群眾中去，要理解人民的痛苦，做時代的「鼓手」，喊出真正人民的呼聲。他說：「當一個人對生活有了這樣那樣的感受，他心頭在激動，他想把這種感受傾吐出來，爭取別人的共鳴。他要用最好的語言去激動別人的感情。這樣的詩才會真實，才會有內容。但是，這樣的詩也十分危險，如其他的感受只是個人的休戚，如果他的感情只是無病呻吟，那他將糟蹋了自己，也浪費了別人的時間，欺騙了別人的同情。你們也就可以明白，過去我說過，詩是不負責任的宣傳，簡直是胡說！只有飽食終日無所事事的人，才有這樣的閒情！事實上，也沒有這樣的事情！你說了話，你發表了東西，你就會這樣那樣地影響別人。如果說，他是出於無心和幼稚，咱們也得和他大喝一聲！」（趙寶煦、聞山《聞一多導師和新詩社、陽光美術社》）

他勉勵同學們，新詩社應該是「新」的詩社，不僅要寫形式上是新的詩，更要寫內容上也是新的詩。不僅要作新詩，更要做新的詩人。

# 向圈子外喊去

驚馬拖着馬車一路狂奔，不時暴躁地尥着蹄子，車夫的鼻子也被踢得鮮血直流！路旁行人唯恐躲閃不及，有的還嚇得大聲尖叫。車子上，母親更嚇掉了魂！那瘋狂的馬，似乎隨時要把她甩下車去！

這是一九四四年初夏的一天。這天，我們家正由司家營搬回城裏。

五月間，昆華中學聘請父親去授課，並提供了住房。這個時期，由於日本在太平洋戰場連續失利，海空戰力削弱，加之中國空軍得到美國援助，實力不斷增強。大後方遭受的空襲已逐漸減少，父親決定把家搬回昆明市內。

家裏沒什麼大件家具，可罎罎罐罐的也裝滿了兩馬車。這天，母親料理完善後，拖着疲憊的身子坐上了後面一輛車。誰料想，拉這車的馬大約很少進城，半路上突然受了驚！

險情發生時，父親正在新居裏興致勃勃地佈置房間。對他來說，搬遷的辛勞中還另有一番樂趣。室內設計對他的誘惑並不亞於舞台美術。儘管身居陋室，家徒四壁，這種熱情也絲毫未衰減過。母親常無奈地笑道：「他呀，每回搬家，總是先頭裏就跑走了，說是要去佈置房間！」她說，就是不搬家，住上一段時間，他也總愛把屋裏的擺設變動一下位置（今天人們對他居室的陳設常常說法不一，這大概就是原因之一吧）。就像治學一樣，他在生活上也從不喜歡墨守成規。

母親理解父親這種興味，也喜歡他設計的逸雅風格。但這回到了新居也無心去欣賞他的傑作了。

興頭上的父親自然沒有料到會出現這樣的險情，一時不知説什麼好，他心疼地望着母親，心裏大概在責備自己。這樣的驚險，怎麼讓她獨自承受了！幸好沒傷着，她真要有個好歹，自己可怎麼受得了？

昆中校長徐天祥出於敬仰，給予父親專任教師的待遇，每月一石米加二十塊雲南通行的半開（兩塊合一銀元），住房也不收租金。樓旁還有一小塊空地可用來種菜，這在物價飛漲的情況下可是個寶。母親十分滿意，旅途的驚魂很快也就消釋了。入住不久，她就着手墾地種菜。晚飯後全家也一起上陣，父親得空也來幫助鋤地、澆水。汗水果然沒有白流，收穫的菜除了自己吃，偶爾還能送一些給鄰居呢。

不過，一家八口的溫飽，主要還得靠父親的「手工業」，他仍需起早貪黑，不停地刻圖章，有時連吃飯、會客時都難得歇工。

一九四三年底以來，世界反法西斯戰爭發生了重大戰略轉折。歐洲戰場上，蘇聯在斯大林格勒決戰中擊敗德國，轉入戰略反攻；太平洋戰場上美軍也掌握了戰爭主動權，日本連續失利，被迫轉為守勢。

為挽救軍事上的頹勢，確保縱貫中國大陸南北、直通印度支那的「大陸交通線」，日軍從一九四四年春夏起集

聞一多住過的昆華中學小樓。

中強大兵力，發起了對中國豫湘桂地區的瘋狂進攻。這是抗戰以來敵人第二次大規模戰略進攻。此時儘管盟軍都在收復失地，國際形勢有利，但面對敵寇的倡狂，國民黨軍隊卻連連敗退，短短幾個月就失地千里，數千萬同胞陷入日軍鐵蹄之下。到當年雙十節國慶時，鄭州、洛陽、長沙、衡陽等重鎮均相繼失守，桂林、柳州也危在旦夕，整個大西南——抗日最後的根據地受到了嚴重威脅。

幾個月來，父親和大家一道，日夜關心戰局進展，也經歷着從期望到失望而至痛心、憤懣的內心折磨。他深深認識到，軍事上這種局面是和政治上的長期專制腐敗分不開的。也更加痛切地感到，這樣的現實非改變不可！

這期間，他懷着滿腔熱忱和對國家、民族命運的深切憂慮連續寫出了《畫展》《可怕的冷靜》《愈戰愈強》等一系列抨擊現實的犀利雜文，呼籲人們，特別是知識分子站出來盡己之責，擔起改造現實的重任。在《可怕的冷靜》一文中，他沉痛地指出：「我們這裏真正的餓殍恰恰就是真正的兵士。抗戰與災荒既已打成一片，抗戰期中的現象，便更酷肖荒年的現象了。照例是災情愈重，發財的愈多，結果貧窮的更加貧窮，富貴的更加富貴。」

他尖銳地抨擊：「一部分人為着旁人的剝削，在飢餓中畜生似的沉默着，另一部分人卻在舒適中興高采烈地粉飾着太平，這現象是叫人不能不寒心的，如果他還有一點同情心與正義感的話。然而不知道是為了誰的體面，你還不能聲張。」

在熱烈讚揚青年人的抗戰熱情和勇氣的同時，他尖銳地批評某些中老年人獨善其身的所謂「冷靜」與「審慎」，大聲疾呼打破這可怕的冷靜：「……原來非常時期所需要的往往不是審慎，而是勇氣。」「民族必需生存，抗戰必需勝利，在這最高原則之下，任何平時的軌範都是暫時可以擱置的枝節。火燒上了眉毛，就得搶救。這是一個非常時期！」

在《畫展》一文中，他嚴厲批評一些文化人開不完的、遠離現實的畫展，說：「藝術無論在抗戰或建國的立場下，都是我們應該提倡的，……但藝術也要看那一種，正如思想和文學一樣，它也有封建的與現代的，或復古的與前進的（其實也就是非人道的與人道的）之別。你若有良心、有魄力，並且不缺乏那技術，請站出來，學學人家的畫家，也去當個隨軍記者，收拾點電網邊和戰壕裏的『煙雲』回來，或就在任何後方，把那『行屍』的行列速寫下來，給我們認識認識點現實也好，起碼你也該在隨便一個題材裏多給我們一點現代的感覺。……」

十五年不寫詩，此時他按捺不住內心的湧動又提起了詩筆。他要寫一首《八教授頌》，以八位教授（包括自己）的形象作為典型，勾勒出當時「教授階級」的政治思想面貌，藉以激勵革新，鞭策守舊。這首詩後來雖只完成了序詩和第一章《政治學家》，但那犀利的筆鋒、充滿幽默的諷刺與責備，處處充溢着作者的熱血與激情。

這一時期，在用筆的同時，他還用嘴不斷喊出正義的呼聲。

一九四四年五月，「皖南事變」後一度沉寂的校園內展開了紀念五四的大規模群眾運動。父親第一次走到群眾面前，針對蔣介石在《中國之命運》中宣揚恢復傳統的儒家思想，不僅否定共產主義，甚至否定西方自由民主的言論，針鋒相對地提出要第二次打倒「孔家店」。他說：「五四的時候做得不徹底。」「封建社會是病態的社會，儒學就是用來維持封建社會的假秩序的。他們要把整個社會弄得死板不動。……」（五月三日聯大歷史學會《紀念五四座談會》上的發言）他呼籲文學「要出塔」。指出「新文學運動之所以為『新』，它是與政治、社會思想之革新分不開的，不是僅僅文言、白話的問題。舊文學的要不得在於它代表君主這一套舊的意識，並不是它的藝術價值低」。（《五四文藝晚會上講演》）

在《抗戰七周年時事座談會》上，他更急切地呼籲：「國家糟到這步田地，我們再不出來說話，還要等到什麼時候？我們不管，還有誰管？」

八月，國民黨第五軍軍長邱清泉邀請一些教授座談。在會上，父親甚至當面毫無畏懼地喊出：「也沒有什麼討論的，只有幹，非常時期要用非常的手段幹！」（《雲南日報》一九四四年八月十九—二十日）[1]

這個時期，現實生活中的種種黑暗現象更加觸目驚心，令他無法平靜。

秋天，一位參加學生教導團的遠房親戚隨部隊途經昆明前來看望，向他哭訴了國民黨軍隊中的黑暗腐敗狀況。當時，士兵們在部隊裏簡直不被當作人！他們被任意拳打腳踢，鞭抽，打耳光。有一次，一個連長拿一根五節長的手電筒狠擊一個士兵的頭，電筒的玻璃都打碎了，那個士兵被打得頭破血流！平時，士兵們如有一點不滿，不是慘遭毒打就是關禁閉，部隊開拔被關的人也就這樣被遺棄。至於士兵們的伙食更連豬狗都不如。而長官們除了挖空心思層層剋扣軍餉，吃空名，還要時刻想方設法利用職權大發國難財！部隊路過宣威時，他們竟買下大量當地名特產宣

1 季鎮淮《聞一多先生年譜》記述為「以前我們看到各方面沒辦法，還以為軍事上有辦法。剛才聽了各位長官的話，方才知道軍事上也毫無辦法……現在只有一條路——革命！」

威火腿，令士兵們每人扛一隻為之運去昆明倒賣！

軍隊裏的黑暗，父親已有所聞有所見。病兵流落街頭或倒斃路旁的現象也已屢見不鮮，連報紙上都有專門的評論，但他沒想到情形到了這種地步！在民族危亡的時刻，國家賴以抗擊侵略者的軍隊竟腐敗至此！抗日的熱血青年不是為國扛槍去打擊敵人，卻被迫為貪官們扛火腿去倒賣！為國流血的男兒不能受到尊重和愛護，卻被當成奴隸肆意進行身心虐待！父親的心又一次在流血，怒火在燃燒！侄兒走後，他還久久不能平靜。當母親悲歎那些遭受奴役的「真正的餓殍」時，他又一次悲憤地說：「這不是人家的兒子?!」

幾天後，在聯大課堂上，他聲淚俱下地講述了這件事。不久，在昆華中學的作文堂上，他先後出了三個作文題目：《給蔣委員長的一封信》《病兵》《號角》。

## 這是做人的態度

父親火一般的言行激勵着廣大青年的愛國熱情，同時也遭到反動當局的忌恨，特務機關往重慶的彙報中開始有了聞一多的名字，社會上也不斷傳出他被解聘，甚至要被暗殺等流言。

許多人都在為他擔心，同學們也十分焦慮。一九四四年八月的一天，聯大學生許世謙帶着一些同學的心意前來看望。父親正一手拿着饅頭在啃，一手在磨石章，見了他笑着說：「這是我的副業——靠小手工業過活。」這位同學後來含淚回憶道：「沉默了半天，終於我說明了來意：

『我以你的學生資格，要求你愛護自己一點，因為今天講真理的人太少，我們經不起敬愛的長者們的損失。』他瞪着眼，半天，淚珠濮濮的掉下來：『這是做人的態度……人總有心有血，……我不懂政治，可是到今天我們還要考慮到自己安全嗎？我很感激，……可是我還要做人，還有良心……。』」（王一（即許世謙）《哭聞一多先生》）

流言也傳到了重慶，臧克家來信詢問，父親回信感謝他的關切，但說：「此身別無長處，既然有一顆心、有一張嘴，講話定要講個痛快。」（一九四四年九月十一日致臧克家）

同事們也很關心他的安危。華羅庚先生後來回憶說：「有一次，我和他談起他身上的這種變化，他激動起來，對我說：『有人講我變得偏激了，甚至說我參加民主運動是由於窮瘋了，可是這些年我們不是親眼看到國家糟到這步田地！人民生活得這樣困苦！我們連這點正義感也不該有？我們不主持正義，便是無恥、自私！』他又認真地告訴我：『要不是這些年顛沛流離，我們哪能了解這麼多民間疾苦？哪能了解到反動派這樣腐敗不堪？』」（《知識分子的光輝榜樣——紀念聞一多烈士八十誕辰》）

在國民黨專制腐敗的統治下，知識界憂國憂民、不滿現實的人很多，但站出來說話的人卻寥寥無幾。中國共產黨十分關切這樣的進步人士。在父親遭解聘的傳言盛傳時，延安《解放日報》發表了《慰問聞一多先生》一文，文中這樣寫道：

> 聞先生近來憂時之念很深，一股正義的熱情更使人感動。當今的學者以國家民族前途為慮的人雖很多，但能夠像聞先生這樣正直敢言的卻還少見。聞先生主張民主，主張

青年打破沉寂，這都是針對現實的正論，雖是一部分頑固者流所不樂聞，但是居然因此不容於時，卻也出人意外。可見月黑天低，現在正是夜氣濃重的時候，我們不僅為先生的被黜而惋惜，尤其是為社會的正義抱屈。雞鳴不已，而風雨如晦，青年們真應該起來打破「可怕的冷靜」。

當時，為了爭取、團結高級知識分子，中共南方局特派員華崗及楚圖南、周新民等人士正籌建一個西南文化研究會，他們首先邀請的成員便是聞一多。父親也當場就痛快答應了。研究會是秘密性質，討論學術，也學習共產黨的方針政策，分析時事。

在這裏，父親讀到了不少馬克思主義和毛澤東的書籍。

在這裏，他也了解到解放區的一些情況。他非常想親自去那裏看看，實地體會一下那裏的新生活，在一個夜色美好的秋夜裏，他敞着那顆詩人熱烈的心，向來探望的詩人張光年求助：「我想去延安看看，你能幫助我嗎？」這在當時自然不可能。不過，作為一個嚴謹的學者，他仍以認真求實的科學態度從多個側面作了調查了解。他從國外的書刊、報導，如英文版斯諾的《紅星照耀中國》（即《西行漫記》）等，也從國內到過那裏的人士口中都得到了印證——解放區完全是另一番天地，那裏確實展現出他多年所追求的「我的中華」的希望！他在後來給五伯聞家騄的信中這樣寫道：「近數年來，弟對此類問題在學理上曾加研討，並完全贊同，在實際狀況方面，亦曾通過英美人士得到報導，結果亦皆滿意。」（一九四六年三月三十日）

在這樣的前景與希望鼓舞下，他的行動也更加堅定、積極。他不僅揭露現實，批評一些人明哲保身，也公開批判自己過去的清高。在紀念魯迅逝世八周年的座談會上，當着數千與會者襟懷坦白地解剖自己：「魯迅對，我們錯了，海派為什麼就要不得？我們要清高，清高弄到國家這步田地……。」說着還轉過身來向魯迅的木炭畫像恭恭敬敬鞠了一躬。

就在這個秋天，他經過認真思索，加入了中國民主同盟，開始走出學校的圈子，投入了有組織的民主鬥爭。

## 投入實際鬥爭

抗戰以來軍事上的連連失利，尤其是數月來豫湘桂戰役的大潰退；加上經濟日趨凋敝，百姓啼飢號寒，使人們深深認識到獨裁政治的腐敗無能，廣大群眾迫切要求改革以挽救時局。大後方要求民主的聲浪也日益高漲。為挽救民族危亡，九月間中國共產黨適時提出廢除一黨專政，成立民主聯合政府的主張。這一主張獲得廣大人民群眾及各民主黨派的擁護與支持。

父親深知，沒有人民的民主自由，政治腐敗是不可避免的，他衷心擁護共產黨的主張，一直旗幟鮮明地站在民主運動第一線。

一九四四年十月，在豫湘桂戰場連連敗退、西南大後方情勢危急、人心開始騷動不安的形勢下，迎來了雙十節國慶。民盟雲南支部與文教各界決定在這天召開大規模群眾紀念大會，號召人們動員起來保衛大西南。父親是主席團成員。這是他第一次走出校門，出現在群眾面前。在大會

**上，他發表了熱烈激昂的演説。針對大敵當前，而胡宗南的精鋭大軍不被用來抗日，卻被用來監視八路軍，圍困陝甘寧邊區的事實，他痛心疾首地責問：**

潰退和失地是真不能避免的嗎？不是有幾十萬吃得頂飽、鬥志頂旺的大軍，被另外幾十萬餵得也頂飽、裝備得頂精的大軍監視着嗎？這監視和被監視的力量，為什麼讓他們凍結在那裏，不拿來保衛國土抵抗敵人？

**他又憤怒地連連追問：**

幾個月的功夫，鄭州失了，洛陽失了，長沙失了，衡陽失了，現在桂林又危在旦夕，柳州也將不保，整個抗戰最後的根據地——大西南受着威脅。如今誰又能保證敵人早晚不進攻貴陽、昆明，甚至重慶？到那時，我們的軍隊怎樣？還是監視的監視，被監視的被監視嗎？到那時我們的人民又將怎樣？準備乖乖地當順民嗎？還是撒開腿逃？逃又逃到哪裏去？逃出去了又怎麼辦？……用人民的血汗養的軍隊，為什麼不拿出來為人民抵抗敵人？以人民的子弟組成的隊伍，為什麼不放他們來保衛自己的家鄉？……

**隨着這義正詞嚴的呼聲，台下數千聽眾的心潮也在翻滾——這是大家埋在心底已久的心聲啊！**

昆華女中操場——一九四四年十月十日雲南各界紀念雙十節大會會址。這是皖南事變後當地的第一次群眾性集會。會議回應中國共產黨提出的結束國民黨專政、建立聯合政府的主張。聞一多為這次大會主席團成員。

接着他又大聲疾呼靠人民自己的力量來保衞大西南：「一切都有靠不住的時候，最可靠的還是我們人民自己。」並且強調要發揚民主自由的精神：「還要記住昆明在國際間『民主堡壘』的美譽……。」

大會結束前，由父親宣讀了大會宣言，其中明確要求結束黨治，還政於民，建立聯合政府。

這樣的大會自然為反動分子所忌恨，會議進程中就有特務燃鞭炮、放手槍進行恐嚇，一度引起會場混亂，但父親和李公樸在台上臨危不懼，沉着鎮定，顯示了巨大的感召力。這天父親回家後還興奮地對母親講述了會場情況，高興地說：「大會開得非常成功。」他尤其佩服李公樸指揮有方、應對自如的能力，說「真是個人才」！

這次大會盛況空前，在大後方產生了不小影響。而與此同時在國民黨上報的呈文中也又一次出現了父親還有楚圖南、吳晗、李公樸、羅隆基等人士的名字。

雙十節後不久，桂林、柳州就相繼失陷。十二月，日軍又佔領了獨山，貴州全境面臨淪陷。一時間，昆明人心惶惶，不少人準備再次逃難。父親激憤地對母親說：「這次我們不跑了，我把你們送到安全地帶後，要到農村，上山打遊擊去！」

十二月二十五日，護國起義紀念日時，雲南各界召開紀念大會。在文化界的紀念大會上，父親再次於熱烈的掌聲中走上講台，當他心情沉重地大聲問：「三十年了，居然國家還像三十年前一樣，難道袁世凱沒有死嗎？」台下群眾也大聲回答：「是的，沒有死！」

接着，他有力地說：「護國起義的經驗告訴我們，要民主就必須打倒獨裁。……」

會後，他和群眾一起走在了遊行隊伍中。聞一多的名字自然又一次被列入了上報的黑名單。

秋天時，他曾在給堂弟聞亦博的信中說：

> 今日之事，百孔千瘡，似若頭緒紛繁，而夷考其實，則一言可以盡之，無真正民主政治是也……且真正民主之基礎，即在似若無足輕重之每一公民。……故享自由若為我

一九四四年十二月十五日雲南各界紀念護國起義二十九周年，聞一多在紀念大會上作了《護國起義與民主政治》的演說，提出「要民主就必須打倒獨裁」。圖中講演者為聞一多。

輩之權利，則爭自由即為我輩之義務。……

儘管黑雲壓頂，夜色濃重，他仍繼續堅持無私無畏的做人態度，滿腔赤誠、義無反顧地盡着一個正直公民的義務。

一九四五年「五四」紀念日到來時，昆明四所院校（聯大、雲大、中法大學和英專）學生自治會聯合組織了大規模的紀念周活動。五月四日這天下午，在雲大操場舉行紀念大會。父親和吳晗、潘光旦等教授都出席了大會。到會的還有中學生、職業青年、記者及盟國友人，共六千多人。

會議開始時，不巧下起了雨，秩序一時出現紊亂。父親在雨中站起來大聲疾呼：「是青年的都過來，是繼承五四血統的青年都過來！」他講了周武王伐紂出師時的故事，大聲説：「這是天洗兵！」吳晗後來回憶説：「你，掀髯作獅子吼，『這是天洗兵！不怯懦的人上來，走近來，勇敢的人走攏來！』在你的召喚下，群眾穩住了，大家都紅着臉走近講台，冒着雨，開成了這個會。」（《哭聞一多父子》）

會後，舉行了萬人大遊行。父親和群眾一起走在隊伍中。隊伍回到廣場時，他再次登台疾呼：

五四過去二十六年了，我們大半個國家還在受苦受難。我們今天第一要民主，第二要民主，第三還是要民主！沒有民主不能救中國！沒有民主不能救人民！

這年紀念五四，父親參加了學生組織的多項活動，還寫作和發表了好幾篇重要雜文，如《五四運動的歷史法則》《五四與中國新文藝》及名篇《五四斷想》等。他運用辯證法生動闡述了歷史發展規律、革命成功的必然性，同時還指出了文藝與當前民主運動的關係及文藝到群眾中去的發展方向。

面對沉沉烏雲，他充滿勇氣和信心：「滿天烏雲，高聳的樹梢上已在沙沙發響，近了，更近了，暴風雨已經來到，一場苦鬥是不能避免的。至於最後的勝利，放心吧——有歷史給你做保證。」（《五四運動的歷史法則》）此刻，他正以「民不畏死，奈何以死懼之」的氣概挺立在暴風雨的前鋒，迎接着這場苦鬥！

## 從人間走入地獄

作為一位知名詩人、學者和教授，父親本身的威望就具有巨大影響力，加上他火一般的愛國激情、無私無畏的凜然正氣，更吸引着越來越多的熱血青年，感染和激勵着他們的愛國心。青年們喜歡圍繞在他身邊。有時夜晚開會，散會後，也會有不少青年自願護送他回家。學生中的進步社團，除新詩社早已請他擔任導師，其他如陽光美術社、劇藝社、悠悠體育會等的活動，也都喜歡請他參加和指導。

當時王瑤給趙儷生的信中就這樣寫道：

聞一多先生近來甚為熱情，對國事頗多進步主張，因之甚為當局及聯大同仁所忌，但聞先生老當益壯，視教授如敝屣，故亦行之若素也。昆明憲政促進會聞先生推動甚力，雙十節召開紀念會時，聞先生朗讀宣言……態度激昂，群眾甚為感動，未決議召集國是會議，組織聯合政府等，……現聞先生為援助貧病作家，紀念魯迅、文協，及青年人主辦之刊物等，皆幫忙不少。態度之誠摯，為弟十年來所僅見。……在聯大上課時，旁聽者常滿坑滿谷，青年人對之甚為欽敬。……（趙儷生《混着血絲的記憶》）

隨着影響力的不斷擴大，他也更為反動當局所不容，國民黨特務機關視之為眼中釘，社會上流言蜚語一直不斷。

這一切意味着什麼，父親自己心中自然明白。他在加入民盟後不久，曾對一位來看望他的學生嚴肅地說：「我從人間走入地獄了。」那天他對這位同學動情地回憶了龍頭村橋頭接送的幸福時光[1]。這位同學後來回憶說：「我聽着入神了，忽然他點燃起一支煙，站了起來，有力的眼睛裏發着光。『現在，這種生活也要結束了。』」（流金，即程應鏐《人之子——懷念聞一多先生》）

現在流傳說，父親閉門苦思了七天七夜，終於拍案而起。這其實是誇張的傳言。他思想的轉變並不是一朝一夕之事。母親說，他是有過為了思考和寫作文章，讓她把門倒鎖起來，把茶水、甚至尿壺也準備好的時候，可並沒有過「閉門七天」之事。

1　見第三章「深夜的兩盞燈和橋頭迎送」一節。

不過，「閉門七天」雖沒有，這段時期他內心激烈碰撞的程度卻可想而知。僅從對龍頭村生活的那段回憶就可以窺測得到。他一個那麼熱愛生活、愛家戀家、離不開親人的人；一個有着幸福溫暖家庭、事業又正如日中天的詩人、學者，要捨身走入地獄，該有什麼樣的胸懷、什麼樣的決心和勇氣，又得承受何等劇烈的割捨之痛啊！

父親邁出的這一步，母親自然感受最深，因為她在和他同時經受這一步之「痛」，而且直接承受着這種犧牲——

丈夫在家的時間越來越少了；和孩子們溫存的時間幾乎沒有了，那個耐不住孤單、敲着鼓皮抱怨「我不是和尚啊！」的爸爸，懷中已不只是幾個孩子，而是成千上萬的學生、青年了。至於夫妻單獨相處的時光，更加難找了，即便他在家，除了忙於學術研究，其他的時間也都被辛苦的「手工業」佔去，難得坐下來休息一會兒。

母親明白，那寧靜、幸福的小家生活正在遠去，她心裏有說不出的疼痛，但沒有怨言，沒有責怪。社會的黑暗她深有體會。飛漲的物價、飢餓的農民、貧病的知識分子，還有街頭流浪着的像骷髏一樣的病兵，也都在刺痛着她的心，至於統治者的專制、官吏的貪腐，那是人人都為之痛心和憤怒的，她也毫不例外。這樣的現實，誰不渴求改變呢？

她也明白，丈夫那熱烈耿直的性格，那顆詩人灼熱的心，是無法在這樣的現實面前保持沉默的。多年來，她感受最深的，就是他內心那「燒得我發顫」的烈火。近年來這火被埋在了心底，但那強烈的熱力從未消滅。此刻，面對如此黑暗的現實，它如何能不噴發出來？

她心裏也明白，一向那麼愛家、戀家的他，現在幾乎顧不上家了，並不是因為他不想顧、不依戀親人，而是這個世道容不得他顧，是因為他那顆燃燒的心想要衝破這個世道，讓更多的人顧上家。他在一個晚會上曾說：「個人的生活困難是可以用別的辦法解決的，譬如我，學校裏薪水不夠養家時，我可以在中學裏兼課，也可以替人家刻圖章賺錢，個人的生活問題便解決了。可是你要想到大多數人，當大多數人民在被壓迫、無法生活的時候，就必須，也只能用鬥爭來爭取了。」（鐘《我所知道的聞先生》）母親並沒有親耳聽到這些話，但這種博大的愛她隨時都能感受得到。深知他邁出這一步，並不是出於一時激動，而是因為心裏裝着整個國家和人民。她肚裏雖有苦，可此時除了揪着心伴隨他一起面對未來風雨，還能說什麼呢？

事實上，從父親邁出這一步開始，母親已伴同他一起走進了「地獄」。不管意識到沒有，她已默默地、心甘情願地在一同經受「地獄之煉」了。

隨着父親繁忙的社會活動和外面的各種傳言，她承受的精神壓力越來越大，神經也越來越緊張；看着他超負荷運轉又得不到補養的身體，她的心也越來越疼痛。

夜晚，她仍像過去一樣，在燈下等候、陪伴着他，但已再也不能像以往那麼平靜了，尤其是他外出時，一顆心就像被懸吊在半空中，那該死的心跳毛病更日夜不停地折磨着她。

燈下的時光不僅充滿了緊張、焦慮，她還苦苦盤算着怎樣才能周轉出幾個錢來，好為他添點營養。

秋天，一位外國朋友送給父親一盒維他命丸。那個年代，這種保健品十分珍稀。我們望着桌上那小小的白色方盒及裏面一粒粒水晶樣的小丸，都好奇地圍攏來。母親聽說它能補充營養，十分高興，心想這回可以給他補補身子了，誰知沒等她說出來，父親便笑着對我們大家說：「你媽媽身體不好，把一半給她吃，剩下的你們五個和趙媽分了吧！」看到我們疑惑的目光，他馬上又接着說：「我嗎？已經長定了的，身體也好，不用吃這個。」

母親心裏一時真不知是什麼滋味，他就是這樣！在外面為國為民不顧個人安危，回到家裏也從不顧自己，想的都是大家！她竟奈何不了他！

他也就是這樣！儘管母親為他日夜擔憂，多少人為他捏一把汗，他依然整日泰然自若，來去談笑風生；儘管生活的擔子越壓越重，他仍然過得意興盎然、妙趣無窮。

我們樓下住着聯大外文系教師薛誠之一家，也是湖北人。父親曾為薛先生的詩集《三盤鼓》作過序，因為是同鄉，兩家過從較密，父親偶爾也應邀和他們一起打打麻將。薛先生還記得，有一次，他們在昆華中學一位同事家玩麻將。父親一落座，就風趣橫生。他一邊搓着牌，一邊笑問身邊一位江西籍老師：「你怕不怕？湖北人佔了五十四個！九頭鳥啊！」原來在座的有六位都是湖北人！接着他自己又笑道：「天上九頭鳥，地上湖北佬，這是湖北人的光榮啊！」接下去還興致勃勃地講起了歷史上湖北人的故事來，特別講了明朝副都御使湖北人楊漣上書彈劾奸臣魏忠賢的事跡。

還有一次，昆中的一位女教師買了一本《怎樣駕馭丈夫》。父親見了笑道：「你還是個大學生，要駕馭丈夫！大家平等相待、和和氣氣，還要什麼駕馭？」他轉過頭來，與坐在身旁的母親相對會心一笑。的確，他反對男尊女卑，主張婦女起來爭取平等權利，但也不主張極端的女權主義。像自己這樣與妻子相知相惜、和睦相愛，不是世間最幸福的嗎？

抗戰時期，看場電影十分不易，尤其是我們這樣的清貧人家。但遇上有好片子時，父親再忙也會想盡一切辦法擠出時間來，拉上母親，帶着我們去看早場。星期天的早場，票價便宜，時常是人擠人，甚至是人踩在人的肩膀上去搶購，哥哥們奮力拚搏才能得到幾張票。也有搏不到的時候，只好從票販子手中去買「飛票」，那也比平時票價便宜。就這樣，父親仍帶我們去看過《魂斷藍橋》《碧血黃沙》《一曲難忘》，以及動畫片《小鹿斑比》等影片。至今《魂斷藍橋》中那感人的主題曲，《一曲難忘》中音樂家蕭邦為藝術獻身、鮮血滴在琴鍵上的鏡頭，還有《小鹿斑比》生動精美的畫面及呼喚聲，仍深深震撼着我的心。

父親帶我們出去時，興致總是很高的。我們也總能從他那裏不知不覺地學習到如何去鑒賞藝術，提高審美水平。

記得有一次，父親帶我們出去看早場。他和大哥及我走在最後，當我們走到昆中操場上的一棵大樹下時，大哥高興地唱起了《伏爾加船夫曲》，這是父親極喜愛的一首歌。大哥起勁地唱着，我覺得特別好聽，但父親卻説唱得沒有感情。他告訴我們，要想像勞苦縴夫在河邊拉縴的情景，自己就是那汗流浹背、拉着縴繩奮力向前的縴夫，才能唱出感情來，也才能感動人。説着，他自己唱了起來。父親有副好嗓子，學生時代就是學校歌詠隊的成員，他那渾厚的男中音很快就把我們帶去了那遙遠遼闊的伏爾加河畔，似乎我們也在與縴夫叔叔們一同艱辛地用力。

一九八六年父親殉難四十周年時，我回昆明參加了紀念活動，當又來到昆中那棵大樹下時，那天的情景仍浮現在眼前，那難忘的歌聲仍縈迴在耳邊。

費孝通先生曾回憶説，父親「身居陋室而風趣横生，雖然飢腸轆轆，仍然意興高逸」。這一時期，面對的已不只是貧困的物質生活，更有反動派的威脅恐嚇。父親的這種凜然正氣、豁達風趣，還有那高逸的生活情趣，不僅鼓舞着大家的勇氣，也極大地舒緩了母親和家人的心理壓力。

## 西倉坡的新居

一九四五年一月，新建的聯大西倉坡教職員宿舍落成。抽籤時，父親幸運地抽到了一套住房。

宿舍離聯大很近，與我們就讀的聯大附中也只一牆之隔。坡下就是風景秀麗的翠湖。大家都很高興，急着想搬過去。只有母親有些遲疑，她捨不得昆中樓旁那片菜地，再説，昆中宿舍不收費，西倉坡宿舍每月還得交七百元房租呢。當然，最後是少數服從了多數。正如搬遷時父親笑答吳晗的：「我們用民主的方式表決的啊，願意搬家的人多，當然很快就搬來了。」吳晗也笑了：「這不叫民主，叫孩主。他們都未成年，算不得公民咧。」

未成年的「公民」們搬起家來力量也不小，父親很得意：「人多做事的多，一動手，那點東西就光

西倉坡西南聯大教職員宿舍。右起第二個門即二十號，聞一多從一九四五年一月至遇刺逝世，一直住在這裏。

了。」不過，得意中也有點惋惜：「可惜人多手雜，把家中唯一的一隻熱水瓶砸掉了！」

西倉坡宿舍建有兩排平房，一色的黃牆。一排建在有幾級台階的矮坡上，與坡下的一排相對。我們家就在坡上，門牌二十號。在這排住的自右向左還有吳有訓（十七號）、馮友蘭（十八號）、陳逵（十九號）、邱宗嶽（二十一號）、楊石先（二十二號）教授家。院內還住有潘光旦、葛邦福、吳晗、陳友松、蕭滌非等家。

我們這套住房共有四間，但正房只有大小相通的兩間，那小間實際只是個半間，一張飯桌就幾乎佔滿了。另兩小間與正房並不挨着，在坡的北頭，面積很小，每間只有幾平方米，是用來做廚房或放雜物的。

比起昆中的宿舍來，新居多少要寬敞一些，但八口人住，仍顯緊張。搬遷之前，父親就決定利用北頭兩小間前的空地另搭一間小廚房，騰出那兩小間來住人。他親自設計，又親自跑去找來工人，用土坯建起一間小屋，又砌了一道土牆將它和那兩間小房連起來。這樣，不僅有了廚房，而且有了一個小院。院中央正好有一棵柏樹，一樹綠蔭還給黃牆土屋帶來了一種特殊情調。這大概是父親這位藝術家設計者的得意之處吧。

動工期間，我們都很興奮。有一天，我和同學趁課間休息，從宿舍連通附中的一扇破門洞鑽回來跑去觀看，正好遇見父親也在工地上。他大概是從聯大講完課過來，正忙着和工人師傅談着什麼。只見地上堆着一攤待攪拌的黃土、石灰和碎稻稈，一旁碼着幾排新脱好的土坯，父親的鞋上也沾着泥巴。他為了我們的溫飽耗盡心血，現在不知又要為我們的棲身之所費去多少時間和精力啊！

小廚房建成後，家裏多了一些空間。但父親自己卻只有那間大一點的正房可利用。這間約十三四平方米的房間，不僅是他和母親的臥室、書房兼會客室，而且還是我和三哥的容身之處（大哥考上大學後，三哥搬到小院去，我仍和父母同室）。和它相通的外小間，則基本上用作了餐室。新蓋的廚房太小，容不下全家人，每逢開飯，必得「長途運送」，經過二十一號、二十二號門口一路過來。記得二哥從學校回來時就常志願「遠足」去拎那隻大銅飯鍋。用飯時，我們小孩子全都站着，沒有那麼多把椅子，就是有也放不下。儘管這樣，父親的室內設計仍使人身居斗室卻心境開闊。尤其是牆上那兩副對聯，給整個居室帶來了一種高遠的意境，裏屋居室的那一副，在橘紅灑金的底子上是兩行黑色的遒勁的隸書「遙望北斗掛南嶽，常撞大呂應黃鐘」。站在它下面，仿佛自己都變矮小了。這副對聯我們都能背下來。外小間的那一副，是白色的，上面是小篆，我們認不得，但一邁進室內，總會感到有一股清新逸雅的氣息撲面而來。

新居雖仍顯狹小擁擠，但總算人人都有了安身之處。特別是那個小後院，不僅提供了做飯的地方和半數家人的住處，而且也提供了一個相對清靜的處所。一九四五年夏，大哥跳班考大學，就是在他那間「小鴿籠」裏日夜奮戰的。在後來白色恐怖的高壓下，它還給父親的戰友們當過臨

聞一多在石林。這是聞一多最喜歡的一張照片。

聞一多與夫人高孝貞在宅前小菜園中。

時「避難所」，當年趙渢和金若年先生為躲避敵人搜捕都在這裏住過。

小院更是母親舒緩心理壓力的去處。它地處宿舍大院盡頭，似乎「與世隔絕」，偏僻靜謐，清晨，連鳥兒的啾鳴都顯得分外清亮。當敵人的污衊恐嚇滿天飛、空氣緊張得令人窒息時，母親到這兒來躺上一會兒，會覺得略微舒緩一些。李公樸伯伯遇刺後，特務天天上門來恐嚇，日夜不斷有人來報告黑名單的消息，母親心跳得幾乎支撐不住，也是這裏，給了她一個短暫喘息的處所。

小院這獨特的作用，是父親當初設計時絕對想不到的。

我們這排住房的門前，沿坡有一溜三四米寬的空地，泥土中混雜着不少碎磚爛瓦，整理一下仍可利用，家家都視若寶地。母親更加珍視，一連幾天蹲在那裏「開墾」，我們放學後也常來「參戰」。經過大夥努力，終於平出了一片小菜地。母親又在它四周用竹子紮起一道半人高的籬笆牆，圍成了一個小菜園。這小菜園自然比不上昆中那片菜地，但她心中多少平衡了一些。

在這個小園中，母親先後種了不少蔬菜，有番茄、扁豆、茄子、包菜（即圓白菜），還有辣椒及小蔥等等。父親深知母親的心思，雖不能與她同勞動，但心裏一直與她同憂樂。有一陣園中的番茄老長不好，母親很着急。父親看在眼裏，一天，吳徵鎰來拜望，父親笑着請教他：「你是搞植物的，來來，你來給看看。」吳徵鎰十分熱情，馬上隨母親來到菜園，蹲在番茄株前仔細察看，又教給母親如何打叉、如何培育。母親非常高興，多年以後，她還常提起這事。但由於土質不好，園中的收成遠不及昆中菜地，只能補充一點小菜，即便如此，母親仍較滿意，特別是當父親津津有味地嚼着他喜愛的烤紅椒時，她心裏更覺美滋滋的，那小辣椒常常就是自家菜園的貢獻呢。

## 希望的「工程」與無價之寶

物價仍在飛漲，教師們的生活越來越艱難，人們作着各種努力，仍擺脫不了經濟困境。三月份，王贛愚、朱自清等二十九位教授迫不得已聯名訂定了稿酬，規定文稿千字斗米（報紙星期論文每篇二斗米，講演每次二斗米）。父親是簽名者之一。當時昆明物價已是糙米每石一萬元，上白米則一萬四千元。《雲南日報》為此專發了一篇評論，題為《談千字斗米潤例——吃的是草，出的是奶》，說：「凡留心文化運動，知道公教人員的艱苦生活的人……沒有不同情的！本來，戰前的米價，每石不過三元至五元，那時的稿酬也在三五元之間，是『千字石米』。最近，二十幾位教授規定千字斗米，稿酬已減低十倍，要求不算『奢』，誰還有什麼話說呢？」

比起發狂的物價來，這點稿酬實在是微薄的，不過，也總算可以解決一點燃眉之急。母親常苦笑道：「正發愁下頓沒有菜錢呢，正好來了兩個稿費！」

為了補貼生活，一九四三年以後，有的教授夫人開始親自上陣開拓財路。梅貽琦校長的夫人等就製作了糕點出售，還給自製的蛋糕取名為「定勝糕」。抗戰後期，來昆明的美軍及各種人員日漸增多，他們對中國傳統手工藝品很感興趣，有的教授夫人就做起挑花、刺繡等活計來。同院的潘光旦夫人開始繡起綢睡衣、頭巾、手帕，還專門來請父親為她繪製繡樣。父親曾為她繪過兩幅神態各異的龍圖。

母親一向喜愛工藝美術，又精於女紅，也買來幾尺白綾綢，想試一試繡手帕。見到母親這種興致，父親十分欣喜，不僅全力支持，而且樂呵呵地成了熱情的合作者。母親裁好的那幾條手帕上，圖案全是他親手畫的。在手帕的一角上，他作了各種構圖，有的是神態生動的游龍，有的是詩情濃郁的松鶴，有的則是一尊觀音像，還有的是用篆書寫的「福」字。如同治印一樣，他沒有把這當成是純粹的商品，而是作為嚴肅的藝術創作，每方手帕、每幅圖案都符合審美原則才罷休。

在父親設計的繡樣上，母親也施展了她的手工才藝，使整幅圖案越發靈動、形象。我當時很被這「工程」吸引，我們在附中的勞作課上也學過一些刺繡，因此下課後常愛跑來湊熱鬧，跟着母親鎖鎖邊，也從中獲得了不少美的享受。

小小的手帕，有這樣的作者、這樣的勞作，其藝術價值已大大超越了實用價值，只可惜這個工程只開了個頭就中斷了。買絲綢需要錢，我們家吃飯尚且捉襟見肘，哪裏來的這種成本啊？加上母親家務負擔繁重，身體又不好，一家八口的吃穿已使她精疲力竭，對這項令人神往的勞作，實在是心有餘力不足。

繡手帕不得已放棄，實在是件大憾事。這不僅因為它可以創收，尤其令人遺憾的是，這是父母親合作的、首次面向社會的「藝術創作」。它的價值，是金錢完全無法估量的。

幸好這樣的合作在家裏並不止一次，而且都完美地實現了，它留給我們的同樣是無價之寶！

剛搬來西倉坡時，隔壁十九號住着的是李先生（好像是李樹青先生）一家。李太太有一台手搖縫紉機。父親掛牌治印以來，母親早有心為孩子們添幾件衣服。抗戰八年，衣服都已破舊瘦小了。她向李太太學會了使用機器，又省吃儉用買回了一些布料，開始自己縫製。當給我和小妹縫製時，她決心讓女孩子們穿得漂亮些。限於經濟條件，布料和花色不可能隨意選擇，只有用便宜適用的單色陰丹士林布。憑母親的技能是完全可以做出可心的服裝來的，她曾給哥哥們縫製過時髦的馬褲。可現在她有更高的審美追求，非要父親來親自設計才感到滿足。父親呢，本來一向喜歡女兒，自然也樂於為她們服務，儘管他已忙得不可開交，仍擠出時間來設計出了兩套連衣裙。

在純天藍色的主色調上，父親配上了白色領子和白色的袖口。兩件衣服雖色彩相同，但衣領和袖口各有特色，與我們的年齡相匹配。特別是小妹那件的荷葉領，更凸顯出幼童的天真活潑。顯然，父親在這裏仍是把它作為藝術品來完成的，就像當年為話劇演出製作服裝和舞台佈景一樣嚴肅認真。

父親遇難前不久，趙渢先生來我們家避難，帶了一架照相機。也就便為我們一家拍了一些照片，其中有買飛機票需用的單人照，也有抗戰以來唯一的「全家福」。拍照時，我和小妹都得意地穿上了爸媽共創的這件作品。當時，它的作者們心裏不知有多麼甜美呢。

那些年，我們穿的毛衣基本上都是用舊毛衣拆下的線拼湊的。就是這樣，父親和母親仍興致

全家合影。左起：聞立鵬、聞一多、聞立鶴、高孝貞、聞翺、聞名、趙媽（老保姆）、聞立雕。兩個女孩子穿的連衣裙即聞一多夫婦的作品。

盎然、不厭其煩地對它們進行藝術加工。

大約是一九四五年的初秋，母親整天手不離織針，幾個孩子的毛衣都需要重織了。一天，我下課回家，剛邁進裏屋，就一眼看見父親的書案上擺着兩張繪着女式毛衣圖樣的紙。母親望着我笑道：「那是給你們畫的！」我書包還未放下就跳了起來，直在屋裏跳了好幾圈！父親當時不在家。他太忙了，有那麼多事需要做，可卻為女兒們擠出了寶貴的時間！

毛衣在母親的巧手下，很快就織好了。

我的一件是套頭毛衣，用的是一種淡藍和乳白相間的彩色舊線，母親說線雖舊，它可是有名的「蜜蜂」牌呢。為了解決毛線的不足，父親設計了一些乳白色毛線的豎條鑲拼在前後胸下方的兩側。寬鬆式的袖子採用了時髦的鼓包袖，靠肩的部分也是用的乳色線。整件毛衣色彩淡雅柔和，式樣美觀大方，還透着「新潮」味兒。我有了它，卻一直不怎麼捨得穿，欣賞的時候比穿着的時候還多。這件毛衣我如今還保存着。雖因年代久遠，色澤已不如前，但我覺得，正如一切藝術「佳品」一樣，它已超越了物質本身的價值，永遠在閃爍着光輝。

小妹的那件，記得是綠色和咖啡色搭配而成，是開胸式的，小巧玲瓏。她是最小的孩子，母親特意為她添了一些新毛線。當然，好毛線買不起，盡最大努力買來的也只是那種摸上去頗為粗糙的土毛線，這在當時已是不易了。

我們享受到的還不止於此，我在勞作課上的刺繡作品，有的圖樣也是爸親手畫的。有龍有松鶴等等。母親還為小妹繡了一條手帕，上面的農夫耕田圖也是父親親手繪上去的。父親遇難後，入殮的那一天，小妹哭得那麼厲害，她緊緊攥着這條手帕：「這還是爸給我畫的呢！」

父親早年曾說：「無論哪一個國家，在現在這個二十世紀的時代，科學進步、美術發達的時代，都不應甘心享受那種陋劣的沒有美術觀念的生活，因為人之所以為人，全在有這點美術的觀念。提倡美術就是尊重人格。」（《建設的美術》）

這種追求不僅體現在他追求精神高深醇美的人生態度上，而且也反映在我們日常生活的方方面面。在昆明的艱苦

女兒的毛衣。由聞一多親自設計、夫人高孝貞編織。

歲月中，正是父母親的愛和這種追求，使我們身在苦中卻不覺苦，反而嚐到一種濃濃的甜。

然而，和以往一樣，父母親把甜、美帶給了我們，卻把苦留給了自己。

抗戰以來，他們從未為自己做過一件新衣。父親的那三件長衫，聽母親說，藍色的那件是剛入滇時她從地攤上買的，是半舊的。灰色的是潘光旦夫人送的。另外一件就是她早在清華園時為他訂做、後來步行途中他穿的那件古銅色綢夾袍，已穿了八九年，開始褪色了。而母親自己，旗袍全是戰前的，內衣內褲則早已是補丁重重。她後來對我苦笑道，有一天換內衣，看見襯褲又該補了，不由怨道：「連褲衩都沒得穿的了。」父親說：「怨誰啊？都怨蔣介石，打倒了蔣介石，你就有衣服穿了。」母親心想，是啊，堂堂的教授和夫人，竟窮苦到如此地步，不怪專制腐敗、治國無方的統治者，能怪誰呢？

## 失去了「最大的靠頭」

一九四五年八月，昆華中學校長易了人，新校長奉命解聘聞一多，不好意思說，只說要加鐘點，父親心裏明白，主動提出辭職。他在昆中的言行，早已為當局所不容。據當時昆中的教務主任李埏先生回憶說，寒假時，教育廳便要徐天祥校長解聘先生，但徐未照辦。(《記聞一多先生在昆華中學》)

昆中的兼職，對生活幫助頗大。春天田漢與安娥來看望父親時，母親還曾對他們苦笑：「現在我們最大的靠頭就是中學那點米。」父親也玩笑說：「所以我大學不教倒不要緊，而這個中學教員卻不能放鬆它。」（安娥《哭憶聞一多師》）現在父親自然不會為了這點「靠頭」而屈腰。他說過「教書的人不能吃飽飯就行了」。母親理解他，沒有絲毫怨言，她明白，他從來不是只顧自己吃飽飯就行了的那種人，他胸中裝的是國家前途、民族命運，是大多數人的痛苦。就是在昆中兼職的那點所得，他也忘不了別人。聯大中文系學生郭良夫生活困難，他還把自己那兩個班學生的作文分出一個班的來讓他先批改，自己再審。好幫他從中獲取一些報酬呢。

但眼前的現實是，這最大的靠頭失去了，以後的生活該怎麼過啊？母親心中萬分焦慮。

正當生活重荷更加無情地壓向父母時，一副尚且稚嫩的肩膀分擔了他們的憂愁——大哥考取了西南聯合大學，邁出了自立的一步。

作為長子，他早有心為家裏減輕一點負擔。一九四五年寒假前，他毅然作出一個大膽的決定——跳班考大學！這一決定起初令父母十分驚喜又很為難，孩子已是高二的學生了，萬一考不上，按當時規定是不許重返中學就讀的。況且，離高考僅有半年的時間了，來得及準備嗎？但大哥堅信自己的實力，堅決報考聯大。他在自己那小「鴿籠」裏日夜奮發，僅用了一個學期就讀完了高三的課程。

聽母親說，發榜那天，查良釗先生一進院子就喊：「一多，一多，你大兒子考取了！」父親從屋裏趕出來，樂得半天合不攏嘴，眼裏閃耀着幸福欣喜的光芒！

為了鼓勵兒子，他把外國友人送給自己的一支派克自來水筆獎給了他，又給他買了一件美軍穿的夾克。派克筆在當時是十分高級的。我們上學用的都是蘸水鋼筆，一般人若是有支普通的

聞立鶴身穿父親獎勵的夾克。

自來水筆已十分令人羨慕了。夾克自然是舊的，那時市場上很流行美軍穿過的夾克和大皮鞋，便宜又結實。父親說：「我那時哪有夾克穿？錢來得不容易啊，好好學吧！」這件夾克，大哥十分鍾愛，後來父親遇難時，他穿的正是它，為了救父親，他連中五彈，身負重傷，夾克被打穿了，上面留下好幾個彈洞！這件夾克，可惜沒有保存下來，聽母親說，回北平後，大哥上清華大學時，把它送給了一位生活極困難的同學李炎輝了。

大哥上大學後，利用暑假幾次應聘家庭教師，進一步實現了為家裏減輕負擔的心願。負傷的那些日子，他當時所教的學生宋瑞蓮曾好幾次到醫院來探望，並特意為他訂製了一條銀手鏈，上面鑄着七個五角星，一旁鐫刻着兩行雄勁的字：「正直的活，正直地死！」她還熱情地為他織了一件藕荷色的毛衣。這些不只是一個學生送給老師的慰問品，它們代表着廣大群眾對正義的渴求，對一個為民主不畏流血、為救父不惜生命的英勇青年的愛和敬！

大哥不愧是聞一多的好兒子！

# 內戰陰雲‧「一二‧一」慘案

一九四五年八月十日，日本天皇發出乞降照會，八年艱苦卓絕的抗戰終於勝利了！

消息傳來，昆明城頓時成了歡騰的海洋。人們連夜聚集到大街上狂呼、跳躍，有的放鞭炮，有的敲銅盆，美軍士兵也開着吉普在人群中穿梭，士兵們站在車上高舉雙臂，縱情歡呼，我們也都跑到街上，在人群中盡情雀躍。

這天，父親不在城裏，正在司家營文科研究所。第二天一早，大哥急忙趕去鄉下報告。父親一聽，高興得跳起來，立刻跑去龍泉鎮的理髮館，把蓄了八年的鬍鬚剃掉了。「抗戰不勝，絕不剃鬚」，這是他在步行途中立下的誓言，現在抗戰終於勝利了！

然而，狂歡激動的一刻過去，一種深深的憂慮不禁又佈上了人們心頭。真正的和平會到來嗎？誰都聽到了，內戰的炮聲已在多個地方響起。父親和同事們談到建國前途時，都深懷憂慮，滿心期望不要爆發內戰。他說：「不會的，絕不會的，大家都知道打不得了，還說打呢！」是啊，近百年來列強欺凌，軍閥混戰，加上這八年來日寇的血腥踐踏，使中國人民經受了太多的苦難與犧牲，不能再打了啊！可是這時，國民黨軍隊已對多處解放區發動進攻，在陝西淳化、綏南、綏西、蘇浙皖解放區等處都發生了大規模軍事衝突。剛剛剃掉鬍子的父親心情並沒有輕鬆，反而越發沉重了。

八月十四日，日本宣佈無條件投降。就在這一天，父親和二百多位各界人士聯名發表了《告國際友人書》。呼籲要民主，要團結，要徹底勝利。指出「擺在中國面前的現實問題是：團結呢還是內戰？民主呢還是獨裁？徹底的勝利還是廉價的和平？」並說：「中國人民堅決地選擇了第一條路，——團結勝利的道路，民主的聯合政府的路。」

第二天出席「從勝利到和平時事晚會」時，在回答學生們問「我們青年應該怎樣準備反對內戰？」時，他真誠地說：「我們如果能表示我們的熱情，表示我們的關切，有什麼事要我們去做我們就做，那麼我們就能阻止內戰！但有一點要注意，只有聯合政府才能根絕內戰，我們要聯合政府……」

滿懷着這樣的熱情與關切，他積極投入到爭取和平民主、反對獨裁內戰的運動中，連日和民盟的朋友們一起為國事四處奔波，發表一系列公開聲明、抗議和宣言，在各種會議上發表演說……。

父親比過去更加忙碌了，那一系列意見和通電的文稿，照例要經他潤色、修訂，缺少人手時，他還親自刻鋼板。朋友們覺得他過度辛勞，他笑說：「誰讓我是國文教員呢？」為了徵集簽名，他又不辭辛勞四處奔走，自然全靠的是兩條腿！

在昆明各種呼籲民主、反對內戰的活動中，更常常見到他的身影，聽到他激昂的聲音，那凜然正氣、火熱激情和出色的語言不知感染和鼓舞了多少熱血青年！

這個時期，我們家也更成了青年們常來常往之處，各種來訪者終日絡繹不絕。有時晚上，我們都上床睡了，他還在和青年們促膝談心。

夜深了，客人們都走了，人們也都陸續進入了夢鄉，但父親卻不能休息，他還得繼續那艱辛的「手工業」勞作。我和父親同住一室，但從不知道他每夜能睡上幾個小時。我只知道，幾乎每晚自己都是伴着那伏案篆刻的身影和鋼刀刻石的音響朦朧入睡的，早晨醒來睜開雙眼，首先映入眼簾的仍是他披着長衫坐在破籐椅中埋首雕刻的側影，傳入耳中的仍是那聲聲刻入心扉的聲音。有時半夜醒來，還會看到他靠在床上聚精會神地閱讀着「禁書」。怕影響母親睡眠，他把昏暗的電燈拉到床頭，用報紙擋住朝她那面的光線。儘管經過一整天的緊張勞累，他讀起這些書來仍不知疲倦。因為從這些書中，他尋到了中國的希望，也獲得了無窮的力量。他曾對助教何善周高興地説：「我們一向説愛國，愛國，愛的國家是什麼樣子，自己也不明白，只是一個烏托邦的影子。讀了這些書，對中國的前途漸漸有信心了，明白了有最低綱領，還有最高綱領，眼下要爭取最低綱領，將來還要實現最高綱領，那就是世界大同啊！」（何善周《千古英烈，萬世師表——紀念聞一多師八十誕辰》）那時，在他枕下，常常見到土紙印刷的毛澤東著作《論聯合政府》《新民主主義論》等書籍以及大厚本的《國家論》等馬克思主義著作，床頭和書案上還可見到英文版的斯諾的《紅星照耀中國》（即《西行漫記》），還有藍絨面的《海上述林》等書。我第一次見到毛澤東主席的像也就是在這個時候，父親指着《紅星照耀中國》中一張戴有八角帽人士的照片，悄悄告訴母親和我們：「這就是毛澤東！」從那時起，我們心中也漸漸升起

聞一多在閱讀《新華日報》。

了一線光明和對那片樂土的嚮往。

為了民主和平，為了國家前途，父親投入了整個身心。多年來，家裏的大事一直是夫妻倆合計着辦。現在，母親連見縫插針的機會也找不到了。她抱怨說：「家裏的事你也不管了！」父親坦誠地笑道：「我管不了啦，你管去吧！」

苦難的中國人民是何等期望真正的和平啊，備受蹂躪的中國大地又多麼需要休養生息啊！然而全面內戰卻仍在步步緊逼。其間雖有過重慶談判、雙十協定，但在談判期間，國民黨的大批軍隊已在分路向重要交通線和戰略要點進軍，槍炮之聲始終不絕於耳。

在部署全面內戰的同時，蔣介石也加強了對地方勢力的控制。

一九四五年十月二日夜，昆明城裏突然槍聲大作，大家都從夢中驚醒，只聽見有子彈不時從住房上空掠過，有的彈殼還卡拉拉地就滾落在我家屋瓦上。

原來，這是杜聿明的第五軍奉命包圍了雲南省政府及省主席龍雲的駐地，雙方交了火！蔣介石對龍雲暗中支持民主運動以對抗重慶，早已心懷不滿。日本剛一投降便將龍雲主力調去河內受降，今夜的槍聲是他在乘勢迫使龍雲交出地方控制權。

第二天，戰鬥仍在繼續，父親怕母親受驚嚇，特意為她鋪了個地鋪，他自己則頂着槍聲繼續埋頭自己的工作。

龍雲被迫離去後，昆明形勢驟然緊張起來，新上任的雲南警備司令關麟徵和省代主席李宗黃公然下令「禁止一切集會與遊行」。

十一月二十五日，西南聯大、雲南大學、中法大學、英語專科學校四校學生自治會在聯大校內舉辦反內戰時事講演會，國民黨第五軍竟鳴槍威脅並斷絕交通。學生們激憤萬分，決定罷課抗議，隨後，全市中等以上學校也紛紛響應。十二月一日，反動派竟變本加厲，驅使數以百計的武裝軍人和暴徒大打出手，襲擊聯大、雲大等校，製造了駭人聽聞的「一二・一」慘案。這一天，有四位青年慘死在反動派的手榴彈和刺刀之下，五十多位青年受傷，還有數位教師被毆。我們聯大附中也遭搗毀。午後大哥一瘸一拐地走回家來，我們才知道，他的腿也被石塊打腫了。

面對這血腥暴行，父親憤慨萬分，青年們憂國憂民、反對內戰、爭取和平有什麼罪？對付手無寸鐵的學生竟如此殘暴狠毒！在「一二・一慘案座談會」上他悲憤地說：「魯迅先生說發生『三一八』慘案的民國十五年三月十八日是中華民國最黑暗的一天，他不知道還有更兇殘黑暗的日子是民國三十四年十二月一日！段祺瑞的衞兵是在執政府前向徒手學生開槍，十二月一日的昆明是大隊官兵用手榴彈和刺刀來進攻學校！兇殘的程度更進了一步，這是白色恐怖嗎？這是黑色恐怖！」

他含淚寫下了十個大字的挽聯——「民不畏死，奈何以死懼之」，並帶着我們第一批進入四烈士靈堂祭奠。隨後，又同母親一道再次去祭弔。

為了聲援學生的鬥爭，他在教授會上力倡教師罷教，並寫了雜文《人・獸・鬼》諷喻教授中某些人謹小慎微、顧慮重重的心態。

次年二月，又為四烈士墓撰寫了墓文《一二・一運動始末記》，文中最後一段寫道：

願四烈士的血是給新中國歷史寫下了最新的一頁，願它已經給民主的中國奠定了永

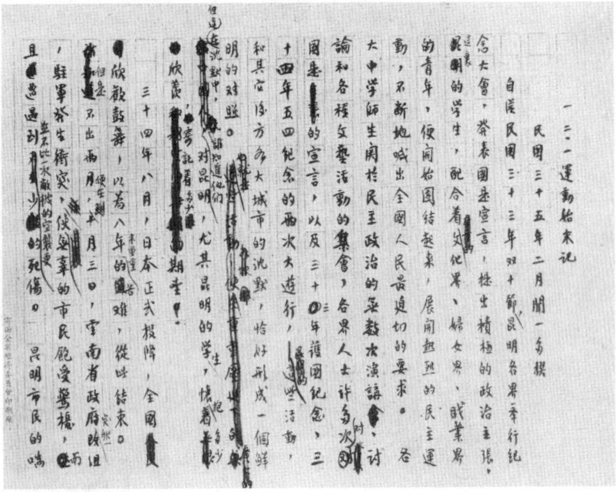


聞一多撰寫的《一二 · 一運動始末記》手稿。

久的基石！如果願望不能立即實現的話，那末，就讓未死的戰士們踏着四烈士的血跡，再繼續前進，並且不惜匯成更巨大的血流，直至在它面前，每一個糊塗的人都清醒起來，每一個怯懦的人都勇敢起來，每一個疲乏的人都振作起來，而每一個反動者戰慄的倒下去！四烈士的血不會是白流的。

昆明人民對愛國師生的鬥爭空前同情與支持。在三個多月的時間裏，參加公祭的群眾就有十五萬餘人。一九四六年三月為四烈士舉行殯葬儀式，全城萬人空巷，街頭巷尾擠滿了悲憤的人群。送葬隊伍有三萬多人，當局不許呼口號，但天在哭，地在嚎，一首沉痛悲壯的挽歌始終不停地在隊伍中縈繞，在昆明市上空迴響：

天在哭，地在號，風唱着催心的悲歌，英勇的烈士啊，你們被誰陷害了？你們被誰慘殺了？那是中國的法西斯，那是中國的反動者！是中國人民的仇敵！……

「一二．一」慘案出殯儀式。前排左二為聞一多。

殯儀隊伍行進中。聞一多（二排左二）、吳晗（二排右一）等教授，在長達八小時的出殯中，始終走在隊伍前列。

父親和吳晗等殯儀主席團的成員走在隊伍前列。夕陽西下時，隊伍才回到聯大新校舍。四烈士墓地設在校園東北角，大理石的墓壁上鐫刻着父親用小篆寫的「四烈士之墓」以及他撰寫的《一二·一運動始末記》。那天我和同學們隨遊行隊伍歸來，站在一個小土丘上，晚風中只聽見他那獅子般的怒吼在空中迴盪：「我們要懲兇，他們跑到天涯，我們追到天涯，這一代追不了，下一代繼續追！血的債是要用血來償還的！」

「一二·一」慘案震動了全國，各地紛紛舉行抗議和悼念活動聲援昆明學生的鬥爭，很快形成了抗戰勝利後國統區第一個民主運動高潮。

# 戰鬥中的親密伴侶

反動派的血腥暴行，也使母親的心久久不能平靜。她為四個年輕生命慘遭屠殺而深深傷痛；為反動派的殘暴狠毒憤慨萬分。聯想到外面關於父親的流言，也為他的安全愈加擔心。但殘酷的現實同時也使她更加深了對民主事業的理解和感情。她懷着滿腔悲憤和父親一起去烈士靈堂祭奠，關注着事態的每一步進展。慘案發生的頭幾天裏，甚至走出家門去當了一回「義工」——與父親並肩戰鬥的吳晗先生由於夫人袁震患病出不了門。父親對母親説：「你去吧，去照顧一下吳太太。」母親拖着病弱的身軀欣然前往。她後來笑着告訴我：「我去了，他（吳晗）才得出來。」

母親熱愛青年，也和父親一樣，一直視他們如親生兒女，關懷備至。那些遠離家鄉，孤身

一九四六年二月十七日，昆明政治協商會議促進會等十團體聯合召開「慶祝政協會議成功、抗議重慶『二一〇』慘案、堅持嚴懲『一二．一』慘案禍首大會」，聞一多擔任大會主席。圖為他在會上發表演說。

在外的青年學子們，常常把這兒當作自己的家。父親的學生、同鄉彭蘭甚至親切地認他們為乾爹、乾媽。過節時，乾爹、乾媽也總不忘招呼乾女兒回來團聚。現在對絡繹不絕的來訪青年，她更是滿懷母愛，盡力幫助丈夫熱情接待。

其實，一段時期以來，對於民主工作，母親早已不是局外人。她曾好幾次為父親往《民主周刊》送材料；父親出去徵集簽名，她有時也陪着去「串門」，無形間給宣傳工作增添了親和力。父親的義舉，如為貧病作家刻章捐獻等，她從來都是支持的。有一次民盟印刷材料缺錢，父親想從家中拿一些去解燃眉之急，她也毫無怨言，想方設法去從菜錢裏「擠」。

對於國家大事，她此刻也更加關注。一九四六年一月政協召開時，她隨父親一起對中國大地上的這一線曙光充滿了期望，同時也為在談判期間不斷擴大的軍事衝突憂心忡忡。六月間當蔣介石撕毀政協決議，發動全面內戰時，她還第一次在一份和平呼籲書上簽上了自己的名字。這份「為呼籲和平救災號召萬人簽名運動」的電文稿是父親親自加工定稿的，是昆明反對內戰、呼籲和平運動的一部分，也是對當時全國掀起的和平運動的響應。中心是呼籲和平，挽回中華民族的浩劫。

長期以來，母親總有些自卑，還沒有完全擺脱舊禮教的一些羈絆。一九四五年春，父親在一次朋友聚會時也笑談過這一點。安娥曾生動地回憶：

「我們問聞先生，在家裏同聞師母民主不？」「那我是絕對的民主並尊重女權。」聞師煞有介事地說明。「不過我內人同我的看法倒不同，比如她給我倒杯茶我接受了，她覺得很平常。可是我要給她倒一杯，她就神情不安地覺得不對勁。我怎樣想法子改正她，直到今天還沒改過來。」（《哭憶聞一多師》）

這次父親要母親在通電上簽名，固然是為了民主運動，但也顯示出對她的重視和尊重，或許這也是他下意識改正和幫助她的一個舉動吧。而母親正是從這些活動中漸漸拓展了視野和胸懷，增強了自信和勇氣。

她告訴過我，後來，李公樸遇刺，父親從醫院回來，要趕去《民主周刊》社，她不放心，不顧一切地硬陪着父親一道去了。在周刊社裏，還親耳聽到父親口述對暗殺事件的書面抗議，當時馮素陶做的記錄。這大概就是那天父親與楚圖南、馮素陶等人一起討論擬定的《中國民主同盟雲南省支部發言人為李公樸同志被暴徒暗殺事件之嚴重抗議》和《李公樸先生被刺的經過》。後刊於《民主周刊》第三卷第十八期。女特務連續上門恐嚇的那些天，有一次她也不顧危險親自趕去周刊社給父親報信，讓他不要回家。父親的一句「怕什麼？」還給她壯了膽。

終日擔驚受怕的母親，這時在丈夫無私無畏的精神感召下，漸漸變得更加成熟和堅強了。

前不久，有一本寫聞一多的書，杜撰出一個情節，說父親去參加「李公樸死難經過報告大會」前，臨出門時，母親端了一隻凳子坐在門口阻擋。這真是離事實十萬八千里！

當然，母親的「崗位」是在家裏。對於丈夫完全管不了家事，她的確感到很無奈。但面對現實她並無怨言，只默默地承受着八口之家的巨大家事壓力。家務活雖多虧有趙媽分擔，但「總管」的耗心耗力，是無人可比的，尤其在入不敷出的艱難境遇中。

母親的這種承擔給父親創造了一片廣闊自由的天地。

當時，不少教師迫於生計不得不背負起家事重擔，常年為日常雜務所苦，而父親則可以完全不用為此分神。這一點，朋友們都頗有感觸，還在「一二・一」以前安娥來訪時就有深切體會：「我和聞師母談昆明的生活問題。她很坦然地皺起眉頭兼苦笑。她說：『聞先生他反正是什麼也不知道，米多少錢一斗，他從來沒問過……。』」談到昆中給的那點米是最大的靠頭時，安娥寫道：「可是他自己研究也不知道倒是有多少米，並且這些米可以吃幾天，他只聽得太太說過：『幸虧這點米，不然可怎麼過呀！』『那不可以呀，聞先生。』我抗議聞師『您也該知道呀，這不單是家庭瑣事，也是社會問題呀！』『該，是該知道。不過有人注意了，我就沒注意，反正我原則上我知道是不夠，教書的人不能吃飽飯就行了。』聞師又笑了……」（《哭憶聞一多師》）。

從來，父親在生活和事業上就離不開母親的支持與幫助。這個時期母親所起的作用更是任何人也替代不了的。她已不只是那能感知丈夫隨時所需的「神仙」，也不只是那善解人意、溫存體貼的「另一半」，而已成為能與丈夫同呼吸共命運、心靈默契、互為依存的知音伴侶了。

父親這時顯然深深感到，在「地獄」中只要有母親相伴，四周就仍是自己明媚的天堂。這裏雖不可能再有以往那種寧靜和平、優雅安適，但有取之不盡的溫暖、享之不盡的情愛、汲之不盡的精神慰藉。每當他從外面回來，母親若不在屋裏，我們聽到的第一句話往往就是「你媽媽呢？」見着她，他的心似乎才踏實下來。他不能離開她！遇難的頭一天晚上，他回來不見母親，還一直找到潘伯母家裏去了呢。

一九四五年以來，一些反動刊物、街頭壁報不斷對父親進行人身攻擊，就如吳晗後來所痛斥的那樣：「有一篇文章勸一多學屈原，跳昆明湖。有一篇文章挖苦一多，以博得聽眾掌聲為滿足。還有，說他在使盧布。甚至下流到說他之所以憤慨，是由於家庭生活的不滿。種種污衊、中傷，一多成為特種人物的箭垛了」。（《聞一多先生之死——人生自古誰無死，留取丹心照汗青》）而直到今天，仍有文章相信這些污衊之詞，說父親是「在性生活方面有所壓抑，所以才會對政治發生興趣」。

父親當年對此不屑一顧。但這類流言中傷的不只是父親，其中有的也深深傷害着母親。她一直不願因為自己而損害丈夫的形象。如今，當年封建禮教給自己烙下的創傷竟被敵人用來作為攻擊丈夫的子彈！這是用刀在戳她的心窩！她一輩子也忘不了。直到晚年對我談起時，還滿眼汪着苦痛憤恨的淚水。

雖然如此，她也很坦然，自己並未給丈夫造成負擔，她不僅無愧地履行着相夫教子的義務，而且已成為他生活中不可或缺的知心伴侶。他們的感情早已超越了一般傳統的夫妻之情，融成了一股心靈甘泉，一種巨大的、彼此不能缺失的精神力量！那些中傷者，他們卑俗的心哪裏能理解得了人間這種深摯的情感？尤其令人可氣又可笑的是，他們又哪裏知道，他們肆意攻擊中傷之時，正是夫妻倆在共同的鬥爭中感情更加昇華、濃烈之時！

## 為了早日復員北上

一九四六年五月，聯大宣告結束，準備復員北上。老師們都開始積極準備行程。有的急於返回那夢魂牽繞的北方校園，有的想先去探望久別的家鄉，還有的人接到了國外邀請準備出去講學。

父親十分想念清華園，當有的同事先啟程時，他還特意託付代他去故居看看書房前自己親手栽種的那叢竹子呢。離別故鄉多年，他也很想乘此回老家去看看，那湖邊老宅，宅中的親人們早就在牽繫着他的心了，他曾和母親多次籌劃過，我們的心也都隨着大人們的談話飛到了望天湖旁和清華園。還記得有一天晚飯後，大家圍在桌旁談着北上的事，大哥還為我們畫了記憶中清華新南院七十二號的圖。大家興奮之中不禁背起了杜甫的詩句：「劍外忽傳收薊北，初聞涕淚滿衣裳……。」父親在屋裏刻圖章，聽着我們的談笑，臉上也溢滿了欣喜的微笑。

就在這期間，他接到了美國加利福尼亞大學的邀請。講學可以帶家眷，作為一個學者，他心裏多麼渴望能有一個安定優越的環境生活和治學啊，他也真心希望能親自出去讓美國人民多聽聽中國人民的呼聲。因為正如他所簽名的《致國際友人書》中指出的那樣，美國統治者的政策和行為違背了美國人民的公意，正在助長國民黨軍進行內戰，美援正在成為中國官僚和資本家剝削中國人民的工具，成為軍事獨裁者屠殺人民的工具！

但經過反覆思考，他仍然決定留下來。多難的祖國正面臨新的嚴重危難，人民還在水深火熱之中，他怎忍心在這種時刻離開？想到青年們忘我的愛國熱情，他說：「也許北方的青年還需要我。」

父親的決定令我們小孩子白興奮了一場。但母親顯得很平靜。她當然十分希望父親能換個環境，儘快離開這令人窒息、殺機四伏的地方，外面已有不少跡象表明，反動派要乘聯大復員、民主力量削弱之機有所行動了。再說，出去對一家人的生活也大有好處。但她也太了解丈夫了，他就是這樣的人，為國為民可以拋棄一切！她不怨他，此刻只滿心焦慮，盼望着能早日離昆北上。

一九四六年五月，聯大即將結束，北大、清華、南開將復員返平津。中文系師生特合影留念。二排左起：浦江清、朱自清、馮友蘭、聞一多、唐蘭、羅庸、許維遹、余冠英、王力、沈從文。

夜色雖濃，回北平清華園且能借機回老家探親，仍是一件令人興奮又期待的事。父親、母親和我們每個人是多麼盼望它能早日實現啊！

然而北上路途遙遠，一大家人首先需要的是錢。學校的補貼有限，還得靠自己努力。

不少人家這時為了輕裝及籌措款項，已在變賣衣物，大西門外擺了一溜小地攤。我們家平時缺衣少穿，沒什麼值錢物件，母親清清檢檢好不容易才挑出一些衣服和小零碎。我們也歡歡喜喜提上大包袱，跟隨趙媽來到了大西門外。趙媽坐鎮，我們在一旁吆喝助陣。誰想半天也招不來幾個買主。鄰攤的物件不斷出手，我們卻常眼巴巴地看着顧客走過來，又走開去。原來，我們的東西太陳舊、太「平凡」了。練了幾天攤，最後總算換回了幾個錢。我們高興地攥着它們，又向母親要了幾個零錢：「媽，咱們存上吧，好買飛機票。」母親笑着答道：「好，存上吧！」於是我們小心翼翼地用紅線繩將它們紮起來，又小心翼翼地將它們放進了一個最寶貴的地方——父親床下的一隻旅行皮包裏，這皮包還是當年父親留美時用的，母親常用它放一些緊要的東西。第二天，我們像打開寶盒一樣打開皮包，那一小紮正靜靜地躺在那裏，等待着新來的夥伴呢。過了幾天，我們又興奮地打開皮包。又過了幾天，我們又打開皮包——啊，「寶物」卻不翼而飛了。我們大聲叫着，要母親去尋找，卻沒有想到，原來它們已經她的手飛到菜籃

西南聯合大學的歷史使命業已完成，特刻碑紀念。圖為聞一多撰寫的碑額。

子裏去了。當然，我們並不氣餒，仍興致勃勃地重新攢。孩子總是天真的，復員心切，滿以為憑幾個零錢，積少成多，就能坐上飛機呢。

父母親當然知道，這是幾顆童心的熱望與幻想。真正切實的，還是父親的「手工業」和母親的精細籌劃。

父親這時更加緊了他的勞作，回家來更沒有時間和我們説上幾句話，只顧伏在案上刻、刻……。壯年的他，累得背已有些駝，中指上也磨出一個大疙瘩。記得「一二・一」後不久，有一天，父親在屋裏刻圖章，我們幾個在一旁唱起罷課期間上街宣傳的一支歌，是反映民間疾苦的：「布穀聲聲，田裏水飄飄，我們大夥兒從早忙到晚，彎背插秧苗啊，插秧苗……。」唱到這裏時，突然父親用他那深沉、渾厚的男中音接了過去：「彎背刻圖章啊，刻圖章……」

那一刻，我們真被他的風趣逗得想笑，卻又笑不出來。現在，在復員前夕，為了全家能早日返回北平，他更是不分晝夜，一刻不停地彎着背在堅硬的象牙、石頭上刻、刻……，獨自吞咽着那風趣背後的辛酸與苦辣！

由於臨別在即，不少朋友和學生都來找他題詞或刻章留念。他雖如此忙碌，卻仍毫不吝惜自己的時間與精力，

聞一多在治印。

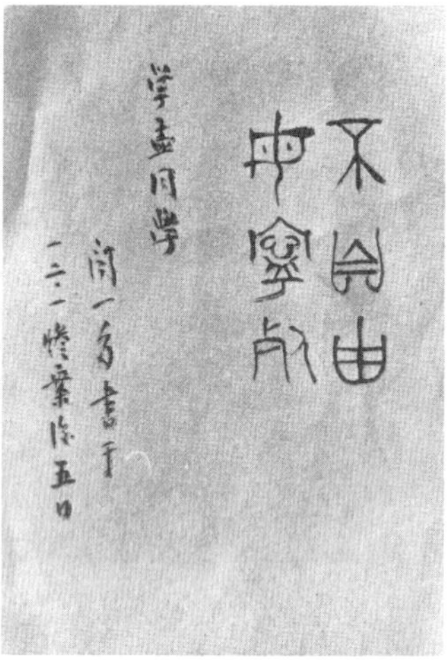


聞一多為學生題字：「不自由，毋寧死！」

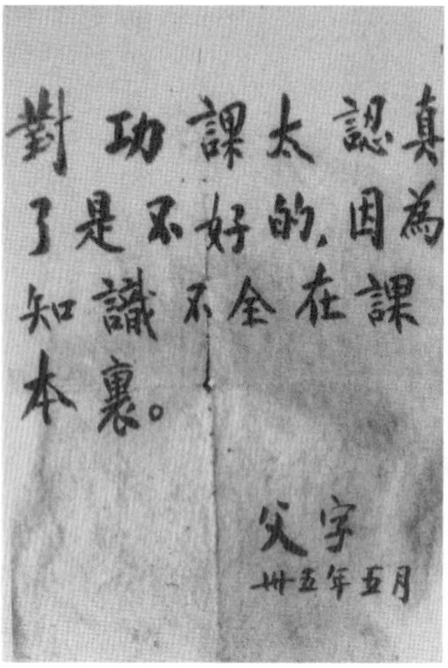


聞一多為幼女聞翺題字。

熱情地為之揮毫捉刀。這期間，他還在百忙中為小妹題了詞，寫下了我們終身銘記的那句箴言：「對功課太認真了是不好的，因為知識不全在課本裏。」當時因聯大復員、附小的同學也將天各一方，孩子們都依依不捨地互相贈送紀念品，相互留言紀念。小妹也訂了一本紀念冊，除讓同學留言，還跑來要父親題個詞。父親這一意味深長的題詞，顯然不僅是針對九歲的小妹，它也是我們終身受用的真理。

那些日子，前來求章的人不斷。有一天，雲南省代主席李宗黃也派人拿來一方牙章，並附上了優厚潤例。父親卻當場就把錢和圖章都退回去了。李宗黃是鎮壓學運的主使人之一，事後父親對母親說：「我窮窮得硬着，我要他的錢？我根本就不給他刻！」

見父親如此超負荷地工作，母親焦慮萬分。尤其見他每天熬到深夜，肚子空了也沒什麼東西可充飢，更覺心疼。

文林街上有間小茶館，兼賣一些小點心，價錢不算貴，聯大學生都喜歡在這裏看書、自習，母親這時也決心省吃儉用「捨個己」，間或去買來幾塊點心給父親當夜宵，但父親常常忙得顧不上吃。他們床頭下那個印有馬頭的鉄點心盒，反倒成了我們幾個經常光顧的地方。母親也只好無奈地苦笑，孩子們也太苦了，偷吃一口就吃一口吧！有時為了省錢，她也抽空親自動手炸幾個麵包圈給父親，我們當然又少不了借光。而這些食品，她自己總是省着不吃的。

為了父親和一家人，母親耗盡心血，由於長期操勞又缺乏營養，加上緊張焦慮，身體越來越差，心慌的毛病也越來越重，厲害時，常常得臥床休息。父親深知，她需要檢查治療，需要靜心休養。但眼前，這些都是不可能的，經濟條件不允許。他只有暗自心疼焦慮。一九四六年初，一位美國醫生路過昆明，父親乘機向他諮詢了母親的病情，回家來高興地對她說：「我今天給你看了病！一位美國大夫路過昆明，我向他談了你的病。」他深情地望着母親，又無奈地說：「醫生說是甲狀腺亢進，要動手術。現在也沒有辦法，沒有錢，等等吧，等回北平，第一件事就是給你治病。」

沒錢看病，母親只能忍受着疾病的折磨。平日本已十分勞累，又加上終日為父親的安全提心吊膽，心跳得越發難忍。

夏初，母親又病倒了。人臥病時，總是希望親人多在身邊陪伴一會，而這時，正是父親最忙碌的時候，母親理解他那腔為國為民的熱情，但整天孤單一人躺在屋裏，心裏總覺不是滋味：「我生病，心跳到口裏去了，他可成天在外面忙！」她越想越覺得委屈，不由得氣不打一處來，使起了性子。「我生氣！在床上躺了兩天不理他，怪他不管我。」

父親回家來，照常先來找愛妻，卻連着碰了軟釘子。他望着病弱的妻，心裏萬分難受，自己的確是太忙了，可是在心裏，哪一分鐘也沒有離開過她啊。他難過地說：「你也想想我好的地方，別只看我的不是啊。」

進入六月，聯大師生離昆的越來越多。叔叔和吳晗也於上個月走了。父親也希望早些動身，但民盟的一些工作需要交接，一時還離不開。另外，路費也還需再努一把力。

月中，分配到了兩張赴渝的機票（去北平要在重慶轉機）。父親和母親商量，決定大家分批走，先讓二哥、三哥走，到重慶若能買到去北平的機票，他們可先行北上，買不到則等候家人一同赴平。這樣，父親既有時間安排好工作，又能再刻點圖章，攢足些路費。

孩子們是第一次離開家，父親十分不放心，特意託付先赴渝的許維遹先生多加關照，又反覆叮嚀哥哥們要照顧好自己，還給他們帶上了友人贈送、自己捨不得吃的魚肝油丸。動身前夕，母親將隨用錢密密縫在了哥哥們的內褲上，那一刻，她的心情要大大超越了孟郊《遊子吟》中那種傷離之情。哥哥們走時，我們全家送出了大門，父母親含着眼淚久久佇立在大門口目送他們遠去。

## 在血雨腥風中

二哥、三哥走後，我和小妹也吵着要早走，父親也很希望能早日動身。六月二十九日給哥哥們的信中還說：「大妹、小妹都天天吵着要早來，其實我也有願意早來的心事。你們放心，我是不會放棄早來的機會的。」

但就在這時，全面內戰爆發，昆明形勢愈發嚴峻。

兩三年來，關於黑名單的傳說就一直不斷，父親總是名列前茅。「一二．一」後，近日樓等地的反動壁報更對父親等人極盡攻擊、誣衊之能事，甚至揚言要以四十萬元收買聞一多的人頭。近日這類活動更加猖獗，來辭行的朋友和學生們都勸他多加小心，早點離開昆明，母親更日夜提心吊膽，幾次催父親早點走：「人都走了，特務

鶴、鵬：

鵬的信和許先生的信同時收到，知道你們有機會早離北平。這樣會平安不要失掉。如果無內戰，以後飛機當然比較容易找，我們便僅早飛北平。如果有內戰，我們恐怕短期無法飛來，那麼你們孤獨的留在重慶，便不無掛慮。相反的，你們到北平後，住在姝姝家，我們倒也可以放心。錢若不夠，可向許先生暫借。到北平時，可照通訊處去找姝姝，這不是太麻煩的事，相信你們能照顧自己。如許先生同行，那便更好，他是會照顧你們的。

大妹小妹天天吵着要早來，其實我也有願意早來的心事。你的雄心，我是不會放棄早來的機會的。家中都好，媽的身體這幾天來也比較健康。我這幾天特別忙，一半也是要把應辦的事早些辦完，以便早些動身。

小弟的皮鞋買了沒有！如未買，應早買，因為北平更貴。

父字
六月廿九晚

一九四六年六月二十九日聞一多寫給先期抵重慶之次子、三子的信，這是他最後的一封信。

要下毒手怎麼辦？」父親笑了一下：「他要殺你，到了別處也一樣殺。」

七月十一日早晨，聯大最後一批學生離滇了。果然，當晚反動派就動手了。半夜裏，我被一陣低沉的細語聲驚醒，驚恐地聽到了：「李先生……槍殺……」等字眼，朦朧間看到一位青年站在父親床頭正說着什麼，只聽得父親急促地問：「人呢？」「抬到醫院去了。」

我不由得渾身戰慄起來，眼前不斷浮現出李伯伯那絡腮鬍中親切的微笑和那馬褲長靴、精神抖擻的身影。

早晨醒來，父親已不在房間裏，聽母親說，李伯伯被暗殺了，他天沒大亮就趕往雲大醫院去

了，只擦了把臉，也沒吃東西。當時父親還有些感冒，正發着低燒。

李伯伯終因傷重而不治，昆明城陷入了一片白色恐怖。外面紛紛傳言，黑名單上第二號就是聞一多。不少朋友勸父親不要外出，還有的拿來一套西裝，勸他化裝躲避，但他毫無懼色，說：「死，並不可怕。」顯然，他已意識到形勢的險惡程度，但仍義無反顧，懷着滿腔悲憤，出面組織治喪委員會，向當局提抗議，向全國通電控訴血腥的法西斯暴行……那些天，他從早忙到晚，回家吃飯時也很少講話。飯桌上一家人全沉默着。我們也感到了空氣的緊張、沉重，無心嬉笑打鬧了。

情勢越來越緊張。大批憲兵警察荷槍實彈，到處搜捕，中蘇文化協會昆明分會也被查封，寄居在那裏的音樂家趙渢逃出後無家可歸，父親這時雖身處惡境，卻仍滿懷熱情「命令」他住進我們家來，還關切地說：「我們吃什麼你就吃什麼。但我知道你是個河南人，就給你煮掛麵吧！」在分會工作的金若年先生也被父親請進家中避難。

反動派在動用憲兵警察的同時，還撒出了大批便衣特務，甚至使用極其卑鄙的伎倆，派一個裝瘋賣傻的女特務連日四處進行威脅恐嚇。李伯伯遇害的第二天上午，她竟直接闖進我們家衝到了父親的床頭。這女人有四十來歲，一副黃裏透綠的馬臉，挽着一個散亂的髮髻，穿一件灰白色旗袍，下擺直拖到腳脖子上，乾癟的身軀架着這件袍子，看上去活像我們在童話裏看到的惡魔僵屍。她左手拿着一本破舊《聖經》，用右手的長指甲劃着聖經上一些段落，一邊罵罵咧咧，一邊說：「聞一多，還不快懺悔，你的名字是兩個夕字，命在旦夕了！」這天，父親不在家，她鬧騰了一陣，扔下了一封恐嚇信。信上說，中國有大難，共產黨是壞人，警告聞一多不要跟着走，否則，多字是兩個夕字，命在旦夕了。署名是張柴靜一。

父親回來後，我們急忙告訴他這件事，他卻淡然一笑，把恐嚇信扔到了字紙簍裏。

接連幾天，女特務天天上門來威脅，由於她那副形象，我們都管她叫「女瘋子」，大家都很緊張，有時老遠見她來了，就趕緊進屋把門插上，她就站在門外破口大罵。

為了防備萬一，不管父親在不在家，每次大哥都出面去和她周旋，不讓她見到父親的面。因此她對大哥也恨之入骨。十四日一清早，大哥出門時，她堵在大門口也丢給他一封恐嚇信，信裏威脅道：「如不悔改，你父子命在旦夕！」

由於學校正在復員，宿舍裏一片雜亂，家家戶戶都在忙着收拾東西，有些小商小販也挑着擔子進來收買舊貨，院子裏成天鬧雜人不斷，出出進進，各式人都有。母親說，有些特務也乘機混了進來。常常有人問院裏的孩子：「聞一多啥個樣子？」「聞一多穿哪樣衣裳？穿西裝還是中裝？」「聞一多可有鬍子？」母親十分緊張，便和門房商量，為了全院的安全，晚上希望把大門關上，有人找時請通報一聲。就是這樣，仍有不少各式人要見聞一多。

連日的強烈刺激，無限的緊張擔憂，使母親的心跳毛病更加厲害。她只覺得有一塊千斤重的大石頭整天壓在胸口，透不過氣來。她後來在《一多犧牲前後紀實》中寫道：

> 一多每天在外面忙碌，他已完全顧不上我了。我見他吃不下飯、睡不好覺，加上未痊癒的重感冒，體力已經有點不支了，但還是像一團烈火，熊熊燃燒着，忍不住懇求：「你不要再往外面跑了，萬一出了什麼事，這麼一大家人，我的身體又是這個樣子，可

怎麼好啊！」他沉默了一會，慢慢地說：「現在好比是一隻船，在大海裏遇到了狂風惡浪，越在這種時候，越要把住舵，才能轉危為安。」室內很靜，孩子們都睡了，他的聲音不大，但是那麼有力。

這一夜我說什麼也睡不着，一多的話一直在我耳邊響着。……

十四日晚飯後，我心裏實在憋得難受，便來到潘太太家坐坐。潘太太是一多老同學潘光旦先生的夫人，熱情、善於體貼人。她見我的憔悴樣子，很着急，又不知如何是好。正在這時，一多來找我了。他還是老毛病，回家來要是見不到我，就沒着沒落的，總要把我找到心裏才踏實。就是工作時，也總喜歡我在旁邊坐着。潘太太一見他，趕忙說道：「瞧瞧你太太，成了什麼樣子了？明天開會，你不要去了吧！」她說得那麼懇切，眼中充滿了焦慮。一多告訴過我，明天要召開報告李先生死難經過的大會，進一步揭露國民黨反動派的法西斯面目。此刻他沒有說什麼，只是沉默着，從他的的臉上可以看出，他早已做好了「前腳跨出大門，後腳就不準備再跨進大門」的準備。我像預感到了什麼似的，一顆心像被拋進了沉沉的深淵，上不着天，下不着地……。

# 蛛絲馬迹探心迹

李伯伯遇難後，母親日夜驚恐，身心交瘁，父親一直看在眼裏，疼在心上，內心其實並不平靜。

他此時並不像有的揣測那樣，認為自己「是個教書的，只是用嘴、用筆說幾句公道話」，「不管怎樣，總還有點名氣」；認為「反動派殺了一個李公樸，已引起很大震動，要是再殺一個，它的日子就更不好過了，所以反動派還不敢」。實際上，面對血腥的白色恐怖，父親心中十分明白自己面臨的是什麼兇險。反動派既然連李公樸這樣有名望的人士都敢下手，黑名單之事顯然不是空穴來風。他自己，早已置生死於度外，前些日子就對一位來辭行的學生說，自己推遲行程，「即使萬一發生意外，我也是死而無憾的。」（《聞一多年譜長編》）在《民主周刊》社裏，也好幾次對同事說：「即使為民主運動而犧牲，我也死而無憾。」（趙渢《回憶聞一多先生殉難前夕的二三事》）當時，外面也有傳言說黑名單上第二號是潘光旦的，他心中有數，也曾禁不住對母親說：「恐怕第二號是我吧。」

然而家呢？她呢？孩子們呢？真是什麼也不去想了嗎？誰都知道，家是中國人的根！中國人歷來熱愛家庭，這是中華民族經歷無數苦難，仍能生生不息的支撐。他一個那麼重感情、愛戀家和親人的人，怎麼可能什麼也不去想呢？

李公樸遇難第二天，他從外面奔波回來，靠在床上小憩，夫妻二人都沉浸在巨大的悲憤中。

大約是談到李先生的善後工作，他忽然深情地望向母親說：「不是沒有錢嗎？我死了你會有的。」母親霎時像遭巨雷擊中，氣急地嚷：「我不要這種錢！我要人！」她心裏明白，這不是在說笑！也不是他無所畏懼的一種流露。這是他從他們為李先生善後所作的各種努力，聯想到了自己的身後事。這是對她「生」的期望和自己視死如歸的決心啊！她的心被撕碎了——直到晚年還在流血！

父親的心何嘗不在劇烈疼痛，他冒出這句話正因為最令他痛苦和不安的，就是將來孤兒寡母的生存問題。他懷着一絲脆弱的希望自我安慰，也這樣來安慰母親。但心裏哪能不明白，現在維持溫飽尚且艱難，失去了他，斷了生計來源，一家老小將何以為生？他哪裏能不知道，愛妻喪夫那肝腸寸斷之痛？不知道失去了父親的孩子是如何悲慘、孤苦？又哪裏能不去想，病弱的妻將如何來承受這一切，她和孩子們又將面臨何等的艱難？

痛苦在不斷咬噬着他的心啊！

可是，當國家面臨空前危機，民族又將深陷災難時，他又怎能忍心坐視中華大地再次生靈塗炭，無數家庭再遭家毀人亡？當戰友屍骨未寒，飽受苦難的中國人民仍在法西斯專制的高壓之下苦苦呻吟時，他又怎能只戀着尺方牆內的幸福而獨善其身呢？二月間給五伯聞家騄的信中，他就說：「抗戰以來，由於個人生活壓迫及一般社會政治上可恥之現象，使我恍然大悟，欲獨善其身者終不足以善其身。……古人云『匈奴未滅，何以家為』，今之為禍於國家民族者有甚於匈奴，在此輩未肅清之前，談不到個人，亦談不到家。」

他愛家，更放不下國啊！

在父親心底的暗潮中，自然不會只有家和親人的命運。他顯然還在忍受着另一種劇痛，這是一個時期以來就隱藏在心底的痛。

他曾說：「我愛祖國固因他是我的祖國，而尤因他是有他那種可敬愛的文化的國家。」近年來，參加民主運動佔去了很多時間和精力，但他從未忘情所鍾愛的學術研究。就在鬥爭最緊張時，他還對吳晗喟歎：「太空虛了，成天吐出去，卻沒有新的東西補充，要好好唸書了。天可憐一年兩年後，民主實現，政治走上了軌道吧，只要有這一天，我們立刻回書房，好好讀十年二十年書，才對得起自己，對得起所受的教育。」在犧牲前半個月，他還興味盎然地寫了《九歌古歌舞劇懸解》，讓我替他抄寫呢。

作為一個學者，他熱愛自己的學術事業如同生命。十多年來，他辛勤耕耘，自唐詩始，上溯《詩經》《楚辭》《周易》《莊子》，又延伸到古代神話，研究範圍擴至文化大領域。在古代文學和古代文化研究方面取得了開創性的巨大成就。《聞一多全集》（一九九三年版）的序言在評述他生前的學術貢獻時這樣說：「聞一多是在近現代中西文化大交匯、大碰撞中成長起來的一位學貫中西、博古通今的大家，他首先是以獨具特色的詩人聞名於世的。……」「聞一多的成就並不限於新詩創作和提倡新詩格律理論，他在古代文學研究和古代文化研究方面所取得的創造性的重大成就，引起了學術思想界更為強烈而普遍的震動。……後來他走出書齋，投身民主運動時，能夠具有那樣強大而普遍的影響力、號召力，同樣是和他在新詩創作及古代文學研究方面的卓越成就分不開的。

聞一多由一位詩人轉而研究中國古代文學，並能取得超出前人和同輩人的成就，決不是偶然的。他自幼就喜愛詩賦古文，具有堅實的國學基礎，在研究中既繼承了我國樸學注重名物訓詁考據的傳統，又廣泛吸取現代西方社會學說，如文藝學、語言學、歷史學、考古學、社會學、民俗學、人類文化學、心理學等新的理論和方法，因此，他的研究不僅考索賅博、綮實可信，而且大膽開拓，新見迭出，在《詩經》《楚辭》《莊子》《唐詩》及神話等領域的研究中都取得了突破性的研究成果，自成一家言，因此在以上幾個學科的研究史上具有獨特的地位，產生了巨大而深遠的影響。」

父親當時自然不滿足於這些成就，他還有很多工作要做，為了探求這民族、這文化的源頭，尋找中華文化的前途、中華民族的前途，他立下了更宏大的目標。正如給臧克家信中所說：「經過十餘年故紙堆中的生活，我有了把握，看清了我們這民族、這文化的病症，我敢於開方了。單方的形式是什麼——一部文學史（詩的史），或一首詩（史的詩）。」

郭沫若當年在編輯《聞一多全集》（一九四八年版）時曾萬分悲憤而痛惜地說：「因此從這整個的遺稿上，便給了我一個這樣的印象：一棵茁壯的向日葵剛剛才開出燦爛的黃花，便被人連根拔掉，毀了。『千古文章未盡才』這是夏完淳哭他的內兄錢漱廣的一句詩，這兩三個禮拜老是在我的腦子裏和口角上盤旋着，聞一多先生大才未盡，實在是一件千古恨事。」

是啊，父親還有多少學術工作有待完成，他多麼希望能安安靜靜坐下來從事那詩的史或史的詩的宏大工程啊。七月初，當彭蘭、張世英夫婦離滇前來辭行時，他還說：「我將來等到那個時候，還是要回到書齋裏一心做我的學問，就可以不問政治了，我也不是個鬧政治的人。」（張世英《歸途——我的哲學生涯》）

此刻，他怎麼能甘心就這麼離開自己這視如生命的學術研究呢？

但是，當廣大人民在水深火熱中煎熬，中國的知識分子也都飢腸轆轆、朝不保夕時，又怎麼能談得到學術研究呢？就連他自己這宏大的計劃，「最終單方能否形成，還要靠環境允許否（想像四千元一擔的米價和八口之家）」啊。（《致臧克家》）

他曾不止一次對叔叔說：「千百萬人民處在水深火熱之中，我們自己也在飢餓線上掙扎，不是我們不想研究學問，現實逼得我們不得不走出書齋啊！」（聞家駟《憶一多兄》）

李公樸被暗殺，外面紛紛傳言他是黑名單上第二號，他好幾次對同事們這樣說：「雖然我還有很多工作想做，但在當今之世，什麼時候才能搞這些學術工作?!即使為民主運動而犧牲，我也死而無憾。」（趙渢《回憶聞一多先生殉難前後的二三事》）

吳晗十分了解他：

> 說實話，一多是厭惡政治的，不適於政治工作的。然而，現實的環境強迫他非放下書本不可，非參加政治活動不可。為人民，也為了自己。
>
> 他是痛苦的、憂鬱的，在含着眼淚拋棄心愛的工作，去參加他最不感興趣的工作。
>
> 他在加倍的努力，要儘量縮短人民受苦難的時間，要儘量提早自己回到研究室的時間。
>
> 從白天忙到晚，用嘴，用筆，用兩條腿，在工作，在戰鬥。
>
> 加倍的努力，加倍的工作，為了這，縮短了他的生命歷程……（《哭亡友聞一多先生》）

含着眼淚，忍着劇痛，卻義無反顧！因為他胸膛中跳動着的是那顆紅燭之心！這就是聞一多啊！

現在看來，在那腥風血雨的日子裏，父親內心深處，恐怕還在忍受着另一種深深的隱痛。

李公樸被暗殺後，不斷有消息證實，南京已密令，對「甘心從亂」的「民盟奸黨分子」，必要時得便宜處置。雲南警備司令部擬定的捕殺名單為首批暗殺四人，逮捕十餘人，均為民盟負責人。在這樣的形勢下，大家都十分緊張，有些人開始畏縮了，一些平日為民主運動奔走、甚至是負責的人，也都深居簡出，不敢再在公開場合露面。父親看得很清楚，血腥的高壓已使一些人、甚至是戰友承受不住。他感到很心痛，對一位來看望他、關心他安全的雲大學生說：「我們很多人都潰退了，我不能像他們那樣，我要堅持戰鬥。」（鄭伯克《白區工作的回顧與探討》）他照常置個人安危於度外，繼續在外面奔走。為李公樸被暗殺伸張正義，向各界控訴和揭露中國法西斯的血腥暴行；也照常為民主事業堅守崗位。由於學校復員，擔任雲南民盟工作的聯大人有許多工作需要交接，組織也需調整。他不願只顧個人安危而棄民主工作於不顧。母親幾次催他早走，他總是說：「民盟的事情還沒有完，怎麼好走？我要把事情移交給人才能走，現在還沒有人來接手。」

吳晗離昆時，其所擔任的《民主周刊》社社長一職，尚未物色好人選，父親又臨時挑起了這副重擔。母親說，李公樸遇刺後，周刊社這個進步力量活動的據點也沒有人敢去了。「周刊社有的青年眼看工作就要被摧垮，不知怎麼辦好，來找一多，一多十分鎮定地說：『我去，不要緊，我去坐着！』後來，據楊明同志說，他平日一進門，總把手杖掛起來，這天進去，就拄着手杖坐着，心裏當然明白處境的危險，但很鎮靜。外面心神不定、來看風聲的人，一看見他坐在那裏，那麼沉着，也都鎮定下來。別的本來是在外面偷看的人，也進來了。局面才逐漸穩定下來。《民主周刊》本來已出不成了，有的同志也不想出了。可是，他堅持一定要出，他說：『不能向敵人示弱！難道李先生一死，工作就停頓了?!』印刷廠已經不讓印了，他冒着生命危險，親自和同志們一起到處借鉛字，終於又出了一期。」（《一多犧牲前後紀實》）

當時儘管還有楚圖南、尚鉞等先生堅守崗位，但許多工作，如果不是他如此出面料理、堅守，就幾乎處於無人管的狀態了。

「其愚不可及」，最後未完成的圖章。

然而，在敵人高壓下內部出現的這種狀態，無疑也在深深刺痛着他的心，在他「捨家」「捨業」的痛之上又添加了另一種性質的疼痛！

那些天，在父親的案頭上，照例放着幾枚待完工的圖章。其中的一枚剛剛設計好字體，還未來得及刻。在那血雨腥風、人心惶惶的日子裏，誰也不會去注意它。但多年後，細細琢磨那印面上的幾個篆字，我們的眼睛不禁被淚水迷濛，心被深深震撼了。這是五個無比沉重的字——「其愚不可及」！

多年來，小小的方寸就已成為父親寄懷、言志和自勵的天地。此刻，這難道不正是他最後的心跡嗎？

父親曾頌揚屈原是人民的詩人：「如果對於當時那在暴風雨前窒息得奄奄待斃的楚國人民，屈原的《離騷》喚醒了他們的反抗情緒，那末，屈原的死，更把那反抗情緒提高到爆炸的邊沿，只等秦國的大軍一來，就用那潰退和叛變的方式，來向他們萬惡的統治者，實行報復性的反擊。歷史決定了暴風雨的時代必然要到來，屈原一再的給這時代執行了『催生』的任務。」（聞一多《人民的詩人——屈原》）

如今，他也正是在追屈原蹤跡，且已超越了屈原，義無反顧地選定了為給這時代「催生」而捨生取義的道路。

早年，他在紀念「三．一八」慘案時，就曾表示，愛國精神「也許有時僅僅一點文字上的表現還不夠，那便非現身說法不可了」。他熱烈讚頌拜倫戰死疆場是「最完美、最偉大的一首詩」。讚揚「三．一八」烈士們的精神：「我們若得着死難者的熱情的一部分，便可以在文藝上大成功，若得着死難者的熱情的全部，便可以追他們的蹤跡，殺身成仁了。」（《文藝與愛國——紀念三月十八日》）現在，他也正是要以現身說法來實踐自己殺身成仁的誓言啊！

## 碧血丹心映千秋

十五號一大早，又有朋友來報信，說黑名單的事絕對可靠，要父親千萬小心，不要外出。父親沉痛地說：「我不出則諸事停頓，何以慰死者？假如因為反動派的一槍，就都畏縮不前，放下民主工作，以後誰還願意參加民主運動，誰還信賴為民主工作的人？」

早飯後不久，他照常拿起手杖邁出了大門。

父親出門後，母親像掉了魂似的，拿起給趙媽織的毛衣，走到院子裏，心不在焉地織着：

我這時已什麼也不去想了，腦子只凝集在一個心思上，盼一多平安回來。十二點左右，他疲倦地走回來，習慣地把手杖往裏屋門上一掛，轉身笑笑，猜透了我的心思：「你放心了吧？你看，我不是回來了嗎？」他還在發着低燒，這兩天更見瘦了，但是濃黑的眉毛下兩隻大眼睛還是那末炯炯有神。

他沒有告訴我在外面做了些什麼，可是悄悄對立鶴説了：「我去雲大講演了。」立鶴一怔，馬上問道：「怎麼不告訴我？」一多笑了，説：「怕你嘴不穩，告訴媽。」立鶴也笑了：「爸真好！」隨即又問：「會上情形怎樣？」「很好，人到的很多，特務被我痛罵了一頓。」「沒發生什麼事嗎？」「沒有，但是特務真多，是同學們把我送回來的。」（《一多犧牲前後紀實》）

原來，就在這天大會上，父親作了那氣壯山河的最後一次講演！

這次會本來大家是不讓他講演的，他也勉強同意了，但當李夫人在台上泣不成聲，聽眾紛紛憤然淚下時，混在人群中的特務們卻在抽煙、説笑，甚至無理取鬧，父親實在抑制不住心頭的怒火，站起來大義凜然、慷慨激昂地痛斥了敵人的無恥陰謀。他沉痛地説：

這幾天，大家曉得，在昆明出現了歷史上最卑劣、最無恥的事情！李先生究竟犯了什麼罪？竟遭此毒手，他只不過用筆寫寫文章，用嘴說說話，而他所寫的、所說的，都無非是一個沒有失掉良心的中國人的話！大家都有一支筆，有一張嘴，有什麼理由拿出來講啊！有事實拿出來說啊！為什麼要打、要殺，而且又不敢光明正大的來打來殺，而偷偷摸摸的來暗殺！（鼓掌）這成什麼話？（鼓掌）

**他滿腔怒火地厲聲質問：**

今天，這裏有沒有特務？你站出來，是好漢的站出來！你出來講！憑什麼要殺死李先生？（厲聲，熱烈的鼓掌）殺死了人，又不敢承認，還要污衊人，說什麼「桃色案件」，說什麼共產黨殺共產黨，

雲南大學至公堂。一九四六年七月十五日上午，昆明學聯在這裏舉行李公樸殉難經過報告會，聞一多在會上即席發表了氣壯山河的演說。

無恥啊！無恥啊！這是某集團的無恥，恰是李先生的光榮！（熱烈的鼓掌）李先生在昆明被暗殺，是李先生留給昆明的光榮！也是昆明人的光榮！

**會場裏響徹着他沉重、堅定的聲音，這聲音，鼓舞了群眾，也震懾了在場的特務們：**

反動派暗殺李先生的消息傳出後，大家聽了都搖頭，我心裏想，這些無恥的東西，不知他們是怎麼想法？他們的心理是什麼狀態？他們的心是怎麼長的？其實很簡單，他們這樣瘋狂的來製造恐怖，正是他們自己在慌啊！在害怕啊！所以他們製造恐怖，其實是他們自己在恐怖啊！……你們殺死了一個李公樸，會有千百萬個李公樸站起來！你們將失去千百萬的人民！……人民的力量是要勝利的，真理是永遠存在的，歷史上沒有一個反人民的勢力不被人民毀滅的！……翻開歷史看看，你還站得住幾天！你完了，快完了！我們的光明就要出現了。……我們的光明，就是反動派的末日！（熱烈的鼓掌）

……

**從他炯炯的眸子裏射出堅定的、大無畏的光芒：**

我們不怕死，我們有犧牲的精神，我們隨時像李先生一樣，前腳跨出大門，後腳就不準備再跨進大門！（長時間熱烈的鼓掌）

在這凜然正氣下，在場的特務們竟狼狽地縮着脖子溜走了。

午後，父親小憩了一會，就又邁出大門去主持記者招待會了。大哥不放心，一直送到周刊社門口，問清了什麼時候散會，好去接他，才匆匆回家來。

母親午後在後院躺了一會兒，睡不着，起來一看，父親又不在了。正好這時趙媽帶着小妹從外面進來，緊張地說：「奇怪，怎麼今天下午外面這麼冷清，一個人影也沒有？」母親的心頓時緊緊縮成了一團，西倉坡北拐就是《民主周刊》社所在的府甬道，那裏有店舖、菜攤，平日人來人往，並不冷清。一種恐懼感緊緊攫住了她：

> 我們正坐立不安，立鶴進屋來了。我問他：「爸呢？」他告訴我：「爸就在民主周刊社，媽放心吧！」但我發現，平時不抽煙的立鶴，現在卻一支接一支地抽着……
>
> 院子裏十分靜，孩子們往常都在院子裏玩耍，今天下午可巧都沒有出來。宿舍裏又搬走了幾家人，多了一些空房子，使人感到有點空空落落。奇怪得很，大街上的叫賣聲也聽不到了。我覺得天上的白雲、樹梢上的葉子也紋絲不動，像是都凝滯住了。死一般的寂靜壓迫着大地，似乎能聽到自己的心跳聲。我們哪裏知道，此刻——正在一多他們開會時，府甬道至西倉坡一帶已經戒嚴了，四下都佈滿了特務。（《一多犧牲前後紀實》）

死寂的恐怖不僅緊緊攫住了母親，也壓迫着我們的心，尤其是大哥，他已受到特務的直接威脅。恐嚇信的事他沒有告訴父母，只默默地獨自承受着，他要保護好父親，安慰好母親！但內心的緊張和不安是難以名狀的。他後來回憶說，那天中午——

爸睡後，我不知為什麼有一種極不安的預感，獨自個往周刊社去了好幾次，又到文林街錢局街四處看看才回來。

一點半爸爸自己醒了，楚伯伯（按：楚圖南）也趕到，他們喝了一點茶就準備出發。我很不放心，便護送他們一直到周刊社門口。我問爸爸什麼時候散，他叫我四五點時候來接他，我便匆匆地回西倉坡。

回到家裏，母親面無人色地問我爸上哪兒去了，當我告訴她就在周刊社時，她才稍為放心。她這幾天就像失掉了魂的人一樣，我一面安慰她，一面注意時間。

三點半，我在家實在等不住了，就向府甬道走去。到周刊社門口，知道還沒有散，焦急的在街上踱來踱去，看見很多歪戴呢帽的人三三兩兩散在街上，知道是些特務，但我只疑心他們是來監視所謂「民盟暴動」的，同時不住的想「爸名氣這麼大，他們一時不敢下手，殺死李先生已使他們下不得台了，那還敢再惹禍呢？」也就不去在意，只是自己多加警惕好了。可是隨即猛然想起那個特務化身的女瘋子給我的恐嚇信，又不禁有點發毛。這信我還不曾給爸看，因為他不會在意這個的，這只使他多分心而已。一時各種奇怪的念頭都湧進了我的腦子，就越不可能靜下來。……（聞立鶴《爸爸遇刺紀詳》）

聞一多殉難處。圖中之大門即西倉坡聯大教職員宿舍大門。

這時的我，雖然還小，沒有大哥那麼多想法，但連日來李伯伯的被刺、外面的傳言、女瘋子、恐嚇信……這一切也使我總覺坐立不安，而這時，四周出奇地靜，更加重了我緊張的心情。快五點時，我神魂不定，漫無目的地在屋門口轉了幾圈，乾脆進了隔壁陳達伯伯家，去和他的孩子們，也是我們附中的同學玩撲克。但手裏拿着牌，心卻仍在父親身上，無論如何也定不下神來。

在陳伯伯家呆了一會兒，突然一陣槍響打破了沉寂！槍聲就在近處！我像被什麼重擊了一樣，不由猛地跳起來就往門口跑！只見母親、趙媽和小妹也正往大門口疾奔。

大門外，果真，就在十幾步遠處，父親和大哥橫一個、豎一個倒在血泊中！西倉坡上空無一人。母親搶上去抱住父親，鮮血立刻染紅了她全身，她拚命呼喚父親，我們也撲在父親身上嘶喊：「爸，爸啊！」但父親雙眼緊閉，嘴唇微微張了一下，就漸漸變烏，臉色也逐漸發黑了。一旁的大哥，渾身鮮血，瞪着兩隻充滿仇恨的大眼睛。母親一陣眩暈，昏了過去，大概是我們撕心裂肺的嘶喊聲，又把她驚醒。

周圍漸漸圍攏了一些人，但沒有誰敢伸一把手！我們幾個，還有當時住在我們家裏的二哥同學莊任秋想抬起父親和大哥，但抬不動。正在拚命用力時，人群中突然有人喊：「又來了，又來了！」剛剛聚攏的人群又嘩地一下子散開了。西倉坡上又只剩下我們這幾個老弱婦幼。母親想，這是混在人群中的特務在企圖拖延時間！她掙扎着爬起來，趙媽也趕快跑回宿舍，想借張行軍床，她用顫抖的手敲開鄰家的門。門開了一條縫，扔出來一張行軍床，趙媽也顧不了那麼多，抱起行軍床就跑。

人群又漸漸圍攏了，裏面有挑夫，母親求他們幫忙擔一下，但挑夫害怕，不肯擔。好不容易求動了兩位，才把父親抬上行軍床，趙媽從家裏抓過一床薄被給父親蓋上。我和她急忙跟着挑夫趕往醫院。隨後莊任秋也想方設法求來一輛洋車（即人力車），把大哥送往醫院。[1]

我們這一路，挑夫走得很快，我得時時小跑幾步才能跟上，可仍覺得他們走得慢，我噎着淚水不斷地催：「快點走吧，快點走吧！」望着父親的鮮血從行軍床滲出，一滴一滴流到地上，留下一行斑斑點點的血跡，心也在碎裂：「爸，爸啊！」六十歲的老趙媽扶着行軍床沿，上丁字坡時簡直是連爬帶拖，嘴裏不斷地重複着：「先生啊，您可不能走啊！」沿路人們都驚恐地望着我們這幾個渾身是血的人。

好不容易到了醫院，但醫生翻了一下父親的眼皮，就搖了搖頭。我只啊了一聲，頓時覺得自

1 現在有的文章說，「後來陸陸續續來了一些熱心人，大家共同出力」幫助把父親和大哥送往醫院。其實，在那血腥的白色恐怖時刻，哪有幾個人敢出手相助啊！一直在大哥身旁搶救的莊任秋當時在日記中也記載着，他那裏除了聯大附中一位始終熱心的洪川誠老師，最後只有兩位青年從圍觀人群中出來搭了把手。而父親這裏，則始終沒有人敢伸一把手。我們身處那血染的現場，面對血泊中的父親和大哥，是多麼痛切地感到那呼天不應、叫地不靈的傷痛和絕望啊！

己全身都被凍結，動彈不得了。在西倉坡現場，雖已意識到了，但我不願意，也實在不能夠相信這是事實！半晌，才發現行軍床已被抬到診室外，放在門前花圃旁的過道上，透過止不住的淚水，我看見父親躺在上面，鮮血仍在透過帆布不斷往下滴，在地上積成一灘，又徐徐流進花圃裏。……

父親和大哥被送往醫院時，母親拉着小妹還在丁字坡上爬。沿路的血跡還那麼清晰，好似千萬支箭在穿透她的心。她的身心已到了人體承受的極限！進了雲大醫院，到一個亭子跟前時，實在支撐不住，不得不停下來稍稍喘息一下。這時，正好從對面走過來 ××× 夫婦。××× 先生也是雲南民盟負責人之一，和父親常有交往，又一起參加民主運動，母親像是見了親人，急忙趕上去：「× 先生啊，一多被槍殺了啊！」不想 × 先生握了一下她的手，一句話未説，急急忙忙走開了！據説，美國領事館很快接到了請求保護的要求，當晚就將這位先生和其他民盟領導人等接進了領事館。× 先生的走掉使母親傷痛欲絕的心又一次遭受無情打擊。此時此刻，當她最孤獨無助時，有誰能像自己丈夫那樣不顧個人安危為遇難的戰友料理一切？又有誰能像他那樣甘冒生命危險來主持公道啊！

母親趕到醫院時，父親的遺體仍停放在花圃旁的過道上。大哥已被送進一間危重病人的單間。由於過度刺激和悲痛，母親已不成人樣，她自己也被送進了病房。

暗殺是預謀好的，兇手就隱藏在宿舍旁的一座米倉中，當父親離宿舍大門只有十幾步遠時，他們從背後射出了罪惡的子彈！

這一刻，以鮮血和仇恨深深地、永遠地澆鑄進大哥心中：

> 五點了，爸和楚先生先後走出來，楚先生匆匆先回去了，我心裏鬆了一半，以為這一天可以平安地度過去，隨手買了一份復興晚報，爸便慢慢地伴着我向西倉坡走去。這時府甬道至西倉坡的途中是死一般的靜寂，行至離家十多步的樣子，忽然槍聲大作，爸爸已經倒在地上了，我下意識的急忙撲上去，伏在爸爸身上，想用我的身體遮住爸爸，可是槍彈連珠似的向我們打來，我連忙大喊：「兇手殺人了！救命！」我想喊喊兇手就會逃走。可是四周比死還要靜寂，我忽然感到全身無力，由爸爸身上滾下來，一直滾到離他五六尺外的地方。爸爸滿身統是槍眼，血像泉水一樣噴出來，面色蒼白，嘴唇微動一下，手杖、鞋子和眼鏡統都打掉了。這時我才發現自己也受傷了，並且知道右腿已經斷了。我不顧一切的大喊，希望宿舍裏有人出來。接着又匍在地下裝死，同時注意兇手的樣子。幾個彪形大漢一排的站在離我們二三十尺遠的地方，正在繼續向我們射擊。一兩分鐘後，他們揚長而去了。我又掙扎着坐起來，胸口上三個槍眼湧出大股的血來。我努力想爬起來去救護爸爸，可是毫無辦法，因為右腿已經斷了，左腿也中了一彈，血濕透了我的上衣。再看爸，正憤怒地倒在血泊裏，面色已變黑了。爸是好漢，哼都不哼一聲。（聞立鶴《爸爸遇刺紀詳》，原載《清華周刊》社一九四七年《聞一多先生死難周年紀念特刊》）

從父親身上發現了十多處彈洞，還有幾顆子彈和一些彈片嵌在體內。第一槍擊中頭部，父親當場就犧牲了。大哥身中五槍，肺部被打穿，有一顆子彈離心臟只有半寸，右腿被打斷了。為了救父親，他撲在父親身上，被特務的槍彈打翻，滾落在一旁，傷勢十分嚴重。

為了人民，為了民主的新中國，父親獻出了僅僅四十七年的生命。

## 黑夜沉沉

面臨這樣巨大的血的刺激，母親心臟病嚴重發作，完全起不來床了。她悲憤交加，痛不欲生。

> 到了夜間，更是冷冷清清。病房中，天花板上的日光燈映在雪白的牆壁上顯得那麼慘淡。我躺在床上，感到自己是這樣孤苦伶仃，一瞬間，我簡直不想活下去了。可是又想，孩子們都還小，最大的立鶴才十八周歲，他受了那麼重的傷，還在死亡線上掙扎，離開了我，他們將怎麼生活啊？不，我要活下去，孩子們還需要我，一多的仇一定要報！一整夜，安眠藥的藥力使我昏昏沉沉，可是我遇到的強烈刺激，又使我不時驚醒，每次醒來，總像掉進深淵一樣，感到這世界是如此窒息，黑暗。（《一多犧牲前後紀實》）

黑夜沉沉，母親承受的不只這巨大的血的刺激。

當夜最令她傷心和焦慮的還有現場極缺人手。朋友們有的早已離開昆明，民盟的其他負責人都已隱蔽起來，許多人還沒有得到消息。身邊只有十三周歲的我，九周歲的小妹和六十周歲的趙媽以及莊任秋。要不是莊任秋這個也只有十七周歲的小青年跑前跑後幫助料理、聯絡，幫着照看重傷的大哥，境況將不知會是什麼樣！莊是聯大附中二哥的同班好友，父親答應將他帶到北平去上學，此前就住在我們家裏。附中的同學接着也趕來了好些位，他們不顧危險，犧牲睡眠，自願留下幫助守護父親遺體，還和莊任秋一道看護大哥並往外聯繫（此後一連數日，他們都冒着危險來醫院陪伴和照顧大哥），但人手仍感奇缺。

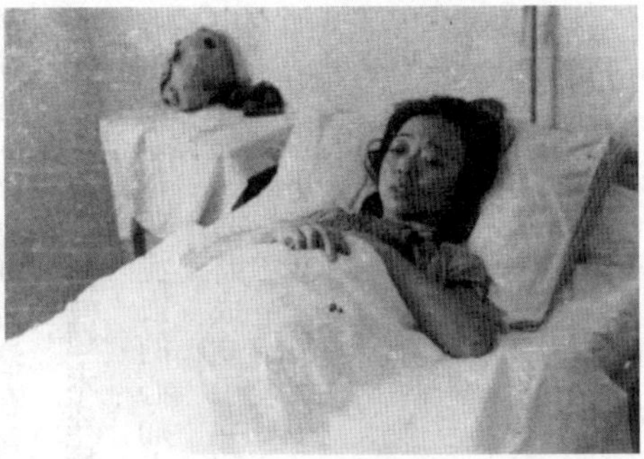
因悲痛復發心臟病的高孝貞。

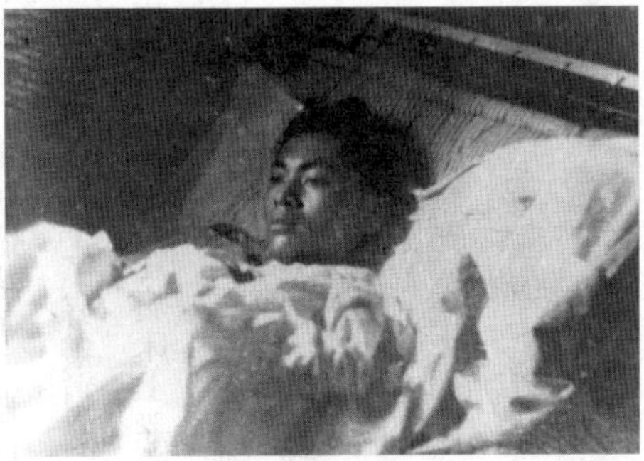
重傷治療期間的聞立鶴。

反動派殺害了父親並沒有罷休，女瘋子仍不斷跑到醫院來恐嚇，要見聞立鶴，揚言要斬草除根。雲大醫院也成了特務監視的中心。有的朋友來看望，出去就被盯上了。就連我們小孩子出去，身後也常有「尾巴」。經受無比刺激的母親，仍整天處於驚恐之中。

而就在如此傷痛、悲憤的時候，母親還得承受另一種壓力和刺激。由於她和大哥身邊都需要人看護，趙媽帶着我和小妹、還有莊任秋都住到了醫院裏，夜間大家就擠在病房裏睡，吃不起醫院的伙食，趙媽就設法在醫院的鍋爐房裏放個爐子，自己做飯。沒過多久，醫院就開始下「逐客令」。大哥和母親還未痊癒，「逐客令」就下了好幾道。

最令母親流血的心痛上加痛的，是她躺在病床上無法去見上父親最後一面。善後工作由聯大出面組織，臨時成立了「聞一多教授喪葬撫恤委員會」負責具體工作。母親由於病倒在床無法參加活動，更不能去見父親一眼，她心如刀絞。莊任秋當時在日記中就記下了幾個淒慘的時刻：

七月十七日

五點半，伯父要入殮，伯母死（都）要去看伯父最後一面。……大家死着勸，伯母哭着要去，醫生勸也沒用，伯母哭着說：醫生，我求求你原諒我這一次好不好？我不去看以後就看不到了，我以後心裏會難過的……這番衷情，使我們勸的人感動了，可是為了伯母的身體，大家勸伯母以身體為重，免得又使大妹小妹難過，老大傷心，伯母才泣着不去了。

入殮時，大妹代表家裏去了，小妹也跟着去。……

伯父已安放在燒屍爐裏……大妹只一看就掩面大哭，小妹不准看，也被大妹引哭了，我們都把她們兩人勸到亭子裏去，小妹用來揩淚的手巾的農夫耕田圖是伯父畫的，小妹哭道：這是爸給我畫的呢！越哭越傷心，我們好不容易才勸住她。

七月十八日

伯父的屍體，本來定在今天十二點火化的，後來怕人搗亂，改到上午九點，地點和李公樸先生一樣，在雲大操場上。

我去看火化時，儀式已經開始了，見到的是大妹給華順、張文英扶着在哭，跟和尚繞鐵爐走，悲痛的情況，使我不忍看，我悵然的回醫院了。

在伯父被抬到廣場火化時，伯母一定要去伯父處看一轉。到了停屍房，伯母哭不成聲，死勸也沒法勸住，拉也拉不開。伯母在快走前，喘着氣哭出來：你的兒女還小，你要保護呀！……立鶴你要保護呀！……你知道我的身體是不好的……在場的人，無不淒然淚下。我還是咬着牙，沒迸出一滴淚，心裏已經死般的沉重了。

《聞一多年譜長編》

那是什麼樣的時刻啊，我永生永世都不能忘！由於母親和大哥都無法參加父親的善後活動，小妹又小，只得由我——一個不滿十四歲的孩子出面去代表家屬……

我永遠也忘不了見父親最後一面的那一刻，他是那麼枯瘦，血都流盡了……，永遠忘不了火化場上圍爐繞走的那一刻，我無法相信那鐵龕裏是親愛的爸爸……。

我也永遠忘不了去存放骨灰的那個夜晚，那是父親的研究生范寧先生帶着我去的。我們一家人都還在醫院裏，骨灰只能暫時存放在一個寺廟中。那是一個淒清的夜晚，雨剛剛停，夜燈已燃亮，但光線很昏暗，我們倆人在冷寂的石板路上拖着沉重的步子，我抱着父親的骨灰罈，范先生走在我身旁……，我們走進了一個寺廟，大堂中有一位方丈將骨灰罈接了過去，我的心也像留在了大堂中……。

我也永遠忘不了衣冠塚墓葬和追悼會上的那一刻，應母親要求，衣冠塚建立在四烈士墓前。母親說，父親生前熱愛青年，青年們也熱愛他，讓他永遠同他們在一起吧！水泥墓穴中放進了父親的血衣、手杖、煙斗[1]等等，還有抬往醫院時蓋的淡黃色的薄被。母親後來很後悔，當時怎麼沒有想到留幾件現場衣物作為永久紀念啊。那天，由於形勢關係，沒有舉行大的儀式，場面很冷清。我含着熱淚向墓穴裏這些血染的衣物鞠躬，而眼前閃回的仍是倒在血泊中的爸爸！

葬禮前舉行了追悼會，一間大教室，四面滿是花圈

1　父親被抬往醫院後，小妹當即從地上撿起他的眼鏡、手杖和一隻布鞋，放到了宿舍的大門後，第二天回去取時，已不見蹤影。父親當時用的煙斗，一直不知去向。衣冠塚中放進的，記得是他的另一根手杖，另一隻煙斗。聽母親說，這隻煙斗是張光年送給父親的。

位於「一二·一」四烈士墓前的聞一多衣冠塚。

和輓聯。我極度哀痛，無心去注意參加的人和講話內容（後來才知道，由於形勢關係，悼念着重表彰學術貢獻）。不過卻被那些無言的輓聯深深吸引、感動。其中在我的斜對面，掛在主席台左上方的那一副，我當時就把它默記下來了，那是黃鈺生伯伯寫的：

茫茫人海同鄉同學同事同步行三千里回首當年傷永絕

莽莽神州論學論品論文論豪氣十萬丈橫視古今有幾人

黑夜沉沉，一顆少兒的心也在承受着成人不堪忍受的創痛！但從這些輓聯中，她感到了一種無言的力量，看見了一道沖天豪氣正在黑暗中閃射着萬丈光芒！

茫茫人海同鄉同學同事同步行三千里
回首當年傷永訣
一多學兄 千古
橫視古今有幾人
莽莽神州論學論品論文論豪氣十萬丈
弟黃鈺生敬輓
黃鈺生輓聯。

長女聞名在西南聯大聞一多追悼會上。當時聞立鶴身負重傷，高孝貞病臥醫院，年僅十四歲的聞名孤零零一人代表家屬參加了這次追悼會。

# 鬥士的血是不會白流的

父親遇難後不久，我在醫院裏見到了人們給母親送來的一份《民主周刊》。封面上用紅字套印着父親為李公樸遇刺事件的題詞：「鬥士的血是不會白流的，反動派！你看見一個倒了，可也看得見千百個繼起的人！」裏面還登了父親的最後一次講演。題詞本是父親在遇難前兩天應《學生報》之請寫的。想不到他未等親眼見到，自己也為民主事業流盡了鮮血。聽母親說，這期周刊是社裏的同志們得知父親也遭毒手後，含着熱淚，冒着極大風險，突破反動派的高壓、封鎖專門編出的。我望着上面的題詞，淚光中閃現着倒在血泊中的父親——鬥士的血是不會白流的！

父親被暗殺，震動了整個昆明市，也震動了國內外。雪片般的慰問信和唁電從各地不斷飛來，大批群眾湧向了雲大醫院，前來瞻仰遺容的人流終日絡繹不絕。人們震驚，人們悲痛，人們更憤怒！

停靈那兩天，當局害

民主周刊
第三卷第十九期
中國民主同盟雲南省支部發言人
為聞一多同志復遭暗殺的緊急申明
本期要目
本期零售價一百五十元

在白色恐怖中秘密發行的第三卷第十九期《民主周刊》。

前往雲大醫院弔唁的人群絡繹不絕。

怕，將停屍房加了鎖，連我和小妹也進不去，每天只能扒着門縫去看父親。從門縫中，我們望見，在父親躺臥的行軍床頭，不知何時，人們已插上了束束唐菖蒲花。我們也看見，人群流着淚，憤怒地拍打着門高喊：「我們要見聞先生！」

就連昆明的普通百姓，也因此擦亮了眼睛。我們到醫院時，全家人身上都沾滿了血跡。第二天，當我和小妹抱着一堆血衣，送去宿舍附近錢局街口的洗衣店時，老闆娘一看，沒問是怎麼

社會各界弔唁聞一多的唁函唁電。

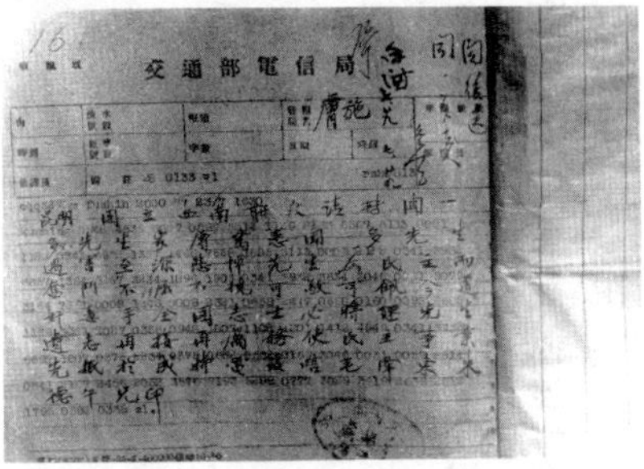


毛澤東、朱德的唁電。

法西斯恐怖份子愈益猖狂
聞一多教授又遭毒手
聞氏公子亦身中五彈生命垂危
新華日報
反動派繼續實行有計劃暗殺
聞一多教授又被害
聞先生公子亦被狙擊重傷
國民黨大軍瘋狂"追擊""堵截"下
中原將士分路苦鬥
民主之魂
重慶市民六千餘人
昨舉行李聞追悼大會
和平在流血！民主在流血！

一九四六年七月二十八日上午，重慶六千餘人隆重追悼李、聞二烈士。圖為二十九日《新華日報》有關報導。

回事，就指指天，指指心口說：「老天知道，聞一多是好人啊！」說完背過臉去抹了把淚水，才把衣服抱進去。去取衣服時，還說什麼也不肯收錢。

反動派以為，他們的血腥鎮壓可以嚇倒群眾，但他們看到的是天在哭，地在嚎，風也在怒吼，千萬個人在繼起。悲憤的狂潮在迅速地、勢不可擋地席捲大地！

父親曾頌揚屈原的死把楚國人民的反抗情緒提高到爆炸的邊沿，現在他的犧牲更把中國人民的反抗情緒提高到了爆炸的邊沿。昆明城雖仍在高壓下窒息着，但埋藏在沉默中的火種已開始燃燒起來了。

由於北上機票有限，聞立雕、聞立鵬先期赴渝，圖為他們在重慶追悼會後的留影。

在這悲憤的狂潮中，母親逐漸振作起來，她堅定了決心：「我要活下去！為了孩子們，也為了繼承一多的遺志！」

## 我要活下去

大哥的傷基本癒合後，全家回到了西倉坡宿舍。老鄰居們都復員走了，院裏顯得十分空落。為了怕母親觸景傷情，我們暫時住到了二十號斜對面的一套空房裏。但宿舍內的一草一木、一磚一瓦，無時不在刺痛着一家人的心。我和小妹幾乎每天都要回到二十號去，那裏才是我們的家！我們能看到父親在窗前伏案工作，能聽到他親切的聲音，聞到他溫暖的氣息。

大門口父親和大哥遇刺的地方，血跡仍清晰可見。在醫院住時，我和小妹經常回家取東西，每當我們經過這裏，心裏就一陣痙攣，眼淚止不住往外湧。我們常情不自禁放慢了腳步不願離去。母親臨出院前，我們又來到了這裏，望着這滲進親人鮮血的土地，決心要把這血土捧一些回去留作永久紀念。我從母親的針線笸籮裏找了一小塊黑布，用它縫了兩個小布袋，兩個人噙着熱淚，跪在那裏，默默捧起血土，一點點裝進小布袋——一袋裝父親的，一袋裝大哥的。我們要永遠和父親在一起，永遠不忘這血、淚、仇！

聞名、聞翻姐妹收集的浸透了聞一多和聞立鶴鮮血的血土。

母親還起不來床，雖然換了房間，但無法減輕她無邊的傷痛和思念。

房間斜對面就是二十號——那和他同甘苦、共患難的家。從房間裏能望見那熟悉而親切的黃牆，以及他親手糊上窗戶紙的窗戶，門口土坡上是和他一起開墾的小菜園。透過它們她能看見他正在窗下埋首伏案，她正相伴在他身旁，正和他攜手共度那相濡以沫、風雨同舟的日日夜夜……

為了不傷孩子們的心，她把這巨大的傷痛和強烈思念深深埋在心底，強打着精神不在人前哀傷落淚。但天知道有多少個夜晚她讓熱淚打濕了枕頭，又有多少個長夜是在無眠中度過！

撕咬着她的心的不只是這無邊的痛楚、思念和憤恨，還有對未來的焦慮、憂傷和茫然，在這暗無天日、鬼魅當道的世界裏，她將以病弱之軀獨自護佑着五個孩子生存下去，直面未來！她不能想像那是什麼樣的生活，但她決心要活下去，不負他的期望！

大哥變得沉默多了，他原是個愛說笑、愛唱歌、會演戲的文藝活動積極分子，往常回來，常老遠就能聽到他爽朗的說笑聲或愉快的歌聲，現在常聽到的只有他低沉唱着的這支歌：

感受不自由莫大痛苦
你光榮的生命犧牲
在我們艱苦的鬥爭中
你英勇地拋棄了頭顱
……

家裏的每個人都儘量自己吞咽着傷痛，為了不去觸動對方流血的心。

壓力與刺激仍在不斷向母親襲來。

十月四日上海召開李聞烈士追悼大會，母親收到了電報，但買機票時卻遭到了意想不到的阻力。先是不收零票子，因為我們買機票的錢主要是捐款，多是零票子。接着又說飛機不能給保姆坐，不肯賣票給趙媽。母親後來回憶說：「可是，他們部長的狗卻可以坐飛機！老趙媽哭着對我說：『你們走吧！不要管我了，不要因為我牽累了你們！』我氣得肺都快要炸了，堅決地對她說：

『不，咱們死也要死在一起！要走都走，要不能走，我們都留下，絕不丟下你一個人！』」票最終買到了，可追悼會的日期已錯過了。

十月上旬的一個夜晚——一個永遠難忘的夜晚，孤獨的一家人邁出了大門，告別了父親鮮血染紅的土地。西倉坡上，空寂而昏暗，只有宿舍大門口那盞老舊的路燈在發出黯淡的黃色光彩。我們誰也說不出一句話來。重傷初癒的大哥緊緊抱着父親的骨灰匣，母親隨身帶着血土。這片土地，這個大門啊……，她的心又一次在碎裂！

汽車徐徐駛離西倉坡。昆明城還在寂靜和重壓下沉睡着。母親望着這正在離去的城市和街道，她看見父親正在黑暗中為民主事業，為中國的明天而奔走呼號，聽到了他那親切洪亮的聲音。「這聲音，自聯大校園衝出來，向昆明向全國喊去，在遼闊的太空中迴盪着。」「他的血是不會白流的！」從她哀痛的淚光中閃現出堅毅的決心。

## 最先的繼起者

離開昆明，我們取道上海準備回北平——那裏二哥、三哥正在北大叔叔家等待着我們。上海剛剛開過隆重的追悼大會。這次大會有各界五千餘人參加，由民盟最先發起。發起人以宋慶齡、孫科領銜，包括國民黨、共產黨、民盟和各界人士一百六十七人。在這次大會上，人們表達了最深沉的哀悼和那「提高到爆炸邊沿的」憤怒。鄧穎超代表周恩來出席並宣讀了周恩來的悼詞：「今天在此追悼李公樸、聞一多兩先生，時局極端險惡，人心異常悲憤。但此時此地，有何話可說？我僅以最虔誠的信念向殉道者默誓：心不死、志不絕，和平可期，民主有望，殺人者終必覆亡！」

母親雖未趕上出席這次大會，但在上海羈留的半個月間，仍深深感到人們對李、聞被刺那巨大的悲憤和對烈士的崇敬與痛惜。來看望她的人每天絡繹不絕。鄧穎超代表周恩來特意前來慰問，沈鈞儒、史良等民盟中央負責人也都親切地來看望。還有各方熱情關切的人士。人們帶來的不僅是慰藉和關懷，更有鼓勵和力量，它們更堅定了母親「要活下去」的決心。

李公樸遇刺後，父親悲憤地痛斥：「反動派，你看見一個倒了，可也看得見千百個繼起的人！」如今，他自己也將鮮血匯進了先烈們的血流，為民主的中國奠定了永久的基石，繼他而起的更是千萬個人！而在這千萬個繼起者中，應該說，母親是

一九四六年十月四日，上海各界五千餘人隆重舉行李、聞追悼大會。由於當局有關人員的刁難，高孝貞及子女未能出席。

鄧穎超在上海追悼會上宣讀周恩來悼詞。左一為吳國禎（上海市市長，聞一多清華同班同學）、右一為史良。

最先站起來的一個！

從血、淚、仇中，母親站起來了！用她那瘦弱的肩膀獨自支撐起被摧毀的家，羽翼着五個孩子在艱難困苦中度日。

父親遇難後，我們孤兒寡母陷入了絕境。清華大學雖發了一年薪金，但在那物價漲得比天高的年代，這只能是杯水車薪。感謝當年為聞一多家屬慷慨解囊的人們，他們的捐助幫我們一時避免了衣食無着、流浪街頭的境地。但捐款畢竟有限，為了七口人的生存，母親的艱難、焦慮和苦楚是難以想像的。

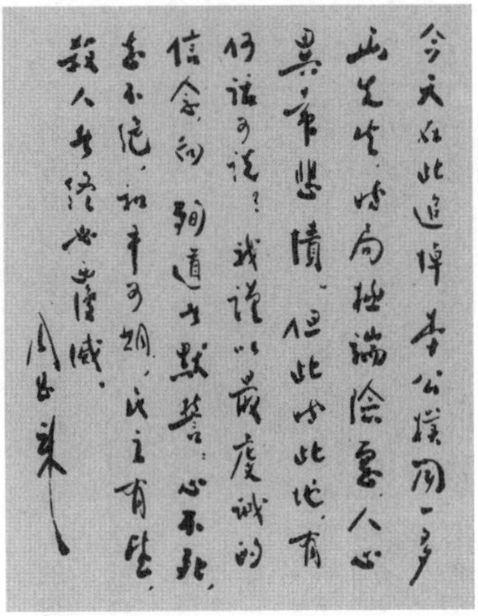
今天在此追悼李公樸聞一多兩先生，時局極端險惡，人心異常悲憤。但此時此地，有何話可說？我謹以最虔誠的信念，向殉道者默誓：心不死，志不絕，和平可期，民主有望，殺人者終必滅亡。
周恩來

周恩來的親筆悼詞。

就在這艱苦境遇中，她以堅強毅力繼承起了父親的遺志。

北平同樣夜色濃重，在特務密佈、暗無天日的環境中，母親不顧危險，默默掩護着中共地下工作者和轉赴解放區的青年。

父親的侄兒，我們的六哥黎智[1]當時任中共上海局平津學委（南系）書記。一九四七年冬末至一九四八年初，他與夫人魏克（南系學委成員）就住在我們家裏，母親明白他們的身份與事業，一九四六年六哥在重慶南方局工作時，父親曾與他通過一次信。此刻六哥夫婦早出晚歸，她

1　我們的嫡堂兄，三伯父聞家騘（聞黎菁）之子。原名聞立智，大排行第六，我們稱為六哥。

從不多問，只默默地暗中支持與配合。在暗無天日的舊社會，解放區的曙光吸引着大批青年，父親生前曾十分嚮往那片土地。如今一些奔赴解放區的進步青年，也以我們家為「中轉站」。母親像父親生前愛護青年學生一樣，把他們當作自己的親人熱情接待，噓寒問暖，熱茶熱飯。上海來的陳霞飛女士就曾在我們家住過十多天。後來我們一家赴解放區時，當時住在家裏的一位王小姐，還和我們同了一段路程。

和父親一樣，母親用愛溫暖着許多進步青年的心，也得到他們的愛戴。在反動統治下何善周的新婚妻子王玉清甚至不怕「株連」，認她做了「乾媽」。華羅庚先生的女兒華順早在父親遇難當時，就趕來醫院幫助守靈和看護大哥，陪伴親屬，全國解放後，仍把我們這兒當「家」，也認了母親做乾媽。

一九四八年三月，在地下黨和民盟的幫助下，母親帶領我們一家跨越封鎖線進入了晉冀魯豫邊區（三哥已於前一年先去了解放區，大哥已加入地下黨，暫留北平）實現了父親生前的願望。

在解放區明朗自由的天地中，母親的身心得到了極大舒緩，也獲得了新的活力。她初步懂得了革命的道理，更理解了父親為之獻身的民主事業，也不由更加熱愛和崇敬自己的丈夫。她渴望充實和提高自己，跟上時代需要，不負他的期望。

這一年在吳晗的介紹下，母親加入了中國民主同盟，更加堅定地踏上父親的足跡。八月上旬，又作為民盟代表出席了華北臨時人民代表大會。

新中國成立後，母親歷任河北省、北京市政協委員，第五、六屆全國政協委員會委員和民盟婦女工作委員會委員。雖未擔任什麼具體工作，但每次都堅持出席會議，認真學習會議文件。五

高真與朱自清夫人陳竹隱。

高真一生勤奮好學。努力提高自己的文化水平和生活境界是她永遠不懈的追求。

屆全國政協第四次會議時，她正臥病住院，仍不顧醫生勸阻堅持去參加大會。那次我將她送到人民大會堂門口，不久，只見她被工作人員抬了出來，鼻子上還插着氧氣管！

父親遇難後，母親歷經風風雨雨，承受着千辛萬苦，但從未露過難色。就是面對內心最大的痛楚——文化水平低，也從未退縮過。她那學習的夢想從未放棄，追求它的努力也從未懈怠過。我們到解放區後，都離開她到了各自的學習、工作崗位。我每次回家，幾乎都見她坐在桌旁學習，面前是寫着摘記的筆記本，一旁放着解放區出版的各式土紙的書籍，她那伏案學習的形象與父親埋首書案的形象一起，深深烙印在我心中。晚年，她即使身患重病，書桌的抽屜裏，也仍放着幾個一刻不離的學習筆記本，枕頭下仍始終有着一部半導體收音機，那是她每天了解國家大事的必備工具。

在生活上，母親也從沒有畏難的時候，始終如當年與父親共患難那樣，堅韌積極地、默默地面對一切。

到解放區以後，在共產黨和人民政府的關懷下，母親得到了無微不至的照顧，一家人生活也有了保障。她對此始終懷着感激又不安的心情。她恨自己文化水平太低，做不了什麼工作，只儘量在各方面嚴格要求自己。

生活，縱使衣食無憂，也難免會遇到各種問題。

建國後母親的住房問題，就曾經給她帶來不少困難、甚至「驚險」。我們租住在東四八條時，不知所住房屋是危房。有一天，母親正靠後牆而坐，突然那面牆體轟然坍塌，要不是我愛人王克私眼疾手快，一把將她拉開，她就被埋在下面了。

後來東單象鼻子中坑的住房，更是險象環生，那裏不僅也是危房，而且是名副其實的「坑」，院子比街面要低一米多，我們剛住進不久，就遇到暴雨，雨水從街面衝進來，淹沒了院子，又直灌房間。母親正午睡，驚醒一看，床已成為一隻船，四周一片「汪洋」，床底下的臉盆、鞋子等物都在水上漂移。母親後來不得不訂做了一塊木板，每逢下大雨，便用它卡在大門口當作水閘用。

母親身體素來虛弱，常年多病。父親在世時，曾期盼回北平後給她好好看看病，但他帶着這一心願被奪去了生命。我們回北平後，父親當年清華的同學，外科名醫關頌濤先生親自操刀為母親做了甲狀腺手術，替父親了卻了心願。

全國解放後，黨和政府對母親十分關照，每月提供一筆生活費。但因為她不在職，很長一段時期都無法享受公費醫療待遇。那常年抱病、高額的醫療費用

高真在帽兒胡同宅院中。攝於上世紀七十年代。

都是她自己從父親的稿費中掬取。

對於這些困難、甚至驚險，母親從來沒有抱怨過，也不願對人訴及。只到了住房坍塌、無處安身時，才不得已去到民盟市支部暫時棲身。她覺得新生活來之不易，國家也有困難，自己又沒有什麼貢獻，不願再給組織上增添麻煩。這些問題後來雖得到解決，但母親仍覺不安。在她的內心裏，只堅守着一條：自己是個平凡的家庭婦女，但身為聞一多夫人，任何時候也不能給他丟臉，不能有負他的期望。她深深感到，正如毛澤東主席所說：「我們中國人是有骨氣的。……聞一多拍案而起，橫眉怒對國民黨的手槍，寧可倒下去，不願屈服……我們應當寫聞一多頌……他們表現了我們民族的英雄氣概。」她任何時候也不能忘記他的精神。

全家福。攝於一九五九年北京。

這是一條崎嶇的道路。在這條路上，一個瘦弱的婦女，拖帶着五個孩子，艱難地向前邁進。她柔弱、但是剛強；她傷痛，並不衰颯；她淒苦，卻不曾孤單。因為他從未離開過她，他那雙炯炯的眸子正深情地凝望着她，他那熱烈的胸膛正緊緊護佑着她，而他那顆火一般燃燒着的心永遠在烘暖着她的心房，照亮着她前進的方向！

一九八一年七月高真回昆明參加聞一多殉難三十五周年紀念活動。這是她與次子聞立雕攝於西倉坡故居門前。

一九五一年七月十五日，中國民主同盟中央隆重舉行先烈紀念會，會後在北京八寶山革命公墓安葬了聞一多骨灰。圖為八寶山革命公墓中的聞一多墓。

與李何林及其夫人王振華在聞一多墓前。自右至左：李何林、高真、王振華、何善周。

子女在聞一多與夫人高真位於北京八寶山革命公墓的合葬墓前（左一聞名，左二王克私，左三杜春華，左四聞立雕，右一聞立鵬，右二張同霞）。

歲月流逝，孩子們都長大了，離開她自立了。她依然與他相伴，向前邁着堅定的步伐！

一九八三年十一月十三日，母親無愧地離開了這個世界，去找父親了。在天庭，他們將攜手相依，永不分離！他們那支「自己的歌」，那雄渾壯麗與清純婉約的「諧美和聲」，將伴着父親那用鮮血寫成的史詩，在天地之間永久迴盪！

母親病危時，曾留下遺言，想和父親合葬在一起。一九九六年，我們實現了她的遺願。當時哥哥們讓我代表全家寫篇祭文，我含淚提起筆，卻深深感到文字的無力，我們的心情哪裏是文字能訴得盡的啊！

祭詩

——為爸爸、媽媽合葬而作

親愛的爸爸、媽媽：

今天，在紀念爸遇難五十周年、媽離去十三年的時候，我們懷着深切的思念為您們舉行合葬。

一

此刻，冬陽送來溫暖，
寒風不再張狂，

松柏這樣青翠，
萬物都在為您們感到欣慰。
從此您們將不再分離，
永遠地依偎在一起。
就像當年在清華園
爸的書房裏總有媽的身影，
蔥綠的草坪也融進了甜蜜的情意。
就像在昆明艱苦的歲月中，
深夜裏爸還在埋首書案，
油燈下媽拿着活計陪伴在案旁。

二

親愛的爸，媽，
時光在流轉，
日月在推移，
但您們從未曾離我們遠去。
月色下爸正教我們背唐詩，
藍天下在給我們講遠古神話，

夕陽裏帶我們去捉螞蚱，
金色的田野是那麼遼闊廣大。
書案上堆放着一疊疊文稿，
爸正坐在案旁凝神思考，
茶杯裏徐徐騰着熱氣，
煙斗裏青煙在繚繞。
百忙中您捉起刻刀，
夜深人靜還在為我們的溫飽操勞，
一刀刀您刻着堅硬的石章，
一聲聲深深印在我們的心上。
長夜裏響起您獅子般的怒吼，
黑暗裏閃耀着您炯炯的目光，
山河在震撼，魔鬼也喪膽，
最後一次講演在空中迴盪。
哀民生之多艱您拍案而起，
義無反顧從人間走入地獄，
在您擁抱天下的胸懷裏，
我們感受到一個更加慈愛、更加偉岸的您。

親愛的爸爸，五十年來多少事隨同時光逝去，
您的形象卻越來越高大、清晰，
在燃燒自我的紅燭光芒中，
爸，您已化作超越時空的永恆。

* * *

西倉坡上血染的時刻，
親愛的媽媽，
您抱着爸爸，面對身負重傷的大哥
血淚中下定了決心：我要活！
多少夜淚水伴着您入夢，
睡夢又化成無盡的思念和仇恨，
滿腔悲憤您迎着狂風惡雨，
病弱的身軀帶領我們踏着爸的足跡。
歷盡艱辛迎來了新中國的萬丈光芒，
您心中卻隱藏着沉重和不安。
那舊社會套在身上的枷鎖，

細弱的臂膀如何才能將它砸破。
晨曦中您打開枕下的半導體，
深夜裏攤開書本記着筆記，
您聽見爸爸就在身邊，
微笑地鼓勵您在文化的階梯上攀緣。
吸着氧氣您被抬出人民大會堂，
病榻上還準備重返戰場，
前面是一條不平坦的路途，
心中有那支不熄的紅蠟燭。
您曾默默將自己的生命液汁，
不斷澆灌着丈夫和兒女的生命之樹，
使他們的綠葉更加繁茂，枝幹更加粗壯，
卻不顧自己日漸消瘦，日漸枯乾。
如今您又將瘦弱的身軀，
交給林木常青的大地。
這奉獻是那樣的無聲無息，
人們誰也不會注意到您。
但，親愛的媽媽，天地會為之感召，

日月將鐫刻您的功績，
在時間的長廊上，
它將永遠不會漫漶。

三

五十年來風風雨雨，
風雨中大哥英年就含恨離去，
今天他也會來到這裏，
向爸媽傾訴衷腸和遺恨。
還有勞苦功高的老趙媽，
他們將永遠和您們相聚在一起。
五十年來風風雨雨，
紅燭之火始終燃燒在我們心裏，
如今我們雖已白髮兩鬢，
仍會在它的光芒下繼續耕耘，
這光芒不僅照耀着我們前進，
它將光照子孫後輩和世世代代人的心。
親愛的爸爸、媽媽，

在那黎明前的黑暗裏，
您們經受了過多的磨難，過早的分離，
如今願您們永遠在一起，安心地歇息。
日月將為您們而更加明亮，
蒼松將為您們撐開傘，
清風為您們拂去人世間的塵囂，
我們的心將永遠、永遠依偎在您們身旁。

一九九六年十一月十七日

# 尾聲

一九八六年七月，在紀念父親殉難四十周年的日子裏，我作為家屬代表回到了闊別四十年的第二故鄉——昆明。在那裏停留的十七天，仿佛濃縮了當年在春城居住的八年時光。我天天在那八年與現實的交錯中，經歷着強烈而巨大的感情衝擊，特別是在那血淚交融的西倉坡上！當時心潮滾滾、思緒萬千，但忙於各種活動和探訪故居，只在匆忙中凌凌亂亂記下幾筆感受。回來以後，心緒仍久久不能平靜，又作了一些追憶。

今年已是父親殉難七十周年了。日月流逝，但父親的形象卻越來越清晰，光輝。翻開這十七天的瑣記，不禁又心潮起伏、思緒萬千。特在這裏摘錄其中的幾段：

七月十三日

一清早，心就激動地跳個不停，似乎它想一下子衝出胸膛，躍到那連着心房和血液的地方去。

終於到了機場，又終於登上了舷梯。高空中雲不少，但是太陽出來的時候，湛藍的天空一望無際，就像遼闊的海洋，那幾朵飄在上面的白雲，多像神話中的仙山！不知怎麼聯想起了小時候爸教的唐詩《長恨歌》裏的兩句：忽聞海上有仙山，山在虛無縹緲間。在昆明陳家營時，我和三哥、小妹還把枕頭堆在床上當作仙山，自己扮起仙子翩翩起舞呢！

飛機漸漸降低了高度，地上的景物也逐漸清晰了。蒼翠的樹木、錯落的房舍和它們下面紅色的土壤。啊，紅土！多麼熟悉的紅土啊，我沒有認錯吧？不，是它，是昆明！到昆明的郊區了！我們當年是在哪一片地方住呢？陳家營、司家營在哪裏？晉寧、大普吉又在哪裏？那片樹林、林間的小道，是不是爸每周進城上課走過的路呢？啊，親愛的爸爸，我看見他了，他正穿着灰布長衫和媽做的圓口布鞋，拄着白藤手杖大步趕路呢。他要去教課，要去開會講演，要去為民主大聲疾呼，爸，您聽到了我的呼喚嗎？

終於抵達了終點！我沉浸在當年的記憶中走下飛機。啊，昆明！這就是日夜想望的昆明啊！還是那樣美麗、溫暖，還是那樣清遠、濕潤；高原的氣候令人有些發悶，但心胸是多麼開朗啊，我喉嚨裏哽塞着眼淚，盡情地呼吸着昆明特有的、如此親切而熟悉的氣息。

遠遠看見出口處幾個青年舉着一塊白牌，上面寫着雲南民盟省委，這是來接我們的。我的眼睛濕潤了。四十年前，我們離開昆明，也是乘的飛機，但是運輸機。那個難忘的深夜，到的就是這個機場吧？四周是那麼黑暗、沉寂。媽還十分虛弱，大哥拄着雙拐。我們誰也說不出一句話來。不可能有誰來送行，只有一位同路到北平並幫助沿途照料的青年學生周景淮注[1]在為這一家老弱病殘張忙……。我們本來準備趕往上海去參加

1 現名周簡叔。中國人民大學原高等校外教育學院副院長、教授。當年的聯大學生，受同窗王健（後為李公樸女婿）之託在北上途中幫助照料聞一多遺屬。

父親的追悼大會，但等到衝破重重刁難登上那架老舊然而十分高傲的運輸機時，追悼會早已開過了……。

快到出口了，迎接的人們笑容已能看清，我不禁好幾次回過頭去看那架剛才乘坐的七三七客機。飛機像一隻雄健美麗的蒼鷹停在那裏。漂亮的七三七，老舊的運輸機；出口處舉着白牌的人們，黑夜中孤獨悲憤的一家老弱病殘閃電般在腦海裏，在眼前，交替地、重疊地出現。過來迎接的呂秘書長大聲地說着什麼，半天半天我才聽清，原來是讓我準備明天和後天的講話。

……

進城的路上，我不住地尋找着當年的昆明，可最初見到的全是新建的樓房，寬敞的柏油馬路，和北京沒什麼兩樣。

終於，前面的道路和房屋越來越熟悉了。盟省委機關的小楊說，這裏是舊的市區了。我的心跳得越來越快，這些道路上印有多少爸的足跡啊！那時，他教課、開會、為呼籲民主拿着文件找人簽名……全靠的兩條腿。那是數不清的足跡，有他獨自一人的，也有他與學生們、同事們一起的，還有那震撼全國的一二．一烈士抬棺遊行中數萬人的。在那個隊伍的前頭，爸拄着他的白藤手杖，踏着悲憤、沉痛的步伐，而我，一個十三歲的小姑娘，也走在隊伍中間，想到隊伍前頭爸那有力的身影，雖然感到緊張，勇氣卻是足足的。

翠湖！前面就是翠湖了。頓時，路旁的一切全都退遠了，我只抓住了翠湖。儘管它現在已修建成一座帶有人工美的花園，但我在它那熟悉的園廓中看到的卻是當年那未加修飾的、樸實自然的湖景以及湖旁那條林蔭土路。那條路，爸帶着我們不知走過了多少回。

沿這條路拐上去，就是被血、淚、仇澆築進心頭的西倉坡，永遠、永遠難忘的西倉坡！可惜，汽車拐彎了，拐向了我們下榻的圓通飯店。但一種無形的力量，已把我的心緊緊繫在了西倉坡上！

晚飯後，楊明[1]和省委領導同志來看望，小坐了一會。我很不習慣於應酬，一心只想着去西倉坡，按照日程安排，明天下午要在西倉坡舉行聞一多殉難處紀念碑落成典禮，我的心早已飛去了。

七月十四日

從早上起就下起了陣陣小雨，蒼天有情，也在悼念他赤誠的兒子吧。

到西倉坡不算遠，我多想一路走着去，好仔細看看這些紮根在心中的地方啊，可出於禮貌，只得坐進了盟省委的小汽車，把快要迸發出的感情按捺在胸膛裏……。

終於，西倉坡到了！啊，血、淚交融的地方，幾十年來夢回的地方！它大變樣了！北面築起了高牆，米倉變成了大樓，當年聯大教職員宿舍的門前已是一片水泥地面。但

1 當年父親的學生和戰友，時任雲南省人大副委員長，省民盟副主席。

那面坡，那一頭通往翠湖、一頭通往錢局街的坡道；那宿舍的大門，仍似當年模樣。一九四六年七月十五日下午，這個坡上，這扇門前，那個血染的時刻啊！……

紀念碑就建在爸當年殉難的地方——離宿舍只有十幾步。典禮開始了，少先隊員的鼓樂隊奏起了樂，代表們接着講話。講的什麼，我在聽着，又沒有聽到，人們似乎離我很遠、很遠。在我眼前的，是倒在血泊中的爸爸和大哥，他們就倒在這裏！爸全身浸着血水，一隻手抱着頭。傷痛欲絕的媽媽緊緊抱着他，我眼見爸的嘴唇微微張了兩下，漸漸變了顏色，我和小妹拚命喊着：爸啊，爸啊！但他已聽不到了……。橫在爸身旁一兩步遠的地方，是倒在血泊中的大哥，他瞪着兩隻仇恨的大眼睛……西倉坡上空無一人，只有我們一家老小和莊任秋。我們要抬爸，抬不起來，拖大哥，又拖不動！不知什麼時候，四周漸漸圍攏了一些人，但沒有人敢伸一把手！沒有人敢說一句話！

該我講話了，好不容易才從巨大的悲痛中

殉難處紀念碑落成儀式。畫面左側大門為當年西南聯大教職員宿舍大門。

掙脫出來。這時，我才看到周圍竟有這麼多的人——這不是那些被白色恐怖窒息着的面孔了，他們正肅穆地面對爸的紀念碑，臉上充滿的是熱情和敬仰。這已是爸用鮮血換來的今天了！啊，我講什麼呢？那翻滾在心間的萬千思潮，那和着熱淚堵在胸口的如麻心緒，哪裏是能講得出來的呢？……

揭幕儀式結束後，人們紛紛圍攏來，一雙雙熱情的手，一句句關切的問話，我在重重人群中，只不斷聽到當年那痛徹無助的哭嚎。……

※ ※ ※

聯大教職員宿舍現在已是昆明師院的宿舍。

邁進大門的一剎那，我的心不禁又一陣劇烈痙攣，熱淚一下湧滿了眼眶。這木質大門似乎仍是當年的那一扇！經過幾十年風雨侵蝕，它已顯得蒼老了，但仍然那麼堅實！大門啊！當年慘案的見證人，如今你還那麼沉穩地坐落着，是為了向人們提示過去嗎？在那血雨腥風的日子裏，爸曾多少次邁過你，昂首闊步面對敵人的威脅恐嚇，他以民不畏死，奈何以死懼之的大無畏精神，準備着前腳跨出大門，後腳就不準備再跨進大門。四十年前那個難忘的下午，他最後一次跨過你，再也沒有跨回來！幾十年來，多少自由了的人從這裏邁出邁進，有誰注意到你這扇蒼老的、已經脫色的大門嗎？有誰想過你深寓着的是什麼嗎？又有誰從你身上感受到了什麼嗎？我沉重地跨進這扇門，情不自禁地又回過頭去看了看門扇的後面，什麼也沒有了！是啊，什麼也不可能有了！聽媽說，那天，當我們終於求到兩位挑夫和一輛洋車，把爸和大哥送往醫院時，十歲的小妹，從血泊中撿起了爸掉下的眼鏡、手杖和脫落的一隻布鞋，放在了大門後邊，可是後來去找時，卻沒有了，什麼也沒有了……。

……

宿舍院內面目已大變，那坡上坡下的兩排住房也不完全是原貌了，但那黃色的牆壁是多麼熟悉親切啊，我急切地朝坡上尋去，房舍都已改建過，但仍能辨認出當年模樣。啊，中間的那兩間。是它！我們的家，當年的二十號！

剎那間，多少往事隨着它推擠衝撞而來，我完全忘記了周圍的人們，越過了四十年的時空，回到了那難忘的年代！我一腳邁進家門，沒有注意現在房主人的室內陳設，也沒有去細看那改建過的格局，我回到的是當年那溫暖而簡樸的家！

……

在這裏，貧窮曾帶來多少焦慮和壓力，但從沒有過愁苦的歎息；在這裏，緊張勞碌佔去了生活的日夜，卻聽不到絲毫煩躁的宣洩；在這裏，敵人的威脅迫害是多麼張狂，卻從沒有過畏懼和退讓！這裏有的是樂觀和堅強，無畏和坦蕩，這裏充滿的是意興和情趣，溫暖、慈愛和力量！

……

「我們能住在聞先生以前住的房間裏，感到很榮幸，聞先生的精神時刻在鼓舞着我們。」現在的住戶，師範學院教授朱先生對我說，他眼裏充滿了對爸的敬仰與熱愛。

……

從故居出來，我又戀戀不捨地回轉頭去，雨漸漸停了，整個宿舍是那樣清新而凝重，仿佛在顯示着歷史的厚重。我們的家，西倉坡西南聯大教職員宿舍二十號，正在雨後的陽光中靜靜地、沉穩地坐落着，我含着熱淚望着它，覺得它似乎變成了一種和諧、美好，崇高又悲壯的融合體，正在清澄的天空底下放射着耀眼的光芒，在這光芒中，挺立着的是爸那高大的形象！

大門外，參加儀式的人們已散去。西倉坡恢復了它的平靜。我站在那裏，低下頭又看到自己正和小妹跪在泥土地面上，含着熱淚一把把捧起滲透親人鮮血的土……。

一直陪在身旁的楊明指着這裏和宿舍區域，告訴我：「這一片地方省裏準備作為文物保護區，把它圈起來。」

我心裏說：「我一定要再回來的。」

……

我從昆明回來的第二年，聽說西倉坡聯大教職員宿舍已被拆掉了，蓋起了一所幼稚園。但願人們不要忘記講給在裏面快活嬉戲的孩子們，這裏曾經住過一位著名詩人和學術大師，還有他那些同樣是大師的同事們。講給他們這位詩人、學者為了他們今天的幸福生活，犧牲了自己的幸福，而且就在離大門十幾步遠的地方獻出了自己僅僅四十七年的寶貴生命！也告訴他們，不忘過去，才能珍惜現在，記住歷史，才能有美好未來！

一九四七年清華學校辛酉級同學為紀念聞一多，在清華大學荷花池畔小山上建立由梁思成設計、潘光旦題額之「聞亭」。

清華大學聞亭旁的聞一多雕像。（作者錢紹武）

武漢大學校園內的聞一多雕像。（作者王福增）

雲南蒙自縣南湖畔的聞一多紀念亭。（浮雕作者趙瑞英）

青島海洋學院（原青島大學舊址）內的聞一多雕像。（徐立中）

雲南師範大學原聯大民主草坪上的聞一多塑像。（袁曉岑）

浠水縣聞一多紀念館。（銅像作者為劉開渠、王克慶）

# 後記

這些文字是早就醞釀於胸間並開始動筆的，只因長期病痛及各種原因，一拖再拖，直到今天才完成。這馬拉松雖然跑完，但對父母的思念永無止境，但願它們能多少表達出我這顆心，能給在天庭相依的父母帶去一點慰藉，也能彌補一點母親生前的遺憾。

這本書的取材，首先和主要的自然是母親的爐邊漫憶及她平日的一些散憶，個別地方也採用了一些家人和親朋歷年來的回憶，貫穿其間的是我自己的親歷及感受。

寫作過程中，我參閱了兄妹們（聞立鶴、聞立雕、聞立鵬和張同霞夫婦、聞翺）的有關回憶和著作；侄子聞黎明的《聞一多年譜長編》為我提供了不少資料及依據。

這本書的完成也是和親人們的共同努力分不開的。我的愛人王克私首先是第一讀者和親密的切磋伴侶，他不斷給予熱情關切和各種幫助，但不想未及看上一眼全稿，他竟先我而去！兒子王丹鷹懷着對外祖父的崇敬與熱愛，從幫助定奪全局到校正文字、複製圖片等等都出了不少力；女兒王丹梅和兒媳張樺通讀了全稿，提出了寶貴意見，又幫助書稿的電腦錄入；侄女高曉紅和侄子聞丹青幫助挑選和複製圖片。連孫子王達也成了打印的小助手。

因此，這本書可以說是眾多親人心血和情感的一個結晶。

在這裏，我要特別感謝老友劉仰東先生，中華書局（香港）有限公司總經理趙東曉先生、助理總經理于克凌先生以及參加編校、出版的各位先生。這本書原本是希望能在紀念父親遇難七十周年時獻上的，但因種種原因未能如願。現在能在中華書局（香港）有限公司及諸位先生的熱情關懷和支持下出版，我感到特別欣慰。

我也感謝給予熱情支持的張國男、王健夫婦（李公樸先生的女兒及女婿），他們把親筆寫的關於李聞慘案的文章提供給我參考。

希望這本書能不負眾望，對人們深入全面地了解聞一多及其精神有所幫助。

聞名

二〇一七年二月於北京

# 主要參考書目

《聞一多全集》，武漢：湖北人民出版社，一九九三年。
《聞一多書信手跡全編》，北京：國家圖書出版社，二〇一〇年。
聞黎明、侯菊坤編：《聞一多年譜長編》，武漢：湖北人民出版社，一九九四年。
《聞一多紀念文集》，北京：三聯書店，一九八〇年。
聞立鵬、張同霞著：《聞一多》，北京：人民美術出版社，一九九九年。
聞黎明著：《聞一多傳》，北京：人民出版社，一九九二年。
《聞一多研究四十年》，北京：清華大學出版社，一九八八年。
錢理群、溫儒敏、吳福輝著：《中國現代文學三十年》，北京：北京大學出版社，一九九八年。
《朱自清全集》，南京：江蘇教育出版社，一九九六年。
《吳晗文集》（第三卷：雜文），北京：北京出版社，一九八八年。
《梁實秋散文》，北京：中國廣播電視出版社，一九八九年。